Tan Wälchli

Poetik und Massenpsychologie

Kaleidogramme Band 56

Tan Wälchli studierte in Zürich Literaturwissenschaft und Geschichte und arbeitete als Kulturjournalist, Universitäts-Assistent und Herausgeber. 2008–2011 ist er als Stipendiat des Schweizerischen Nationalfonds (SNF) Visiting Scholar am Department for Germanic Studies der University of Chicago.

Tan Wälchli

Poetik und Massenpsychologie

Zur Funktion der Dichtung bei Freud

Kulturverlag Kadmos Berlin

Bibliografische Information der Deutschen Nationalbibliothek

Die Deutsche Nationalbibliothek verzeichnet diese Publikation in der Deutschen Nationalbibliografie; detaillierte bibliografische Daten sind im Internet unter http://dnb.d-nb.de abrufbar.

Internet: www.kv-kadmos.com
Die vorliegende Arbeit wurde von der Philosophischen Fakultät der Universität Zürich im Wintersemester 2006/2007 auf Antrag von Prof. Michael Böhler und Prof. Elisabeth Bronfen als Dissertation angenommen.
Umschlaggestaltung: Aude Lehmann, Zürich
Umschlagabbildung: André Brouillet, «Une leçon du Docteur Charcot» (1887), Druck im Besitz Freuds, © 2010 Freud Museum, London
Gestaltung und Satz: kaleidogramm, Berlin
Druck: Bookstation
Printed in Germany
ISBN (10-stellig) 3-86599-101-7
ISBN (13-stellig) 978-3-86599-101-0

Editorische Notiz

Für diese Buchausgabe wurde die im Herbst 2006 eingereichte Dissertation weitgehend überarbeitet, und neue Literatur konnte bis Ende 2008 berücksichtigt werden.

Der Text entstand unter der Betreuung von Michael Böhler. Die Zusammenarbeit hat sich im Laufe der Jahre in vielerlei Hinsicht als äußerst fruchtbar erwiesen. Stark beeinflusst wurde ich zudem durch den langjährigen Austausch mit Susanne von Ledebur und David Ratmoko. Elisabeth Bronfen hat die Dissertation als Zweitgutachterin gelesen und eingehend kommentiert, und Corina Caduff und Mimmi Woisnitza haben mir bei der Überarbeitung mit vielen wichtigen Hinweisen geholfen. Allen Beteiligten gilt mein großer Dank, wie auch Wolfram Burckhardt und Claudia Oestmann vom Kulturverlag Kadmos für ihr Interesse und die sorgfältige Realisierung sowie Aude Lehmann für Bildauswahl und Covergestaltung.

»Freud ist Arzt nicht des Individuums allein, sondern Arzt der Kultur.«

Jacob Taubes

Inhalt

Einleitung: Freud und die Dichtung

In Brett Easton Ellis' Roman *Lunar Park* (2005) wird der Ich-Erzähler, der erfolgreiche Schriftsteller Mr. Ellis, von seiner Ehefrau in die Psychoanalyse geschickt. Die Analytikerin, Dr. Kim, ist als »strikte Freudianerin [...] entschieden der Auffassung, dass das Unbewusste sich in Traumbildern artikuliert«,[1] doch der Schriftsteller träumt nicht. Um nicht unnötig Schwierigkeiten zu machen, beginnt er Träume zu erdichten. Die Täuschung gelingt, bis es ihm eines Tages an Zeit zum Schreiben mangelt und der im letzten Moment fingierte Traum von Dr. Kim als Fälschung entlarvt wird.

> »›Dieser Traum scheint mir sehr sehr ausgedacht, Mr. Ellis.‹ Sie funkelte mich misstrauisch an. ›Ich glaub, Sie diesen Traum erfunden.‹
> ›Was fällt ihnen ein?‹ Ich setzte mich empört auf – eine Pose, die ich, wie mir auffiel, in ihrem Büro recht häufig einnahm.
> ›Erwarten Sie etwa, dass ich diesen Traum glaube?‹ Sie warf erneut einen Blick auf das Blatt. ›Seebarsch mit Riesenmaul jagt Sie in See, wo Sie sich auf treibendes Flugzeug retten und dann Businessclass fliegen – ein Flugzeug mit dem Namen ihres Vaters auf dem Rumpf?‹
> ›Das ist mein Unbewusstes, Dr. Kim‹, sagte ich achselzuckend. ›Diese Befürchtungen könnten durchaus berechtigt sein.‹ Ich seufzte und gab auf.«[2]

Die Szene operiert mit einer Fülle von Zitaten und Anspielungen. Der »Name des Vaters« ist eine berühmte Formel Jacques Lacans, und während sich das »Riesenmaul«, der »See« etc. als Freud'sche ›Traumsymbole‹ lesen lassen, stellt »Businessclass fliegen« ein ›Erlebnis des Tages‹ dar, wie es Freud zufolge häufig direkt aus dem Leben der Träumer in den Traum Eingang findet.[3] Zeigen diese Versatzstücke, dass der Romanheld Mr. Ellis mit psychoanalytischen Grundbegriffen vertraut ist, lässt sich darüber hinaus seine ablehnende Haltung auf eine gewisse Freud-Rezeption beziehen. Wenn er darauf beharrt, dass er als Schriftsteller für die Analyse kein geeignetes Sujet sei, klingt dies, als habe er sich die Argumente von u. a. Theodor Adorno und Gilles Deleuze angeeignet, welche die Literatur gegen eine Pathologisierung durch die Psychoanalyse verteidigten.[4] Und wenn Mr. Ellis der Ansicht ist, dass die Traumdeutung sich in erster Linie auf leicht durchschaubare Symbole stütze, so erinnert dies an die Kritik Jacques Derridas, der die Psychoanalyse des »Phallogozentrismus«[5] bezichtigte, weil sie mittels einer willkürlichen Hermeneutik die immer gleichen ödipalen Bedeutungen aufweise.

Entgegen der Erwartung von Mr. Ellis fällt Dr. Kim jedoch nicht auf den gefälschten Traum herein. Sie wendet gerade nicht, wie der Schriftsteller vermutet, die stereotypen symbolischen Deutungen an. Stattdessen macht sich auf ihrer Seite ein durchaus intimes Verhältnis zu literarischen Erzeugnissen bemerkbar. Sie erkennt nicht nur den erdichteten Text als solchen, sondern überhaupt scheint sie sich für Literatur zu interessieren, denn wie Mr. Ellis beim Eintreten nicht entgeht, liest sie, während sie auf ihn wartet, »gerade *The New York Review of Books*«.[6] Auch darin mag eine Anspielung auf die Freud-Rezeption enthalten sein, betonten doch etwa Jacques Lacan und Jean Starobinski, dass sich in Freuds Werk ein starkes Interesse für die Literatur und eine Hochschätzung für die Dichter bemerkbar machten. Nicht selten instrumentalisiere Freud die literarischen Texte sogar für die psychoanalytische Theoriebildung, so dass von einem direkten Einfluss der Dichtung auf Freud zu sprechen sei.[7]

Bezieht man die Positionen von Mr. Ellis und Dr. Kim derart auf die Freud-Rezeption, lässt sich das Rencontre als literarische *mise-en-scène* einer Forschungsdebatte lesen, die in den 1960er und 70er Jahren um den Stellenwert und die Funktion der Dichtung in der Psychoanalyse geführt wurde: Erachtet die Freud'sche Schule die Dichtung als Krankheitssymptom, oder sieht sie in ihr gerade ein Mittel zur analytischen Heilung? Und insofern Dr. Kim die Auseinandersetzung zu ihren Gunsten entscheidet, könnte man vermuten, dass der Roman eher die zweite Sichtweise bestärkt. Doch auch die Analytikerin entgeht dem schrillen, parodistischen Ton nicht, der die gesamte Szene durchdringt. Ihr Insistieren auf literarischer Kennerschaft bei der Entlarvung des falschen Traums und die zur Schau gestellte Lektüre der führenden amerikanischen Literaturzeitschrift wirken ebenso lächerlich wie Mr. Ellis' Vorurteile gegen die Psychoanalyse und seine versuchte Rechtfertigung des Betrugs. Beide Standpunkte werden gleichermaßen parodiert, so dass die in Szene gesetzte Debatte insgesamt in einem wenig vorteilhaften Licht erscheint: Der Roman präsentiert die Auseinandersetzung um Freud und die Dichtung zu Beginn des 21. Jahrhunderts als eine Farce, in der jene alten Argumente wiederholt werden, die sich über die Jahrzehnte so weit abgeschliffen haben, dass sie nur noch wie ein Echo aus einer vergangenen Zeit klingen.[8]

Gegen diese polarisierende – und pessimistische – Darstellung mag man einwenden, dass in den Diskussionen um Psychoanalyse und Dichtung noch eine dritte Position vertreten wurde. Wie Lionel Trilling bereits in den 40er Jahren darlegte, lässt sich die Psychoanalyse auch als eine »Wissenschaft der Tropen«[9] verstehen, deren Interpretationen einer literarischen *Rhetorik* der Tropen entsprechen. So gesehen nimmt Freud weder eine willkürliche Umdeutung und Pathologisierung der literarischen Werke vor, noch unterliegt er einem direkten Einfluss der Dichtung, sondern er erweist sich als Analytiker der Literatursprache. Aus diesem Ansatz entwickelte sich in den 60er und 70er Jahren die sogenannte psychoanalytische Literaturwissenschaft, deren Gegenstand u.a. in den »wahren Symbolen«, der »literality« oder dem »Masterplot« gesehen wurde.[10] Doch diese Position erwies sich von Anfang an als zu schwach, um den Streit zwischen den beiden anderen zu schlichten. Dass sie in den literaturwissenschaftlichen Methodendiskussionen der 80er und 90er Jahre relativ großen Anklang fand,[11] ist so gesehen eine Ironie der Geschichte, und auch heute noch sprechen die prominentesten Stimmen in der Debatte eine andere Sprache: Auf der einen Seite halten z.B. Leo Bersani und Mikkel Borch-Jacobsen der Psychoanalyse genau wie einst Adorno, Deleuze und Derrida vor, die Dichtung als eine symptomatische psychologische Kompensation – als Produkt von Sublimierung – zu missdeuten.[12] Auf der anderen Seite betonen etwa Samuel Weber und Julia Reinhard Lupton in der Tradition von Lacan und Starobinski, dass Freud wesentliche Elemente der analytischen Technik direkt der Literatur – besonders der sophokleischen Tragödie – entnommen habe.[13]

Lässt sich unter diesen Umständen die Debatte noch anders als in Form jener Farce fortführen, die sie in der *mise-en-scène* von *Lunar Park* annimmt? Wenn ich im Folgenden versuche, die beiden gegensätzlichen Forschungspositionen nochmals miteinander ins Gespräch zu bringen, gehe ich von einer Beobachtung aus, die einst Sarah Kofman machte. Anfang der 70er Jahre, quasi in der Hitze des Gefechts, kam sie zu dem Schluss, dass in gewisser Weise *beiden* Seiten Recht zu geben sei. Einerseits sehe Freud in der Dichtung tatsächlich eine »sekundäre ›Wirkung‹«, die »im Prozess der analytischen Wahrheit ›aufgehoben‹« werden müsse, doch andererseits wende er selbst – in seinen »analytischen Romanen« – literarische Techniken an.[14]

Nimmt man diese Beobachtung ernst, ergibt sich daraus eine Fragestellung, welche die Debatte neu beleben könnte: Es gilt, nach Freuds *doppeltem* Verhältnis zur Dichtung zu fragen. Wie kam es, dass er in ihr zugleich ein Krankheitssymptom *und* ein Mittel der analytischen Heilung sah? Auf Anhieb ließen sich dazu verschiedene Vermutungen anstellen. Es könnte sich zum Beispiel um eine Inkohärenz von Seiten Freuds handeln oder um eine Unentschiedenheit, so dass er zwischen den beiden Bewertungen hin und her schwankt. Er könnte seine Ansicht im Lauf der Zeit jedoch auch geändert haben. Um diese Möglichkeiten zu evaluieren und einen ersten Eindruck von der Problemlage zu erhalten, ist es hilfreich, etwas genauer auf die alte Forschungsdebatte einzugehen. Welche Schlüsse lassen sich aus dem Streit ziehen, wenn man beiden Seiten durchaus überzeugende Argumente zugesteht?

***

Adornos Kritik an der Psychoanalyse stammt aus den 60er Jahren. In der *Ästhetischen Theorie*, die posthum 1970 veröffentlicht wurde, erklärt er, infolge der Freud'schen Gleichsetzung von Kunsterzeugnissen und Tagträumen – beide gelten als Projektionen des Unbewussten – habe sich die Psychoanalyse, medizinisch dilettantisch, ein höchst untaugliches Objekt vorgenommen. Nicht nur habe sie die Literatur und Kunst allgemein pathologisiert, sondern – wie u.a. die Beispiele Leonardo da Vinci oder Baudelaire zeigten – habe sie gerade solche Künstler als »Neurotiker« abgestempelt, »deren Œuvre die Negativität des Daseienden ohne Zensur objektiviert«.[15] Folglich ist die Psychoanalyse politisch reaktionär, sie steht – gegen die bessere Einsicht der Kunst – auf der Seite der Zensur, der herrschenden sozialen Ordnung. Und von einem methodologischen Standpunkt aus kritisiert Adorno, dass Freud einer Hermeneutik der Stoffe verfalle, während er die Formkategorien der Kunst außer Acht lasse.

Eine ähnliche Argumentation entwickelt in denselben Jahren Deleuze. Sein Beispiel für eine politisch subversive Kunst, die von Freud in einer reaktionären Geste als Krankheit denunziert werde, sind die Romane Sacher-Masochs. Freud deutet den Masochismus als Variante des Ödipuskomplexes – als Ausagieren der väterlichen Kastrationsdrohung, durch die der Sohn davon abgehalten wird, seinen Wunsch nach Vatermord und Inzest mit der Mutter zu realisieren –, und dagegen wendet Deleuze ein, das Werk Sacher-Masochs zeige ein ganz anderes Bild.[16] Hier werde die Strafe nicht vom Vater, sondern vom weiblichen Henker ausgeführt, und sie diene auch nicht dazu, einen Wunsch verdrängt zu halten, sondern mache umgekehrt aus der Strafe die »Bedingung«, »unter der die verbotene Lust möglich wird«.[17] So sei der Masochismus als eine künstlerische Strategie zu verstehen, um das auf der Kastrationsdrohung basierende Gesetz des Vaters zu *unterlaufen*, und indem Freud dies ignoriere und die Verhältnisse ins Gegenteil umdeute, werde eine Kunst wieder dem väterlichen Gesetz unterstellt, welche diesem gerade entkommen war.

Fünf Jahre später geht Deleuze in *Anti-Ödipus* (1972) ausführlicher auf die Methode ein, mittels deren Freud solche Umdeutungen vornehme. Als einführendes Beispiel wählt er diesmal die Schizophrenie und besonders Schrebers *Aufzeichnungen eines Nervenkranken* (1909).[18] Er wirft Freud vor, Schrebers höchst differenzierten, delirierenden Text in willkürlicher Deutung auf das Elternthema reduziert und seiner politischen und gesellschaftlichen Dimension beraubt zu haben. Deleuze spricht von »Ödipalisierung« und von einer »Kastration« des literarischen Textes: In Freuds Deutung werde die vielfältige sprachliche Arbeit des Unbewussten »auf ein und denselben mythischen Ort, das unäre Merkmal des Signifikanten, projiziert«.[19]

Indem er derart die Begriffe Kastration und Signifikant miteinander verbindet, bezieht sich Deleuze auf Lacans Konzept des »phallischen Signifikanten«. Dieser bezeichnet »die Signifikatswirkung in ihrer Gesamtheit«, kann seine Rolle jedoch »nur verschleiert spielen«, so dass die symbolische Ordnung immer mehrdeutig bleibt und Ebenen von tieferem Sinn aufweist.[20] Wendet Deleuze nun ein, dass diese Theorie auf einer »Kastration« des Textes basiere, so heißt dies, dass die Psychoanalyse im literarischen Werk willkürlich einen phallischen Signifikanten *als verschleierten voraussetzt*. Alle Aspekte des Werks verweisen dann in ihrem tiefern Sinn auf eine angeblich latente, ›phallische‹ Bedeutung – nämlich die ödipale –, auch wenn diese, so Deleuzes Einwand, wie zum Beispiel im Fall Schrebers gar nicht vorliegt. Der literarische Text wird in einem Interpretations- bzw. Kastrations-Akt dem väterlichen Gesetz – der symbolischen Ordnung – unterstellt, und dabei wird übersehen, dass die Dichtung diesem Gesetz gerade entkommt, indem sie mit einer Mehrdeutigkeit operiert, die sich *nicht* auf das »unäre Merkmal des Signifikanten« zurückführen lässt. Eine solche literarische – genauer: schizophrene – Sprache zeichnet sich Deleuze zufolge durch »polyvoke Konnexionen« aus, und er betont, dass sie nicht »linearisiert« sei.[21]

Deleuzes Verständnis von Schrebers polyvoker Literatursprache wird kurz darauf von Kristeva aufgenommen und verallgemeinert. In *La Révolution de la langue poétique* (1974) erklärt sie die Schizophrenie zum Paradigma für eine Textpraxis, welche ihrerseits das Paradigma der modernen Literatur überhaupt bilde: »Verwirklicht wurde diese Praxis in Texten, die unsere Kultur seit dem Ende des 19. Jahrhunderts akzeptiert. Seit Lautréamont, Mallarmé, Joyce und Artaud heißt lesen nicht mehr, lexikalisch-synthetische Entzifferungsarbeit leisten, sondern die Genese ihrer Texte nachvollziehen.«[22] Ebenso wie bei Deleuze geht es hier um eine Sprache, die keinen tieferen Sinn verbirgt, sondern in der die jeweils momentane Konstitution von Bedeutung nur eine Phase im endlosen sprachlichen Produktionsprozess darstellt.

Ein weiteres Jahr später klingt Deleuzes Argumentation auch in Derridas Untersuchung zum Phallogozentrismus der Psychoanalyse an. Ausgehend von Freuds Kommentar zu Andersens *Des Kaiser neue Kleider* (1837) in der *Traumdeutung* (1900)[23] sowie besonders anhand von Lacans Ausführungen über Poes *The Purloined Letter* (1844) in seinem Seminar von

1954/55[24] sagt Derrida der Psychoanalyse eine willkürliche Hermeneutik nach. Detaillierter noch als Deleuze beschreibt Derrida dabei die Operation, die dieser Indienstnahme zu Grunde liege. Er führt aus, wie die Psychoanalyse eine tautologische »Wahrheit der Wahrheit«[25] erzeuge: Wenn die interpretierten Werke in ihrem tieferen Sinn jeweils eine ödipale Bedeutung offenbarten – Kastrationsangst etc. –, dann diene genau dieser tiefere Sinn als *nachträgliche Bestätigung der sprachphilosophischen Voraussetzungen*, welche die Interpretation überhaupt erst in Gang gesetzt habe: dass der literarische Text mehrdeutig sei, weil ihm der phallische Signifikant mangle. Gegen diesen tautologischen Schluss vertritt Derrida – auch darin Deleuze folgend – das Konzept einer Literatursprache, die nicht bloß einen tieferen Sinn aufweise, sondern *konstitutiv* vieldeutig sei, so dass die Mehrdeutigkeiten sich *nicht* auf den Mangel des unären phallischen Signifikanten zurückführen lassen: »Die Differenz, die mich hier interessiert, ist dass [...] in der Dissemination der Mangel nicht seinen Platz hat *[le manque ne prend pas place]*.«[26]

Während die Kritik an der Freud'schen Pathologisierung und »Kastration« der Literatur in Paris Anfang der 70er Jahre somit eine relativ einheitliche Schule bildet, ist die entgegengesetzte Sichtweise, dass Freud die Dichtung als ein Mittel für die psychoanalytische Heilung instrumentalisiert habe, schwieriger zu datieren und zu verfolgen. Lacans *Seminare VI* und *VII* aus den Jahren 1958–60, in denen sich erste Hinweise zum Einfluss von Dichtern wie Shakespeare und Sophokles auf Freud finden, bleiben in den 60er und 70er Jahren unveröffentlicht (während das Seminar über Poe in den *Écrits* 1966 einen prominenten Platz erhält). Es lässt sich deshalb kaum abschätzen, wie bekannt in Paris damals etwa Lacans These aus dem *Seminar VII* ist, dass Freud entscheidende Anhaltspunkte für seine Konzeption des Analyseprozesses aus der sophokleischen Tragödie entnehme. Gemäß Lacan zeigt sich dies zum einen am Namen des Ödipuskomplexes, zum anderen an der Verwendung des *katharsis*-Begriffs. Wenn Freud und Breuer in den *Studien zur Hysterie* (1895) ihre Behandlungsmethode als kathartisch bezeichnen, verweisen sie Lacan zufolge nicht zufällig auf die berühmte Passage in Aristoteles' *Poetik*, denn tatsächlich kämen in der *katharsis* »so offenkundig fremde Dinge wie die Psychoanalyse und das tragische Schauspiel der Griechen zusammen«; in beiden Fällen werde eine »Katharsis ethischer Natur«, eine »Reinigung des Begehrens« angestrebt.[27]

Aufgrund der komplizierten Veröffentlichungs-Geschichte von Lacans Seminaren kann Starobinskis Aufsatz »Hamlet und Ödipus« (1967) als der erste Text gelten, der literarische Einflüsse im Werk Freuds aufweist. Ohne Lacans Überlegungen zur *katharsis* zu erwähnen, bringt Starobinski mit der Wiedererkennung (*anagnorisis*) ein weiteres Konzept aus Aristoteles' *Poetik* für die Psychoanalyse ins Spiel: »Das Spezifische am Genie Freuds besteht in einer Verkettung von Wiedererkennungs-Vorgängen – in dem Sinne, in dem die aristotelische Poetik mit diesem Begriff das Ereignis bezeichnet, bei dem die Dramengestalten eine bis dahin dunkel gebliebene Identität entdecken.«[28] Eine ebenso große Bedeutung wie der Tragödien-Poetik weist Starobinski dabei Shakespeares *Hamlet* zu. Aus dem Vergleich der antiken Poetik mit der neuzeitlichen, so Starobinski, entwickle Freud sein »Modell« für den Neurotiker. Dieser lasse sich als Held verstehen, bei dem die *anagnorisis* nicht mehr stattfinde, so dass das Unbewusste, anstatt bewusst zu werden, in auffälligen, symptomatischen Verhaltensweisen zum Ausdruck komme.

Tritt diese Sichtweise kurz darauf angesichts der Erfolge von Deleuze, Kristeva und Derrida in den Hintergrund und dominiert ab Mitte der 70er Jahre dann – besonders in den USA – jene erwähnte dritte Position, für die die Bezeichnung psychoanalytische Literaturwissenschaft treffend ist, werden die Impulse von Lacan und Starobinski erst Ende 80er, Anfang der 90er Jahre verstärkt aufgenommen. Nun erfährt zum einen (im Zuge der Veröffentlichung von Lacans *Seminar VII* 1986) das Tragödien-Thema eine neue Popularität,[29] zum anderen weisen William J. McGrath und Avital Ronell darauf hin, dass Freud stark von Goethe beeinflusst sei. Beispielsweise wird in der *Traumdeutung* (1900) die Erforschung des Unbewussten über Zitate auf die Unternehmungen der Selbsterkenntnis von Goethes Faust-Charakter bezogen,[30] oder in *Totem und Tabu* (1913) – um nur eines der vielen von Ronell besprochenen Beispiele zu nennen – zitiert Freud Goethe als eine Autorität, die seine »systematische Theorie« der transgenerationellen Erbschaft bereits »intuitiv erfasst hatte«.[31] Starobinski selbst hebt in einem Aufsatz von 1987 die Bedeutung von Vergil hervor, von dem Freud nicht nur das Motto der *Traumdeutung* entnimmt – *Flectere si nequeo superos, Acheronta movebo* –, sondern dessen Reise des Helden in die Unterwelt überhaupt als Modell für die Erkundung der Träume diene.[32] Und auch Shakespeare wird wieder zum Thema, am prominentesten bei Harold Bloom, dem zufolge Freud sein Verständnis der Psyche zu großen Teilen der intimen Kenntnis von Shakespeares Dramen zu verdanken hat: »Die Folgerung scheint nahe liegend, dass Freud seinen eigenen *Hamlet* schrieb, nämlich in der *Traumdeutung*, seinen eigenen *Lear* in den *Drei Studien zur Sexualtheorie*, seinen *Othello* in *Hemmung, Symptom, Angst* und seinen *Macbeth* in *Jenseits des Lustprinzips*.«[33]

***

Der Rückblick auf die Forschungsbeiträge macht deutlich, wie weit die beiden Standpunkte auseinander liegen. Im einen Fall wird die Psychoanalyse als ganz und gar unfähig beurteilt, literarische Werke zu verstehen, weil sie darin gemäß dem Prinzip einer willkürlichen Hermeneutik immer nur die eigenen theoretischen Voraussetzungen – Stichwort Ödipus – wiedererkennt, womit sie die Dichtung als Krankheitssymptom abwertet. Im anderen Fall gilt es hingegen als ausgemacht, dass Freud große – und zentrale – Teile der psychoanalytischen Theorie gar nicht hätte formulieren können, wenn er sich nicht auf die Dichtung gestützt hätte, die somit einen wichtigen Beitrag zum Projekt der psychoanalytischen Heilung leistet.

Aber der Unterschied zwischen den beiden Standpunkten betrifft nicht nur die Diagnose, sondern auch die Methode, Freud zu lesen. Bei Adorno, Deleuze und Kristeva kommen Studien in Betracht, die Freud zu Themen aus Kunst und Literatur schrieb (da Vinci, Schreber, Masochismus). In dieselbe Kategorie gehört Lacans Seminar über Poe, das Derrida bespricht, und weiter könnte man an Freuds viel kritisierte ödipale Deutungen von Dostojewski und E. T. A. Hoffmanns *Der Sandmann* (1817) denken.[34] Auf der anderen Seite der Forschungsdebatte werden hingegen Texte von Freud untersucht, die auf den ersten Blick *nicht* mit Literatur und Kunst befasst sind, in denen sich aber bei näherer Lektüre zeigt, dass die Dichtung über einzelne Kommentare, Zitate, Anspielungen oder Begriffe in die Entwicklung von Freuds Theorie einfließt. Hier geht es also nicht um Freuds psychoanalytische – gewissermaßen berufliche – Lektüren von Dichtung, sondern um die Spuren einer weitläufigen »Privatlektüre«[35], die sich in seinem Werk bemerkbar machen.

Zwar sind nicht alle diese Spuren gleichermaßen aufschlussreich; nicht in jedem Fall verweisen sie auf eine eigentliche Instrumentalisierung von literarischen Texten für Freuds Theoriebildung. Deshalb ist es an sich nicht sehr aussagekräftig, wenn literarische Zitate oder Elemente in Freuds Werken zusammengestellt werden.[36] Doch wie die erwähnten Beispiele zeigen, lassen sich bisweilen tatsächlich literarische Einflüsse in der Psychoanalyse aufweisen: so in der *Traumdeutung* (*Ödipus, Aeneis, Hamlet, Faust*), den *Studien über Hysterie* (Aristoteles' *Poetik*) oder in *Totem und Tabu* (*Macbeth, Faust*). Dabei scheinen vor allem zwei Modi der Adaption wichtig: Zum einen verwendet Freud poetische Konzepte als »Modelle« – wie Starobinski sagt – für seine Theoriebildung: die *anagnorisis*, die *katharsis* oder die *katabasis* (hier wurden neben Vergil auch Homer und Dante ins Spiel gebracht).[37] Zum anderen entnimmt er literarischen Werken ein spezifisches ›Wissen‹: beispielsweise zur Psychologie (Shakespeare) oder zur Kulturgeschichte (Goethe und, wie die Forschung ebenfalls betont hat, Heine).[38]

Schließlich unterscheiden sich die beiden gegensätzlichen Forschungspositionen auch bezüglich der literarischen Texte, deren Status sie in Freuds Schriften untersuchen. Die Autoren, deren Werke Freud gemäß der ersten Argumentation einer willkürlichen Hermeneutik unterwirft, um sie zu pathologisieren, stammen – von Hoffmann über Andersen, Sacher-Masoch und Dostojewski bis zu Schreber – mehrheitlich aus dem 19. und frühen 20. Jahrhundert. Hingegen könnte man die Dichter, die gemäß der zweiten Sichtweise Freud direkt beeinflussten, als Klassiker bezeichnen. Zum einen sind es antike Autoren – Sophokles und Aristoteles, Homer und Vergil –, zum anderen neuzeitliche ›Klassiker‹[39], die an der antiken Tradition fortschreiben: Dante, Shakespeare und Goethe. Sogar den in herkömmlichen literaturhistorischen Kategorien schwer zu fassenden Heine könnte man dazu zählen, wenn man etwa an seine selbst bekundete Nähe zu Goethe denkt.

Aber die Kategorisierung ist hier nicht der Punkt; entscheidend ist vielmehr, dass die beiden entgegensetzten Sichtweisen der Forschung offenkundig dadurch zustande kommen, dass sie Freuds Umgang mit unterschiedlichen Werken im Blick haben. Dies eröffnet einen neuen Zugang zu der von Kofman aufgeworfenen Frage nach Freuds doppeltem Verhältnis zur Dichtung: Es scheint, dass Freud verschiedene Texte unterschiedlich bewertet. Wenn er in der Dichtung zugleich ein Krankheitssymptom *und* ein Mittel zur analytischen Heilung sieht, so wäre dies demnach weder in einer Inkonsequenz, einer Unentschiedenheit noch einer im Laufe der Jahre veränderten Ansicht begründet, sondern darin, dass Freud *innerhalb der Dichtung* zwischen Krankheit und Heilung unterscheidet.

Ausgehend von dieser Hypothese soll im Folgenden Freuds doppeltes Verhältnis zur Dichtung untersucht werden. Ich erkunde die Grenze, die Freud auf dem Feld der Dichtung zwischen Krankheit und Heilung zieht. Wie kommt er dazu, in gewissen literarischen Werken ein Symptom zu sehen, das in der Analyse geheilt werden soll, in anderen hingegen gerade ein Mittel dieser Heilung? War Literatur für Freud womöglich ein *pharmakon* im Sinne Platons – Gift und Heilmittel zugleich?[40] Oder gibt es bestimmte Kriterien, die darüber entscheiden, zu welcher Seite ein einzelnes Werk gehört?

Für die Annäherung an diese Fragen gehe ich von jener Forschungsposition aus, die Freud als stark von der Literatur geprägten Denker erachtet. Diese Perspektive ist zum einen deshalb verlockender, weil sie bisher weniger detailliert erforscht wurde; zum anderen, weil zu vermuten steht, dass es hier eine eigentliche »literarische Vorgeschichte der Psychoanalyse«[41] – oder, allgemeiner gesagt, »Freudsche Genealogien«[42] – zu erkunden gibt. Als einen Beitrag zu deren Erforschung verstehe ich meine Studie, wobei ich auch zu zeigen hoffe, dass die Verhältnisse bisweilen komplizierter sind, als bisher angenommen wurde. Nicht alle literarischen Werke, die Freud für seine Theoriebildung instrumentalisiert, erachtet er als gleichermaßen taugliche Mittel zur psychoanalytischen Heilung, so dass sich hier auch Argumente finden, die für eine Pathologisierung sprechen und somit in der Forschungsdebatte der anderen Seite zugute kommen. Gerade auch in Fällen, wo bisher häufig eine rein affirmative Bezugnahme Freuds gesehen wurde, lässt sich Freuds doppeltes Verhältnis zur Dichtung untersuchen, und es kann genauer verfolgt werden, wie er zwischen ›krankhafter‹ und ›heilender‹ Dichtung unterscheidet.

***

Bereits beim berühmtesten Beispiel, Sophokles' *Ödipus*, erweist es sich bei genauerer Betrachtung als durchaus uneindeutig, wie Freud sich dazu positioniert. Wie ich im 1. Kapitel anhand eines *close reading* der berühmten Passage aus dem Brief an Fließ vom 15. Oktober 1897 zeige, folgt Freud, als er den Ödipuskomplex entdeckt, nicht einfach – wie in der Forschung angenommen wird – dem Vorbild eines literarischen Modells der *anagnorisis* und/oder der *katharsis*, das er in den Bereich der Psychoanalyse überträgt. Vielmehr geht die Psychoanalyse in diesem entscheidenden Moment, als sie nach der Aufgabe der Verführungshypothese neu begründet wird, aus einer von Freud erstmals erprobten Versuchsanordnung hervor, die man unter dem Stichwort ›Wirkungsästhetik der Tragödie‹ fassen könnte. Freud weist der Aufführung der *Ödipus*-Tragödie (und der Reaktion des Publikums darauf) einen Platz innerhalb der psychoanalytischen Empirie zu, indem er eine *Konstellation von Poetik und Massenpsychologie* herstellt, der zufolge sich die dichterische Produktion einer Inzest-Phantasie direkt in der Psyche des Publikums niederschlägt. Entsprechend kann er dann von *Hamlet* sagen, dass der im Stück nur implizierten Inzest-Phantasie eine verdrängte Phantasie in der Psyche des Publikums entspricht.

Infolge dieser Lesart komme ich zu dem Schluss, dass Freud den Ödipuskomplex ohne Bezugnahme auf Sophokles' Tragödie – und besonders auf ihren ›unzeitgemäßen‹ Erfolg im *Fin de Siècle* – nicht hätte entdecken können. Die Tragödie dient ihm als poetisches Hilfsmittel der Analyse, welches ihm ermöglicht, auf Seiten der Hörerschaft eine verdrängte Inzest-Phantasie zu diagnostizieren und bewusst zu machen. Zugleich aber – und das ist der zweite Punkt, an dem ich zu der bisherigen Forschung auf Distanz gehe – rechnet Freud die Tragödie auch zur Seite der Krankheit, denn er erachtet die Phantasie, die sie zu Bewusstsein bringt, als eine psychopathische Formation. Freud geht es nicht nur darum, die Inzest-Phantasie bewusst zu machen, sondern sie aufzulösen und zu überwinden, und weil dazu die

Tragödie nach seiner Einschätzung nicht beitragen kann, verläuft in diesem Fall die Grenze, die Freud auf dem Feld der Literatur zwischen Krankheit und Heilung zieht, bereits innerhalb der Tragödie. Sie trägt zur Heilung bei, insofern sie die verdrängte Phantasie bewusst macht, doch sie ist ein Krankheitssymptom, insofern die Phantasie nicht aufgelöst wird.

Ausgehend von diesem Befund wird im zweiten Kapitel *Totem und Tabu* behandelt, jener Text, in dem Freud 15 Jahre nach dem Brief an Fließ zur *Ödipus*-Tragödie zurückkehrt. Erneut geht er dabei, wie ich zeige, in einem für die Entwicklung der Psychoanalyse entscheidenden Moment – als er gegen Jung das Theorem des Ödipuskomplexes verteidigt – von einer wirkungsästhetischen Versuchsanordnung aus, der gemäß der poetischen Produktion der Phantasie in der Tragödie ihre Präsenz in der ›Massenpsyche‹ des Publikums entspricht. In seiner phylogenetischen Konstruktion macht Freud die *Ödipus*-Tragödie nun zudem dafür verantwortlich, dass die Inzest-Phantasie in der Geschichte der Menschheit überhaupt auftrat, um dann über viele Generationen bewusst tradiert zu werden, bevor sie schließlich verdrängt und unbewusst weiter vererbt wurde. Zu diesem Ergebnis kommt Freud in einer Auseinandersetzung mit der christlichen Erbsünde-Lehre, die er in einer überraschenden Deutung mit der *Ödipus*-Tragödie in Zusammenhang bringt.

Somit ist Freuds Einschätzung von Sophokles' Stück in der Zwischenzeit negativer geworden: die *Ödipus*-Tragödie wird nun deutlicher zur Seite der Krankheit gerechnet, ja, sie ist nicht mehr nur – teilweise – als Krankheitssymptom zu sehen, sondern geradezu als Krankheits*ursache*. Diese Sichtweise führt Freud in *Totem und Tabu* zudem zu einer direkten Konfrontation mit Nietzsche. Dessen Kampf für eine ›Wiedergeburt‹ der Tragödie zielt gemäß Freuds Einschätzung darauf ab, die alte, einst durch die Tragödie erzeugte Psychopathie zurückzubringen.

An diesem Punkt steht meine Beurteilung des Stellenwerts, welcher der *Ödipus*-Tragödie in der Psychoanalyse zukommt, der Forschung diametral entgegen. Wo u. a. Lacan und Starobinski eine Allianz annehmen, sehe ich eine klare Gegnerschaft. Deshalb beginnt das dritte Kapitel mit einer Erörterung von Lacans Kommentar zur *katharsis*. Lacans Verständnis, wonach die *katharsis* den Schnittpunkt von Psychoanalyse und Tragödien-Poetik bildet, kann mit Freuds Aufsatz *Zur Geschichte der Psychoanalytischen Bewegung* (1914) verglichen werden, wo er im Rückblick erläutert, wie er das kathartische Verfahren nach der Entdeckung des Ödipuskomplexes einer »Modifikation« unterzogen habe. Aus dem Vergleich geht hervor, dass sich Lacan, um eine direkte Abhängigkeit der Psychoanalyse von der Tragödien-Poetik zu behaupten, auf das frühere *katharsis*-Konzept bezieht, das Freud nach der Trennung von Breuer gerade überwindet. Zudem erlaubt es ein verstecktes Zitat in Freuds Aufsatz, einen Anhaltspunkt für das ›modifizierte‹ Verständnis der *katharsis* in der betont anti-tragischen Poetik von Lessings *Nathan der Weise* (1782) zu eruieren. Auch hier zeigt sich dann, dass Freud von einem wirkungsästhetischen Ansatz ausgeht, demnach nun jedoch die *anti*-tragische Dichtung zur *Auflösung* der Phantasie auf Seiten des Publikums beitragen könnte.

Dies wirft die Frage auf, weshalb Freud sein Projekt der psychoanalytischen Heilung auch später mit dem der Tragödien-Poetik entnommenen *katharsis*-Begriff bezeichnet. Auf der Suche nach einer Antwort kehre ich noch einmal zu Sophokles' *Ödipus* zurück, denn wie ich zeigen werde, lässt das Stück auch eine – paradoxerweise anti-tragische – Lesart zu, die zum dominanten tragischen Verständnis in Widerspruch steht. Ausformuliert liegt dieses Verständnis in Hölderlins *Anmerkungen zum Oedipus* (1803) vor. Daraus schließe ich, dass Freuds Modifikation des *katharsis*-Begriffs als ein strategischer Eingriff in die Rezeptionsgeschichte der *Ödipus*-Tragödie zu verstehen ist, in der sich konkurrierende Lesarten seit langer Zeit unversöhnlich gegenüberstehen.

Das vierte und letzte Kapitel befasst sich mit *Massenpsychologie und Ich-Analyse* (1921). In diesem Text nimmt Freud die in *Totem und Tabu* entwickelten Argumente zur wirkungsästhetischen Funktion der Dichtung in der Phylogenese wieder auf, um sie nun um weitere Aspekte zu ergänzen. Dabei rückt neben der Tragödie die ältere Form des Epos als eine Dichtung in den Vordergrund, die Freud als psychopathisch sieht. Zugleich lassen sich hier aber auch neue Allianzen beobachten, die Freud mit bestimmten dichterischen Formen schließt, denn bei seiner Kritik am Epos stützt er sich u.a. auf drei Dramen aus dem 19. Jahrhundert: auf Nestroys *Judith und Holofernes* (1847), Hebbels *Judith* (1840) und Schillers *Wallenstein* (1800). Bei der Untersuchung der drei Verweise komme ich zu dem Ergebnis, dass Freud genau betrachtet nur bei Nestroy – in der gegen die Tragödie Hebbels gerichteten Travestie – eine ›heilende‹ Dichtung entwickelt sieht. Die Stücke von Schiller und Hebbel hingegen stellen für Freud zwei weitere Varianten von Dichtung als Krankheitssymptom dar.

1.
Poetik und Massenpsychologie im *Fin de Siècle*

Der Brief, in dem Freud am 15. Oktober 1897 auf Ödipus und Hamlet zu sprechen kommt, ist einer der vielen, die er in jenen Jahren an Wilhelm Fließ schreibt. Regelmäßig unterrichtet er den befreundeten Berliner Arzt damals über seine Forschungen. An diesem Tag nun geht es um Freuds Versuche, seine Träume zu analysieren. Nachdem er von einigen Schwierigkeiten berichtet hat – »Ganz leicht ist es nicht. Ganz ehrlich mit sich sein ist eine gute Übung«[43] –, erwähnt er auch eine neue Entdeckung: »Ein einziger Gedanke von allgemeinem Wert ist mir aufgegangen.« Dann folgt die berühmte Passage:

> »Ich habe die Verliebtheit in die Mutter und die Eifersucht gegen den Vater auch bei mir gefunden und halte sie jetzt für *ein allgemeines Ereignis früher Kindheit*. Wenn das so ist, so versteht man die packende Macht des Königs Ödipus trotz aller Einwendungen, die der Verstand gegen die Fatumsvoraussetzung erhebt [...] [D]ie griechische Sage greift einen Zwang auf, den jeder anerkennt, weil er dessen Existenz in sich verspürt hat. Jeder der Hörer war einmal im Keime und in der Phantasie ein solcher Ödipus, und vor der hier in die Realität gezogenen Traumerfüllung schaudert jeder zurück mit dem ganzen Betrag der Verdrängung, der seinen infantilen Zustand von seinem heutigen trennt.
> Flüchtig ist mir durch den Kopf gegangen, ob dasselbe nicht auch dem Hamlet zugrunde liegen möchte.«[44]

Obwohl Freud sich in diesem Moment zu seiner Entdeckung nicht sehr optimistisch äußert – es handelt sich nur um ›einen einzigen Gedanken‹ –, ist es im Rückblick klar, dass der Brief in seinen Forschungen einen äußerst folgenreichen Moment markiert. Freud formuliert hier erstmals die These, die später unter dem Namen Ödipuskomplex das Zentrum der Psychoanalyse bildet: dass »die Verliebtheit in die Mutter und die Eifersucht gegen den Vater [...] ein allgemeines Ereignis früher Kindheit« sei.[45] Zudem lässt sich nachtäglich festhalten, dass die Entdeckung genau ›im richtigen Moment‹ kam, denn wenige Wochen zuvor, am 21. September, hatte Freud die Grundlagen seiner damaligen Theorie verworfen. Bis zu diesem Zeitpunkt hatte er hysterische Symptome auf sexuellen Missbrauch in der Kindheit zurückgeführt, doch nun war er zum Schluss gekommen, dass die entsprechende Erinnerung, welche die Kranken unter Hypnose zutage förderten, kein tatsächliches Ereignis wiedergebe und bloß als »sexuelle Phantasie« zu bewerten sei.[46] In dieser heiklen Situation erlaubt ihm die Entdeckung des Ödipuskomplexes, die Hysterie neu zu verstehen: die sexuelle Phantasie der Hysteriker ist nun als besonderer Fall einer Wiederkehr jener Inzest-Phantasie zu bewerten, die in der frühen Kindheit *allgemein* verbreitet ist.[47]

Damit weitet Freud sein Forschungsgebiet bedeutend aus. Das klinische Phänomen der Hysterie, mit dem er sich bisher vornehmlich beschäftigt hatte, stellt fortan einen Spezialfall im Rahmen einer umfassenden Massenpsychologie und Kulturtheorie dar. Was hat es zu bedeuten, dass dieser Paradigmenwechsel – von der Ich-Analyse zur Massenpsychologie, von der Klinik zur Kulturtheorie – im selben Moment stattfindet, als Freud *Ödipus* und *Hamlet* erwähnt? Welche Rolle spielen die beiden Stücke bei der ersten Formulierung des Ödipuskomplexes? Dies soll im Folgenden diskutiert werden.

Die meisten Studien zur Entstehung und Geschichte der Psychoanalyse halten in dem Brief den Verweis auf die beiden Dramen für sekundär. Sie knüpfen die Entdeckung des frühkindlichen Inzest-Wunsches ausschließlich an Freuds Analyse seiner Träume, wobei sie verschiedene biographische Kontexte untersuchen: vom Tod des Vaters 1896 über Freuds Verzicht auf die Arzt-Laufbahn (und das entsprechende bürgerliche Ansehen) bis hin zur Wahl eines antisemitischen Bürgermeisters in Wien.[48] Wie erwähnt betont hingegen Lacan in seinem *Seminar VII* (abgehalten 1959/60), dass Freud sich bei der Formulierung des Ödipuskomplexes auf einige »Hinweise« aus Sophokles' Tragödie stütze,[49] und Starobinski kommentiert den Brief in »Hamlet und Ödipus« (1967) aus literaturwissenschaftlicher Perspektive. Er führt Freuds Formulierung vom »Zwang« der *Ödipus*-Sage, »den jeder anerkennt«, auf die Wiedererkennung (*anagnorisis*) zurück, die Aristoteles in der *Poetik* als ein »Hauptmoment der Tragödie« diskutiert: »das Offenlegen von etwas Signifikantem, das an die Erscheinung einer Identität gebunden ist«.[50] Diese Wiedererkennung – wie sie auch im *Ödipus* von Sophokles stattfindet – ziehe Freud herbei, um seine eigene Entdeckung des frühkindlichen Inzest-Wunsches zu beschreiben. Darauf schließe er in einer zweiten *anagnorisis* »von der Ödipusgestalt auf Hamlet«,[51] bei dem er einen Ödipuskomplex diagnostiziere, um das Ergebnis zuletzt von Hamlet auf die Neurotiker zu übertragen, denen er in seiner Praxis begegne. Starobinski spricht deshalb von einer »Abfolge von Wiedererkennensmomenten«, durch die es Freud gelungen sei, im Unbewussten der Neurotiker »das zu erkennen, was er in seiner eigenen Vergangenheit erkannt hatte«.[52]

So gesehen dienen *Ödipus* und *Hamlet* als »vermittelnde Modelle«,[53] die es Freud ermöglichen, dem zuerst in der Selbstanalyse entdeckten Ödipuskomplex seine viel weiter reichende Bedeutung zuzuweisen. Und dies heißt, dass von einem wesentlichen Einfluss der Dichtung in der Psychoanalyse zu sprechen ist. Doch worin besteht die Vermittlungsfunktion der Dichtung genau? Indem Starobinski Freuds Argumentation im Detail rekonstruiert, wird deutlich, wie unkonventionell (oder geradezu spekulativ) jeder der einzelnen Schritte ist: Die Verbindung des Inzest-Wunsches aus der eigenen Kindheit mit der *anagnorisis* in *Ödipus* kombiniert nicht nur in eklektischer Weise Psychologie und Dichtung, sondern auch das späte 19. Jahrhundert mit der griechischen Antike. Der literaturgeschichtliche Bogen von *Ödipus* zu *Hamlet* überbrückt fast 2000 Jahre. Und zuletzt wird der literarische Renaissance-Prinz mit den realen Neurotikern im *Fin de Siècle* identifiziert. All dies ist auf den ersten Blick mitnichten selbstverständlich. Um die spektakuläre Serie von ›Wiederkennungen‹ nachvollziehen zu können, die Freud zur Entdeckung des Ödipuskomplexes führt, bedarf es einer detaillierten Betrachtung im Einzelnen.

1.1. *Ödipus der Tyrann*: Die Wiederkehr der verdrängten Inzest-Phantasie auf dem Theater

Die Definition der Wiedererkennung *(anagnorisis)* in der *Poetik* lautet »Umschlag von Unkenntnis *[ex agnoias]* in Kenntnis *[eis gnosin]*«,[54] und ein solches Moment erachtet Aristoteles als eine wesentliche Komponente jeder Tragödie, wobei er unter verschiedenen Varianten »die Wiedererkennung von Personen« hervorhebt.[55] In der *Ödipus*-Tragödie von Sophokles, die in der *Poetik* mehrmals als besonders gelungenes Beispiel erwähnt wird, lässt sich dies auf den Moment beziehen, in dem der Hirte den Helden über seine Herkunft aufklärt: »Ein Sprössling also war es aus des Laios Haus.«[56] »Sein Sohn denn also, hieß es!«[57] Damit erfährt Ödipus, der sich bisher für den Sohn seines korinthischen Ziehvaters Polybos gehalten hatte, erstmals seine wahre Identität, und er muss in der Ehefrau, Iokaste, die Mutter wiedererkennen, so dass er sich des Inzests bewusst wird.

Wenn nun Freud seine eigene Entdeckung der frühkindlichen Inzest-Phantasie mit der *anagnorisis* im *Ödipus* vergleicht, so machen sich dabei zwei gravierende Unterschiede bemerkbar. Erstens geht es in der Tragödie um eine Erkenntnis des erdichteten *Helden*, während sich Freud auf der Seite des *Publikums* findet. Es ist, wie Starobinski beobachtet, »der Zuschauer«, der »in Ödipus seine eigene Vergangenheit und sein bis zu jenem Augenblick verschüttetes Unbewusstes erkennt«.[58] Zweitens betrifft die Freud'sche *anagnorisis* nicht dasselbe wie diejenige des Helden: Während Ödipus zum Bewusstsein eines tatsächlich begangenen Inzests gelangt, erkennen Freud und die Tragödien-Hörer bloß einen früher gehegten Inzest-*Wunsch* wieder.

Diese Diskrepanz, auf die Starobinski nicht weiter eingeht, lässt bereits Freuds ersten Einsatz des tragischen Modells fragwürdig erscheinen.[59] Einerseits hat die Hörerschaft (wie auch Freud selbst) den Inzest niemals begangen, andererseits lässt sich von Sophokles' Held nicht behaupten, dass er in der Kindheit einen Inzest-Wunsch gehegt habe. Er ist »Ödipus ohne Komplex«, wie der Altphilologe Jean-Pierre Vernant einwendet.[60] Infolgedessen wirft eine Reihe weiterer Autoren aus der Altphilologie Freud vor, er sei mit der antiken Kultur – dem Mythos, der Tragödie, dem Menschenbild etc. – nicht genügend vertraut gewesen, weshalb er im Moment, als er den Ödipuskomplex entdecke, einfach seine neue Diagnose auf den antiken Helden zurückprojiziere.[61]

Eine andere Erklärung für Freuds Vorgehen findet sich in der Kultur- und Wissenschaftsgeschichte. Hier wird der Ödipus-Verweis einer Werbe-Strategie zugerechnet: Freud versuche immer wieder, seine wegen der Themen der Sexualität und des Inzests anrüchigen Forschungen der bildungsbürgerlichen Öffentlichkeit dadurch näher zu bringen, dass er sie mit Zitaten aus angesehenen Dichterwerken schmücke. Diese hätten somit keine substanzielle Bedeutung für seine Argumentation, sondern seien als oberflächliche Referenzen zu bewerten.[62]

Man könnte in diesem Zusammenhang von Bildungszitaten sprechen und betonen, dass Freud ein Bildungsbürger war.[63] Er besuchte das neuhumanistische Gymnasium, studierte an der Universität neben Medizin auch Philosophie und interessierte sich zeitlebens für Literatur und Kunst.[64] In diesem Kontext sind auch Freuds Kenntnisse von Sophokles und Aristoteles zu sehen. Die *Ödipus*-Tragödie studierte der junge Freud im Hinblick auf die Maturaprüfung in Griechisch, und tatsächlich musste er dann eine Passage daraus übersetzen.[65] Von der *Poetik* weiß man, dass er sie in der 1897 (!) erschienenen Ausgabe des berühmten Wiener Altphilologen Theodor Gomperz besaß, mit dem er während des Studiums durch Vermittlung seines Philosophie-Professors Franz Brentano bekannt geworden war.[66]

Zudem ist in Freuds Werken und Briefwechseln nicht zu übersehen, dass er sich gerne oberflächlicher Referenzen auf Texte aus dem bildungsbürgerlichen Kanon bedient. In besonders vielfältiger Weise kommt das Stilmittel in den Briefen zum Einsatz – auch im Umfeld des *Ödipus*-Briefs. Zum Beispiel erklärt Freud am 21. September 1897, er sei nach der Aufgabe seiner Theorie der Hysterie nicht unzufrieden: »Ich variiere das Hamlet'sche Wort ›To be in Readiness‹ – Heiter sein ist alles.«[67] Am 3. Dezember zitiert er Goethes *Faust*: »Seitdem ich das Unbewusste studiere, bin ich mir selbst so interessant geworden. Schade, dass man sich fürs Intimste immer den Mund verschließt. ›Das Beste was du weißt, darfst du den Buben doch nicht sagen‹.«[68] Wäre also auch der Verweis auf Ödipus als ein solches Bildungszitat zu bewerten? Weit davon entfernt, einen Einfluss der Dichtung in der Psychoanalyse zu markieren, würde die Erwähnung von Sophokles' Stück dann bloß Freuds bildungsbürgerlichen Hintergrund hervortreten lassen.

***

Es gibt im *Ödipus*-Brief jedoch auch einen Anhaltspunkt, der es zweifelhaft erscheinen lässt, dass Freud eine oberflächliche Anspielung machen soll. Dies ist der Begriff der Phantasie, den Freud verwendet, um die »Verliebtheit in die Mutter und die Eifersucht gegen den Vater« genauer zu bezeichnen. Wenn er schreibt, »jeder der Hörer« von Sophokles' Stück sei als kleines Kind »im Keime und in der Phantasie ein solcher Ödipus« gewesen, dann bringt er ein theoretisches Konzept ins Spiel, das zu dieser Zeit in seinen Schriften einen herausragenden Stellenwert einnimmt.[69] Nicht nur entlarvt Freud, wie erwähnt, knapp einen Monat zuvor die vermeintlichen Inzest-Erinnerungen der Hysterikerinnen als »sexuelle Phantasien«, sondern schon früher finden sich in den Briefen an Fließ theoretische Erläuterungen zur Phantasie,[70] und die erste eingehende Beschäftigung mit dem Thema liegt im so genannten *Entwurf einer Psychologie* (verfasst 1895, veröffentlicht posthum) vor. Verwendet Freud den über mehrere Jahre hinweg entwickelten Begriff dann auch im Zusammenhang mit *Ödipus*, ist dies einer genaueren Untersuchung wert.

Im *Entwurf* bespricht Freud im 11. Paragraphen des 1. Teils psychische »Erinnerungsbilder«[71] von Objekten, deren Gegenwart für das Subjekt einst ein »Befriedigungserlebnis«[72] – die Sättigung eines »Drangs« oder »Triebs«[73] – bedeutet hatte. Wenn der Drang erneut auftritt, wird das Subjekt, so Freud, in einen »Wunschzustand«[74] versetzt. Es begehrt, die frühere Befriedigung wiederzuerlangen, und dem entspricht, dass das Erinnerungsbild eine neue »Besetzung«[75] mit psychischer Energie erfährt. Dadurch entsteht ein Problem: Die »Wunschbelebung [ergibt] zunächst dasselbe wie die Wahrnehmung, nämlich eine *Halluzination*«.[76] In dieser heiklen Situation ist das Subjekt, wie Freud im 15. Paragraphen ausführt, auf so genannte »Realitätszeichen«[77] angewiesen, die es ihm ermöglichen, eine Erinnerung, der keine aktuelle Präsenz des Objekts entspricht, von einer Wahrnehmung zu unterscheiden. Funktioniert dies jedoch nicht, findet im Moment, als das Subjekt das Objekt zu erreichen versucht, eine traumatische Enttäuschung statt: Das Subjekt erkennt verspätet, dass es nur eine Erinnerung war, welche ihm die Illusion einer Präsenz vorspiegelte.

In diesem Zusammenhang führt Freud dann den Begriff der Phantasie ein: »Die Befriedigung muss ausbleiben, weil das Objekt nicht real, sondern nur in der Phantasievorstellung vorhanden ist«.[78] Dies heißt, dass die Phantasie nicht ein beliebiges psychisches Erinnerungsbild bezeichnet, sondern genau ein solches, das im Moment einer traumatischen Entdeckung auf ein in der Realität nicht vorhandenes Objekt verweist.[79] Dabei ist eine komplexe Ökonomie von Lust und Unlust im Spiel: Einerseits stellt die Phantasie ein *Befriedigungs*erlebnis dar, andererseits bringt sie *Unlust* mit sich, weil der Wunsch, dessen Erfüllung erinnert wird, nun gerade unerfüllt bleibt.

Auf diesen ersten, doch bereits weit entwickelten Begriff der Phantasie greift Freud zwei Jahre später – im September 1897 – zurück, als er in der vermeintlichen Missbrauchs-Erinnerung der Hysterikerinnen eine »sexuelle Phantasie« erkennt.[80] Hier lässt sich die Verwendung des Begriffs so verstehen, dass die Hysterikerinnen Freud zufolge ein Szenario der Wunscherfüllung erinnern, während sie zugleich die traumatische Enttäuschung über die aktuelle Abwesenheit des begehrten Objektes erleiden.[81] Allerdings ist es in diesem Fall nicht ganz treffend, von einer Erinnerung zu sprechen, denn Freud entdeckt ja gerade, dass es kein ehemaliges Befriedigungserlebnis gibt, von dem die Phantasie der Hysteriker herrühren könnte. Diesbezüglich erfährt der Phantasie-Begriff somit eine neue Akzentuierung: Jetzt bezeichnet er eine gewissermaßen ›reine‹ Phantasie; eine Szene, die ausschließlich als psychisches Bild existiert. Dieses unterscheidet sich nicht nur von einer Wahrnehmung, sondern auch von einer Phantasie/Erinnerung.[82]

In demselben Sinne verwendet Freud den Phantasie-Begriff dann einen Monat später im *Ödipus*-Brief. Die in der frühen Kindheit allgemein verbreitete Inzest-Phantasie, die er diagnostiziert, kommt der hysterischen Phantasie darin nahe, dass sie ebenfalls eine *falsche* Erinnerung ist. Gemäß Freuds Argumentation, die er später im Detail ausformulieren wird, trägt sich der kleine Junge zuerst mit der Absicht zum Vatermord und Inzest, distanziert sich dann jedoch unter dem Druck der Kastrationsdrohung davon, so dass in der kindlichen Wunschphantasie/Erinnerung ein unmöglich gewordenes Szenario festgehalten wird, das niemals stattgefunden hat. Später, im Erwachsenenleben, unterliegt diese Phantasie einer Verdrängung. Nur im »infantilen Zustand« ist, wie Freud an Fließ schreibt, »jeder der Hörer« von Sophokles' Tragödie einst »in der Phantasie ein solcher Ödipus« gewesen.

* * *

Die Psychologie des Kleinkinds ist im Brief an Fließ nicht der einzige Gesichtspunkt, unter dem Freud die Phantasie behandelt. Nachdem er erklärt hat,

»Jeder der Hörer [von Sophokles' Tragödie – T. W.] war einmal im Keime und in der Phantasie ein solcher Ödipus«, fährt er fort: »und vor der hier in die Realität gezogenen Traumerfüllung schaudert jeder zurück mit dem ganzen Betrag der Verdrängung, der seinen infantilen Zustand von seinem heutigen trennt«. Liest man hier die »Traumerfüllung« als Synonym der frühkindlichen »Phantasie« aus dem ersten Teil des Satzes – weil der Traum Freud zufolge ebenfalls eine Wunscherfüllung darstellt –, heißt dies, dass die Phantasie nicht nur in der Kindheit des Publikums, sondern auch *in der Tragödie* eine Rolle spielt: Hier wird die Inzest-Phantasie »in die Realität gezogen«.

Diese Seite von Freuds Argument lässt sich ebenfalls vor dem Hintergrund seiner früheren Definitionen des Begriffs erörtern. Als erstes fällt dabei auf, dass in Sophokles' *Ödipus* der Inzest nicht als aktuelles Geschehnis berichtet (und schon gar nicht dargestellt) wird, sondern ausschließlich in der Erinnerung des Helden erscheint.

> »Iuh! iuh! Das Ganze wäre klar heraus! –
> Oh Licht! zum letzten Mal hätt ich dich jetzt gesehn,
> Der ich zu Tage trat: entstammt, von wem
> Ich nicht gesollt – *mit wem ich nicht gesollt,*
> *Zusammenlebe* – und wen ich nicht gedurft, erschlug! –«[83]

Damit ist das erste Kriterium für Freuds Phantasie-Begriff erfüllt: Der Inzest taucht als Erinnerung auf – nämlich in dem Moment, als Ödipus in Iokaste seine Mutter erkennt. (Es handelt sich in diesem Fall um eine Phantasie im Sinne des *Entwurfs einer Psychologie*, da der Erinnerung ein tatsächliches Ereignis zugrunde liegt). Zweitens ist in diesem Moment eine traumatische Enttäuschung gegeben, wie sie gemäß Freud die Phantasie charakterisiert, denn genau jetzt muss Ödipus anerkennen, dass er Iokaste für immer verloren hat. Dies liegt nicht nur daran, dass der Inzest »nicht gesollt« ist, sondern vor allem auch an Ödipus' gleichzeitiger Selbstverurteilung für den Mord an Laios: »und wen ich nicht gedurft erschlug!« Dadurch trifft ihn die Strafe der Verbannung, die er zu Beginn des Stücks für den oder die gesuchten Königs-Mörder ausgesprochen hatte, und dies ist der eigentliche Grund dafür, dass ihm Iokaste nun unzugänglich geworden ist.

Setzt Freud seinen Phantasie-Begriff derart im Kontext der *Ödipus*-Tragödie ein, ergibt sich eine auffällige Nähe zu Aristoteles' *Poetik*: Nicht nur korreliert die Erinnerung an den Inzest der *anagnorisis* (Wiedererkennung der Mutter); sondern darüber hinaus lässt sich der traumatische Verlust auf die *peripeteia* (Ödipus' Selbst-Verurteilung) beziehen. Und dass gemäß Freuds Phantasie-Begriff die Erinnerung zeitgleich mit der Erkenntnis des Verlusts stattfindet, entspricht jener Gleichzeitigkeit von *anagnorisis* und *peripeteia*, die Aristoteles an Sophokles' Stück besonders gelobt hatte:

»Am besten ist die Wiedererkennung, wenn sie zugleich mit der Peripetie eintritt, wie es bei der im ›Ödipus‹ der Fall ist.«[84] Man kann deshalb sagen, dass genau durch die Erfüllung jener beiden Kriterien, die Aristoteles für den idealen Plot der Tragödie aufstellt, eine Phantasie im Sinne Freuds erzeugt wird – eine Erinnerung an ein Objekt, das sich im selben Moment als verlorenes erweist.[85]

Weniger einfach ist im *Ödipus* der dritte Aspekt von Freuds Phantasie-Begriff erkenntlich: dass die erinnerte Szene eine Triebbefriedigung bzw. Wunscherfüllung darstellt. Der Zusammenhang lässt sich jedoch über einen Umweg erschließen, nämlich über den antiken Diskurs zur *tyrannis*, der im Hintergrund von Sophokles' Stück steht. Als repräsentativ hierfür kann eine Diskussion in Platons *Politeia* gelten, in der Glaukon eine im Volk angeblich weit verbreitete Sichtweise der *tyrannis* wiedergibt. Demnach erreicht der Tyrann das »höchste Gut *[aristos]*«, weil er »Unrecht *[adike]* tun darf, ohne bestraft zu werden«,[86] und stets »dahin gehen« kann, wohin ihn »die Begierde *[epithymia]* treibt«.[87] Diese Sichtweise macht es plausibel, dass Freud den Inzest von Ödipus als Triebbefriedigung/Wunscherfüllung bewertet: Er versteht zum einen Ödipus als Tyrannen und setzt zum anderen eine Hörerschaft voraus, welche die von Glaukon wiedergegebene Bewertung der *tyrannis* – als Besitz des Höchsten Guts – teilt.[88] Aus einem solchen Blickwinkel gesehen kann die Heirat mit Iokaste, die Ödipus' Machtergreifung sanktioniert, leicht als der Moment wahrgenommen werden, in dem er den Zugang zum Höchsten Gut erlangt. Umgekehrt kann im Augenblick des Falls, als Ödipus das Höchste Gut des Tyrannen wieder verliert, dieses durch Iokaste repräsentiert werden.

Somit markiert der *Ödipus*-Kommentar in Freuds Auseinandersetzung mit der Phantasie eine neue Stufe. Nicht nur nimmt er beide früher verwendeten Begriffs-Varianten auf – die Erinnerung an ein Ereignis findet sich auf Seiten des Helden, und die reine Phantasie/falsche Erinnerung erscheint beim Publikum –, sondern darüber hinaus setzt er nun die Triebbefriedigung, welche die Phantasie darstellt, mit dem antiken philosophischen Begriff des Höchsten Guts in Bezug. Fortan lässt sich die Phantasie im Sinne Freuds auch so definieren, dass sie ein Höchstes Gut als verlorenes darstellt.

* * *

Der Fokus auf den Phantasie-Begriff macht deutlich, dass Freuds Verweis auf *Ödipus* nicht einfach ein oberflächliches Bildungszitat ist, mit dem er seine skandalös anmutende These des frühkindlichen Inzest-Wunsches zu beschönigen sucht. Vielmehr liegt der Passage, obwohl sie sehr knapp gehalten ist, eine vertiefte Auseinandersetzung mit Sophokles' Tragödie und Aristoteles' *Poetik* zugrunde, in deren Verlauf Freud eines seiner damals wichtigsten psychologischen Konzepte in einem neuen Bereich – der Kunstphilosophie – zur Anwendung bringt und weiter entwickelt. So gesehen kann zudem genauer bestimmt werden, *wie* Freud sich auf die Tragödie stützt. Der Phantasie-Begriff erlaubt es, das – in der seit Starobinski verbreiteten Lesart virulente – Problem zu lösen, dass die *anagnorisis* des Helden nicht exakt mit jener Freuds (bzw. des Publikums) übereinstimmt: Obwohl es sich im ersten Fall um die Erkenntnis der Inzest-Tat handelt, im zweiten nur um die Erinnerung an einen alten, unterdessen verdrängten Wunsch, lässt sich die Differenz dadurch überbrücken, dass Freuds Phantasie-Begriff sowohl die Erinnerung an eine Tat (in der Tragödie) als auch die reine Phantasie/den bloßen Wunsch (des Publikums) umfasst. Entscheidend für die Analogie der beiden *anagnorisis*-Momente ist allein, dass sowohl der Heros als auch das Publikum einem psychischen Bild eines radikal unzugänglichen Objekts anhängen, welches eine Triebbefriedigung auf dem Niveau des Höchsten Guts repräsentiert.

Der einzige Unterschied liegt dann darin, dass bei Ödipus die Phantasie im Moment seines Falls zum ersten Mal auftaucht – zuvor, etwa in seiner hypothetischen Kindheit, kennt er die Phantasie nicht –, während das Publikum ihr Freud zufolge gerade in der Kindheit anhängt, und ihr nun im Theater nach langer Zeit unverhofft wieder begegnet. Diese Differenz ist aber nicht als eine Ungenauigkeit von Freuds Argumentation zu sehen, sondern hat damit zu tun, dass Freud eine *Konstellation* zwischen den beiden *anagnorisis*-Momenten herstellt: Wenn der Heros im Moment seines Falls die Inzest-Phantasie festhält, dann wird, so Freud, genau durch *diese auf der Bühne ausgesprochene Erinnerung* die männliche Hörerschaft in die eigene Kindheit zurückversetzt, in der sich ihr unter dem Druck der Kastrationsdrohung eine vergleichbare Phantasie traumatisch eingeprägt hatte. Die besondere poetische Konstruktion, welche im antiken Stück zur Erzeugung der Inzest-Phantasie führt, bewirkt, dass der Hörerschaft im *Fin de Siècle* die eigene, längst verdrängte Phantasie aus der Kindheit wieder bewusst wird.

Dies heißt, dass Freud in *Ödipus* genau gesehen gar nicht ein »Modell« – wie Starobinski sagt – für die Entdeckung des Ödipuskomplexes findet. Es geht weder um eine Analogisierung von dichterischer und psychoanalytischer *anagnorisis*, noch um eine Gleichsetzung von antiker und zeitgenössischer Psychologie. Vielmehr etabliert Freud ausgehend von zeitgenössischen *Ödipus*-Aufführungen eine *wirkungsästhetische Versuchsanordnung*, in der die Wahrnehmung und Reaktion der Hörerschaft unter einem massenpsychologischen Gesichtspunkt aufschlussreich erscheint.[89]

Dabei kommt neben der Wiedererkennung der im Stück erzeugten Phantasie nun noch ein zweiter Aspekt in Betracht. Freud betont im Brief an Fließ, dass die Tragödien-Hörer auf die Begegnung mit der Inzest-Phantasie letztlich *ablehnend reagieren*. Sie »schaudern vor der in die Realität gezogenen Traumerfüllung [...] zurück«, wobei der »Betrag« dieser neuerlichen »Verdrängung« demjenigen entspricht, der ihren »infantilen Zustand« von dem »heutigen« trennt. Somit geht Freuds Wirkungsästhetik von einer Ambivalenz aus: Zwar übt Sophokles' Stück eine »packende Macht« auf die Hörerschaft aus, die dazu tendiert, in der traumatischen Erinnerung des fallenden Helden die eigene Kindheitsphantasie wiederzuerkennen, doch findet die Identifikation zuletzt gerade nicht statt. Und darin, dass die *Ödipus*-Tragödie diese ambivalente Haltung ermöglicht, sieht Freud ihre eigentliche Funktion: Sie erlaubt es der Hörerschaft, der im Alltag verdrängten Inzest-Phantasie aus der frühen Kindheit im kurzen Moment eines Ausnahmezustands wiederzubegegnen, ohne sie bewusst anerkennen zu müssen.

Erweist sich Freuds Argumentation bezüglich der *Ödipus*-Tragödie demnach bei näherer Betrachtung als durchaus präzise und nachvollziehbar, so stellt sich nun die Frage, wozu sie ihm in diesem Moment dient bzw. welche Rolle sie im weiteren Kontext des Briefs an Fließ spielt. Das Thema der Tragödie taucht ja völlig unvermittelt auf, während Freud dabei ist, von der Deutung seiner Träume zu berichten. Er erwähnt, dass er »die Verliebtheit in die Mutter und die Eifersucht gegen den Vater« auch bei sich selbst gefunden habe und sie »jetzt für ein allgemeines Ereignis früher Kindheit« halte, um dann abrupt zu *Ödipus* zu wechseln: »Wenn das so ist, so versteht man die packende Macht des Königs Ödipus trotz aller Einwendungen, die der Verstand gegen die Fatumsvoraussetzung erhebt.« Dies klingt, als ergreife Freud in dem Moment, als er die frühkindliche Inzest-Phantasie entdeckt, die Gelegenheit, eine Frage zu klären, die ihn schon seit längerem beschäftigt. Weshalb hat die antike Tragödie Erfolg, obwohl das Publikum die Macht des Schicksals und somit den ganzen Plot zurückweisen müsste? Dies, so scheint es, kann Freud nun endlich erklären: Die anhaltende Faszination des Stücks rührt daher, dass es jene Inzest-Phantasie ins Spiel bringt, die Freuds neuer Entdeckung zufolge allen aus der Kindheit bekannt ist.

Zugleich dient der auffällige Erfolg der Tragödie Freud aber auch als ein Indiz, das seine neue Entdeckung bestätigen soll – und zwar in zweierlei Hinsicht: Einerseits verweist der Zwang, den *Ödipus* auf die Massen ausübt, darauf, dass sie zur Inzest-Phantasie in einem intimen Verhältnis stehen; andererseits kann aus ihrem Zurückschaudern auf die Verdrängung der Phantasie geschlossen werden. So gesehen ließe sich Freuds kausale

Folgerung auch umkehren: »Wenn« man die packende Macht des Königs Ödipus versteht, »so« belegt dies, dass die Diagnose der unbewussten Inzest-Phantasie treffend ist. Und diese umgekehrte Folgerung gewinnt zusätzlich an Plausibilität, wenn man den Kontext des Briefs bedenkt, denn bevor Freud auf *Ödipus* zu sprechen kommt, hat er die frühkindliche Inzest-Phantasie zunächst nur mittels Traumdeutung bei sich selbst aufgewiesen. Dies lässt den Anspruch auf Allgemeingültigkeit seiner Entdeckung – die Inzest-Phantasie als »ein allgemeines Ereignis früher Kindheit« – vorschnell erscheinen. Just in diesem Moment liefert der Kommentar zu *Ödipus* Freud ein neues Argument, das dazu dient, seine These zu stützen: Wenn alle, die sich von Sophokles' Tragödie faszinieren lassen, die Kindheitsphantasie einst kannten, dann muss diese wirklich sehr verbreitet sein.

Meiner Ansicht nach funktioniert die *Ödipus*-Tragödie somit als eine vermittelnde Größe, die es Freud ermöglicht, das Ergebnis der Selbstanalyse zu verallgemeinern. Bereits bevor er, wie Starobinski ausführt, von *Ödipus* weiter auf *Hamlet* schließt, kann Freud dank des Popularität von Sophokles' Stück (sowie dank der auffälligen Reaktion des Publikums) die verdrängte Inzest-Phantasie bei seinen Zeitgenossen diagnostizieren – und zwar nicht nur bei einzelnen Neurotikern, denen er in der Praxis begegnet, sondern beim durchschnittlichen Bildungsbürgertum, das Tragödien-Aufführungen besucht. Dies heißt, dass im Moment der Bahn brechenden Entdeckung eine sehr enge Allianz zwischen Freud und Sophokles bzw. dessen Kommentator Aristoteles besteht. Dank der tragischen *anagnorisis* in *Ödipus*, welche die ambivalente Publikumsreaktion hervorruft, kann Freud die Inzest-Phantasie als ein »allgemeines Ereignis« der frühen Kindheit diagnostizieren und den Ödipuskomplex entdecken.

* * *

Wenn der Großerfolg von *Ödipus* und die auffällige Reaktion der »zurückschaudernden« Hörerschaft für Freud derart entscheidende Anhaltspunkte sind, stellt sich die Frage, worauf er sich mit seiner Beobachtung bezieht. Was ist das für ein Theaterpublikum, das er im Sinn hat, und woher rührt der gewissermaßen empirische Anspruch seiner Diagnose?

Weil Freud von der »packenden Macht«, die Sophokles' Tragödie auf das Publikum ausübt, auf ein »allgemeines Ereignis« in der psychologischen Entwicklung des Menschen schließt, entsteht leicht der Eindruck, dass es ihm um die weite Verbreitung des Stücks geht. Je älter und bekannter das Beispiel ist, desto plausibler scheint es, die daraus abgeleitete Diagnose für allgemeingültig zu erklären. Damit kontrastiert jedoch der Umstand, dass Sophokles' Stück im Laufe der Jahrhunderte mitnichten eine zeitlose Popularität genoss – nicht einmal in der Neuzeit. Zwar wurde das Ödipus-Thema seit dem späteren Mittelalter häufig behandelt: von Dante, Boccaccio und Chaucer über Hanns Sachs und Scaliger bis zu Corneille, Racine, Dryden und Voltaire, um nur die berühmtesten Autoren zu nennen.[90] Aber diese Beispiele sagen nichts über die Rezeption von Sophokles' Tragödie, denn es handelt sich jeweils um Neugestaltungen des Stoffs, und wenn es dabei ein Vorbild gab, war es Seneca. Deshalb können zwar die Motive des Ödipus-Mythos (besonders Vatermord und Inzest mit der Mutter) seit dem späteren Mittelalter als populär gelten, nicht aber die sophokleische Dramaturgie von *anagnorisis* und *peripeteia*. Und weil es nur diese Dramaturgie ist, die Freud den Einsatz seines Phantasie-Begriffs ermöglicht, kann er sich für seine Diagnose nicht auf eine zeitlose Popularität stützen. Von der »packenden Macht«, die Sophokles' Stück gemäß Freud auf die Hörerschaft ausübt, ist während vieler Jahrhunderte nichts zu bemerken.

Erst Ende des 18. Jahrhunderts werden Sophokles und Aristoteles als die großen Meister-Dramaturgen wiederentdeckt. Nachdem Lessing in der *Hamburgischen Dramaturgie* (1767) Seneca und den französischen Klassizismus heftig kritisiert, Aristoteles hingegen sehr lobt, wird Sophokles' *Ödipus* – zusammen mit *Antigone* – zu einem zentralen und kontroversen Gegenstand der deutschsprachigen Kunstphilosophie. Von Goethe und Schiller über Hölderlin und Hegel bis zu Nietzsche wird das Stück derart oft diskutiert, dass man von einem »Zeitalter des Ödipus« gesprochen hat, welches in Freud seinen Höhepunkt und Abschluss finde.[91]

Auch diese kunstphilosophische Sophokles-Rezeption kann jedoch Freuds Beobachtung nicht zureichend erklären, denn er geht von einem Erfolg des Stücks beim Massenpublikum – d.h. von tatsächlichen Aufführungen – aus, und solche sind noch im 19. Jahrhundert während langer Zeit nicht zu beobachten.[92] Erst in den 1880er- und 90er-Jahren feiert *Ödipus der Tyrann* große Erfolge beim Publikum. Als Epoche machende Kultur-Ereignisse erweisen sich die jeweils erste Aufführung von Sophokles' Text in Frankreich und Österreich. Die französische Produktion – an der Comédie Française – datiert von 1858 und wird Anfang der 80er-Jahren zum Großerfolg, als Jean Mounet-Sully die Hauptrolle übernimmt. (Von dieser Aufführung weiß man, dass Freud sie besuchte, als er Mitte der 80er Jahre bei Charcot arbeitete.[93]) Eine ebenso sensationelle Popularität erlangt ab 1886 die Inszenierung von Adolf Wilbrandt am Wiener Burgtheater. Betrachtet man die plötzlichen Großerfolge im weiteren Kontext der Theatergeschichte, kommt wieder *Antigone* in Betracht. Die Produktion von Tieck und Mendelssohn 1841 in Berlin gilt als erste Aufführung einer antiken Tragödie in der Neuzeit überhaupt. Nach diesem Vorbild finden in Deutschland weitere, jedoch nicht sehr erfolgreiche Sophokles-

Aufführungen – meist *Antigone* oder *Ödipus* – statt, bevor in den 1880er-Jahren in Paris und Wien der Großerfolg von *Ödipus* einsetzt.

Wie Hellmut Flashar bemerkt, wäre es jedoch noch bei diesen Inszenierungen voreilig, von einer eigentlichen Rückkehr der antiken Tragödie zu sprechen.[94] Grundlegend bleibt nämlich die kunstphilosophische Diskussion, besonders die Position von Hegel, der zwar die sophokleische Tragödie zum idealen Kunstwerk erklärt hatte, jedoch zugleich proklamierte, dass ein solches der Moderne unerreichbar bleiben müsse. Entsprechend bringen die neuen Inszenierungen ein ambivalentes Verhältnis zur Tragödie zum Ausdruck. Sie zeichnen sich durch Strategien wie Aktualisierung, politische Vereinnahmung oder historische Distanznahme aus, so dass insgesamt eine »Dämpfung der antiken Tragik« und eine »Anpassung der Tragödie an den Geschmack des Bildungsbürgertums« zu beobachten ist.[95] Dies ändert sich erst zu Beginn des 20. Jahrhunderts, als mit den Berliner Produktionen von Wilamowitz/Oberländer (*Orestie*, 1900) und Hofmannsthal/Reinhardt (*Ödipus der Tyrann*, 1910) die »Blütezeit des antiken Dramas auf der Bühne« beginnt.[96] Jetzt wird die Tragödie als eigenständige Form entdeckt, wobei sie als eine der Möglichkeiten in Betracht kommt, mit der Tradition des neuzeitlichen, bürgerlichen Theaters zu brechen.

Es erscheint mir verlockend, Freuds Diagnose auf diese theatergeschichtliche Entwicklung zu beziehen. Wenn er 1897 sagt, dass seine Zeitgenossen sich von *Ödipus der Tyrann* faszinieren lassen, dabei aber »zurückschaudern«, stimmt dies nicht nur mit der neuartigen Popularität von Sophokles' Stück in den 1880er und 90er Jahren überein, sondern auch mit jener Distanziertheit, die dabei zu beobachten ist: Zwar wird der alte Text plötzlich auf die Bühne gebracht, doch dabei macht sich auch ein Unbehagen gegenüber der antiken Tragik bemerkbar. So wäre Freuds Diagnose untrennbar mit seiner Zeit verbunden gewesen. Er hätte die verdrängte Inzest-Phantasie in einem historischen Moment der Lesbarkeit aufgewiesen.

* * *

Freuds Allianz mit der *Ödipus*-Tragödie beruht darauf, dass er ihr eine gewisse heilende Wirkung auf das Publikum zuspricht. Weil sie es dem Erwachsenen ermöglicht, die frühkindliche Inzest-Phantasie in einem kurzen Moment des Ausnahmezustands wieder zu konfrontieren, trägt sie dazu bei, die Verdrängung aufzuweisen. Und sobald die Hörerschaft, anstatt zurückzuschaudern, Freuds Sichtweise übernehmen würde, könnte die Phantasie sogar wieder *bewusst* gemacht werden. Die *anagnorisis* des tragischen Helden würde, vermittelt durch Freuds wirkungsästhetische Versuchsanordnung, eine zweite Wiedererkennung auf Seiten der Hörerschaft auslösen, in der die Verdrängung der Inzest-Phantasie erinnert und überwunden werden könnte.

Dabei ist allerdings zu bedenken, dass die Inzest-Phantasie für Freud eine psychopathische Formation ist. In der frühen Kindheit ebenso wie in der Hysterie ist sie als falsche Erinnerung an ein Inzest-Ereignis zu bewerten, welches niemals stattfand. Hinzu kommt noch etwas anderes: Selbst wenn die Phantasie/Erinnerung auf ein tatsächliches Ereignis verweist – wie es beim Ödipus-Charakter in Sophokles' Stück der Fall ist –, selbst dann gilt sie in der Tradition, auf die Freud sich bezieht, als psychopathisch. In diesem Zusammenhang ist es aufschlussreich, noch einmal zu Platons *Politeia* zurückzukehren. Dort betont Sokrates nämlich, dass die Vorstellung des Höchsten Guts, die das Volk gemäß Glaukons Schilderung mit der *tyrannis* assoziiert, *falsch* sei. Zwar mag der Tyrann Zugang zu allen Gütern haben, doch dies heißt für Sokrates gerade nicht, dass er das Höchste Gut erreicht. Genau gesehen kann der Tyrann »seine Begierden durchaus nicht befriedigen, [...] und er erscheint in Wahrheit als ein armer Mensch, wenn jemand seine Seele als ganzes zu betrachten versteht«.[97] Die falsche Vorstellung des Höchsten Guts ist einer der Gründe dafür, dass Sokrates die *tyrannis* als die schlechteste aller Herrschaftsformen beurteilt, und in diesem Zusammenhang ist auch seine berühmte Ablehnung der Tragödie zu sehen. Wenn er die Tragödien-Dichter kritisiert, weil sie »die *tyrannis* verherrlichen«,[98] heißt dies unter anderem, dass sie die falsche Vorstellung unterstützen, wonach der Tyrann das Höchste Gut erreicht. Dies mag insofern erstaunen, als es in der Tragödie ja gerade der Tyrann – wie z.B. Ödipus – ist, der zu Fall kommt. Gemäß Platon reicht der Sturz jedoch offenbar nicht aus, um die Faszination des Volkes für den Status des Tyrannen zu zerstreuen. Der Gefallene kann noch immer als derjenige erscheinen, dem es einst möglich *war*, durch die Befriedigung sämtlicher Begierden das Höchste Gut zu erlangen, so dass die falsche Vorstellung des Höchsten Guts *ex negativo* festgehalten wird.

Dieses Argument übernimmt Freud, wenn er im Kontext von *Ödipus* seinen Phantasie-Begriff ins Spiel bringt. Gemäß seiner Diagnose bleibt in der Tragödie eine falsche Vorstellung des Höchsten Guts erhalten, zu dem der Tyrann angeblich Zugang hatte. Dies ist die *inhärente* Falschheit, die nach Freud die Phantasie ausmacht – unabhängig davon, ob sie im Einzelfall eine adäquate oder eine falsche Erinnerung ist. Und wegen dieser inhärenten Falschheit ist es letztlich nicht Freuds Ziel, dass der Hörerschaft von Sophokles' Stück die Phantasie wieder bewusst wird. Eine Hörerschaft, welche die *anagnorisis* vollziehen und die Inzest-Phantasie als die eigene anerkennen würde, wäre für Freud noch immer psychopathisch. Zwar wäre in einer solchen *anagnorisis* die Psychopathie der Verdrängung aufgehoben, aber stattdessen würde einfach jene gewissermaßen primäre Form von Psychopathie zurückkehren, welche für Freud die bewusste Phantasie darstellt. Anstelle der Neurose, die durch die Verdrängung charakterisiert ist, würde das Publikum nun der Hysterie verfallen.

Freud hingegen geht es darum, die bewusst gewordene Phantasie *in ihrer Falschheit erkenntlich zu machen.* Die Hysteriker ebenso wie das Tragödien-Publikum sollen verstehen, dass die Phantasie eine falsche Vorstellung von Triebbefriedigung bzw. vom Zugang zum Höchsten Gut beinhaltet, und sie sollen die falsche Vorstellung aufgeben. Eine solche Auflösung oder Überwindung der Phantasie, so scheint es, kann Sophokles' *Ödipus* nicht leisten, und deshalb ist Freuds Verhältnis zu diesem Stück durchaus kompliziert. Es dient ihm zwar dazu, die verdrängte Phantasie aufzuweisen und bewusst zu machen, aber indem er selbst die Auflösung der Phantasie anstrebt, geht er im selben Moment, als er sich auf die *Ödipus*-Tragödie stützt, bereits über sie hinaus.

1.2. *Hamlet*: Das Gewissen des Publikums erhaschen

Wie funktioniert im Brief an Fließ das zweite literarische »Modell« (Starobinski), dessen sich Freud bei der Entdeckung der frühkindlichen Inzest-Phantasie bedient? Was fügt die *Hamlet*-Analyse zum *Ödipus*-Kommentar hinzu? Auf den ersten Blick scheint es, dass Freud an einer Analogie interessiert ist: »Flüchtig ist mir durch den Kopf gegangen, ob dasselbe nicht auch dem Hamlet zugrunde liegen möchte.«[99] Erneut soll also die Inzest-Phantasie im Spiel sein, und erneut soll dies die große Anziehungskraft erklären, die das Stück auf das Publikum ausübt. Wie er zu diesem Ergebnis gekommen ist, führt Freud anschließend im Detail aus:

> »Wie rechtfertigt der Hysteriker Hamlet sein Wort ›So macht Gewissen Feige aus uns allen‹, wie erklärt er sein Zaudern, durch den Mord des Onkels den Vater zu rächen, derselbe, der unbedenklich seine Hofleute in den Tod schickt und geradezu vorschnell den Laertes ermordet? Wie besser, als durch die Qual, welche ihm *die dunkle Erinnerung* bereitet, er habe sich selbst mit derselben Tat gegen den Vater und aus Leidenschaft zur Mutter getragen, ›und wenn wir nach Verdienst behandelt werden, wer würde da dem Auspeitschen entgehen?‹ Sein Gewissen ist sein *unbewusstes Schuldbewusstsein.*«[100]

Im Vergleich zum *Ödipus*-Kommentar macht sich hier neben der Analogie auch eine gewichtige Differenz bemerkbar. Zwar ist die Inzest-Phantasie gemäß Freuds Verständnis in beiden Stücken vorhanden, aber sie hat nicht denselben Status. Während Ödipus im Moment seines Falls eine bewusste Phantasie äußert, diagnostiziert Freud bei Hamlet – und zwar von Anfang an – jene *unbewusst* gewordene Kindheits-Phantasie, die er für ein »allgemeines Ereignis« hält. Der Prinz hat sich als kleines Kind mit der Absicht zum Vatermord und Inzest getragen, sich jedoch unter dem Druck der Kastrationsdrohung davon distanziert, so dass das gewünschte Szenario in der Phantasie/Erinnerung festgehalten wurde. Und unterdessen ist diese »Erinnerung«, wie Freud schreibt, »dunkel« geworden; die Phantasie ist unbewusst. Entsprechend ist bei Hamlet auch das Schuldbewusstsein verdrängt, das – beim gefallenen Ödipus ebenso wie beim kleinen Jungen – mit der bewussten Phantasie einhergeht. Freud spricht nun von einem »unbewussten Schuldbewusstsein«.[101]

Im Unterschied zum antiken Heros Ödipus lässt sich der neuzeitliche Held Hamlet somit den Zeitgenossen Freuds vergleichen. Obwohl er ein literarischer Charakter ist, leidet er an demselben Ödipuskomplex, den Freud beim Theaterpublikum diagnostiziert und überhaupt für allgemein verbreitet hält. Ist Shakespeares Stück so gesehen durch einen gewissen literarischen Realismus ausgezeichnet, lässt sich dies umgekehrt auch so verstehen, dass Hamlet Freud als literarisches Modell für sein eigenes Verständnis eines Subjekts des Unbewussten dient. Die Modellhaftigkeit ist dabei, wie Starobinski ausführt, historisch bedingt. Hamlet, der in Rätseln spricht, und dessen auf den ersten Blick unverständliches Verhalten – das Zaudern, den Vater zu rächen – nach Interpretation verlangt, gehört einer Epoche an, in der »die Subjektivität ihre abgesonderte und traditionell unzugängliche Herrschaft zu errichten beginnt«.[102] Als ein exemplarisches Subjekt der Neuzeit kann Hamlet Freud als Modell dienen.[103]

Starobinskis Vermutung ist seither insofern bestätigt worden, als die Forschung weitere enge Verbindungen zwischen Freuds Konzeption des Subjekts und *Hamlet* aufgefunden hat. Kenneth Reinhard und Julia Reinhard Lupton betonen, dass das Stück eine wichtige Rolle spielt, als Freud – in einem Brief an Fließ vom Mai 1897 – erstmals sein Konzept der Melancholie entwickelt.[104] Ned Lukacher hebt das Thema des Gewissens hervor, das, nachdem Freud es im *Hamlet*-Kommentar erstmals erwähnt, in seinen späten Schriften von *Das Ich und das Es* (1923) über *Das Unbehagen in der Kultur* (1930) bis zum *Moses*-Buch (1938) immer wichtiger wird.[105] Harold Bloom weist auf die »affektive und kognitive Ambivalenz«[106] hin, die Hamlet besonders gegen den Vater zeige (»If thou didst ever thy dear father love ...«, sagt der Geist[107]), und die für Freud zu einem zentralen Konzept seiner Psychologie geworden sei.

Nicht geklärt ist damit allerdings, wie Freud dazu kommt, bei Hamlet *die unbewusste Inzest-Phantasie* zu diagnostizieren. Wieso führt er das rätselhafte Verhalten des Prinzen, seine Melancholie, die Gewissensbisse und die ambivalente Einstellung gegen den Vater jeweils auf die verdrängte

Phantasie zurück? Diese Deutung, durch die Shakespeares Prinz für Freud überhaupt erst zu einem Modellfall werden konnte, ist nach Ansicht der Forschung fragwürdig. Gemäß Reinhard & Reinhard Lupton lässt Hamlets Melancholie keine »reduktiven ödipale Lesarten« zu, Lukacher erachtet das Gewissen des Prinzen – unabhängig von konkreten Inhalten – als »mit der Zeit und dem Sein verbunden«, und Bloom zufolge kann Hamlets »spirituelle Verzweiflung [...] unmöglich aus einem Vatermord und einer überstürzten Wiederverheiratung der Mutter« erklärt werden.[108] Folgt man dieser Sichtweise, ließe sich trotz des großen Einflusses, den *Hamlet* auf das psychoanalytische Verständnis des Subjekts ausübte, gerade Freuds zentrale und zeitlebens bekräftigte These *nicht* auf den Dichter zurückführen: dass der Prinz »am Ödipuskomplex gelitten« habe.[109] Somit wäre hier kein Einfluss der Dichtung auf die Psychoanalyse zu beobachten, sondern Freud hätte eine willkürliche Deutung vorgenommen, indem er seine soeben gemachte Entdeckung der frühkindlichen Inzest-Phantasie auf Shakespeares Text projiziert hätte.[110]

* * *

Gegen die Forschungsbeiträge, die Freuds ödipale *Hamlet*-Deutung ablehnen, lässt sich einwenden, dass sie sein Vorgehen nicht bis ins Detail verfolgen. Insbesondere ignorieren sie seinen Anspruch, eine genaue Analyse von Shakespeares Text geleistet zu haben. Wie Freud im Brief an Fließ deutlich macht, geht er von zwei berühmten Passagen aus: zum einen vom Satz aus dem *To-be-or-not-to-be*-Monolog, »thus conscience does make cowards of us all«,[111] zum anderen von Hamlets Erklärung im Dialog mit Polonius und den Schauspielern, »Use every man after his desert, and who shall 'scape whipping?«.[112] In beiden Fällen scheint Freuds Formulierung vom »unbewussten Schuldbewusstsein« insofern treffend, als Hamlets schlechtes Gewissen und seine Angst vor Bestrafung auf eine Schuld verweisen, von der jedoch nicht gesagt wird, worin sie besteht. Man kann deshalb sagen, dass Freuds Deutung bei einem Problem einsetzt, das im Stück selbst aufgeworfen wird: Woher rührt das quälende Schuldbewusstsein des Prinzen?

Wie Freud vorgeht, um dies zu beantworten, zeigen die Erläuterungen, die an die bisher zitierte Passage anschließen. Nachdem er das Gewissen als »unbewusstes Schuldbewusstsein« bezeichnet hat, spricht er davon, dass sich Hamlet zuletzt eine Bestrafung auferlege:

> »Sein Gewissen ist sein *unbewusstes Schuldbewusstsein*. Und gelingt es ihm nicht am Ende auf ebenso wunderbare Weise wie meinen Hysterikern, sich seine Bestrafung zu erzwingen, indem er dasselbe Schicksal erfährt wie der Vater, von demselben Nebenbuhler vergiftet wird?«[113]

Damit stürzt Freud seine vorherige Diagnose um: Wenn Hamlet sich »seine Bestrafung« erzwingt, heißt dies, dass die Schuld bewusst geworden ist, und der Vergleich mit den Hysterikern besagt (gemäß Freuds einem Monat zuvor entwickelten neuen Verständnis der Hysterie), dass auch die Phantasie jetzt bewusst ist. Phantasie und Schuld kommen also Freud zufolge *am Ende* des Stücks, als Hamlet stirbt, zu Bewusstsein, und deshalb kann dann rückwirkend das unbewusste Schuldbewusstsein durch die unbewusste Phantasie erklärt werden.

Nur: Wie kommt Freud zu dieser Behauptung? Zwar bezieht er sich auch mit dem Begriff der Bestrafung direkt auf den Text von Shakespeare, deutet doch Hamlet seinen Tod als einen Polizisten, der ihn verhaftet: »as this fell sergeant, Death,/ Is strict in his arrest«.[114] Aber entgegen Freuds Hinweis, dass in diesem Moment die Schuld erkenntlich werde, sagt Hamlet nicht, für welches Vergehen er sich »vom Tod verhaftet« wähnt. Stattdessen erklärt er, dass er keine Zeit mehr habe, sich weiter zu äußern: »Had I but time [...] O, I could tell you .../ But let it be.«[115] Die Spur, die Freud legt, führt somit zu einem Rätsel im Text von Shakespeare: Was will der Prinz noch sagen, als er keine Zeit mehr hat? Was verbergen seine berühmten letzten Worte, »The rest is silence«?[116]

Um nachzuvollziehen, wie Freud das Rätsel löst, ist ein Hinweis hilfreich, den Lacan in seinem 1958/59 abgehaltenen *Seminar VI* gibt. Lacan hebt die eigentümliche Wendung am Ende des Stücks hervor, als der Prinz von Laertes' vergiftetem Schwert tödlich getroffen wird und dann plötzlich die Rache an Claudius vollzieht, vor der er das ganze Stück über zurückgeschreckt ist. »Wenn er schließlich den Verbrecher schlägt, so eben mit der Waffe, die ihn gerade tödlich getroffen hat«.[117] Dies erlaubt es gemäß Lacan, rückblickend zu verstehen, weshalb Hamlet den Mord zuvor *nicht* begehen konnte: Er vermag Claudius erst in dem »Augenblick« zu »treffen, als er selbst »tödlich verletzt« ist.[118]

Diese besondere Konstruktion des Plots scheint Freuds Lesart zugrunde zu liegen. Er folgert, gemäß der Wahrnehmung, die Hamlet im Rache-Akt zum Ausdruck bringe, müssten entweder Claudius *und* er selbst sterben, oder aber keiner von beiden, und dies heiße, dass der Prinz sich desselben Vergehens wie Claudius schuldig fühlt. Die Gleichung ist zwar nicht ganz stimmig, da Hamlets einstige *Absicht* zum Mord mit Claudius' *Tat* verrechnet wird, aber der Prinz scheint in diesem Moment, wie Freud in der *Traumdeutung* (1900) präzisiert, wirklich anzunehmen, dass er »selbst nicht besser sei als der von ihm zu strafende Sünder«.[119] Somit liegt der Ausführung des zuvor unmöglichen Racheakts nicht nur die eigene tödliche Verwundung, sondern auch eine neue Erkenntnis des Prinzen zugrunde. Seine »Erinnerung« an die quälende Schuld ist nicht mehr »dunkel«, und die dem einstigen Schuldbewusstsein korrelierende, frühkindliche Inzest-Phantasie ist ihm ebenfalls bewusst geworden, so dass er, wie Freud in der *Traumdeutung* schreibt, in Claudius die »Realisierung« seiner eigenen »verdrängten Kinderwünsche« sieht.[120]

Freuds Lösung entbehrt nicht einer gewissen Ironie. Er nimmt an, dass sich gerade, weil Hamlet zu seiner Bestrafung schweigt, in dem Stück eine andere, gewissermaßen ›stumme‹ Sprache entziffern lassen müsse, welche die erkannte Schuld hervortreten lasse. Man könnte es eine Sprache der Poetik (im aristotelischen Sinne) nennen, denn es ist die besondere Konstruktion des Plots, die sich als ›sprechend‹ erweist. Dies würde aber heißen, dass Freuds ödipale Deutung *im Stück selbst angelegt ist.* Erst durch die Beobachtung von Shakespeares poetischer Konstruktion, nach der im Moment des Racheaktes – unabhängig davon, was der Prinz sagt, doch aufgrund dessen, was er tut – ein Spiegelverhältnis zu Claudius hergestellt wird, kann Freud die Inzest-Phantasie diagnostizieren und das zuvor unbewusst gebliebene Schuldbewusstsein des Prinzen aufklären.

Eine Folge von Freuds Lesart ist, dass die zwei ›sprachlichen‹ Ebenen des Stücks zwei unterschiedliche Rezeptionshaltungen ermöglichen. Das Publikum kann sich entweder auf das Schweigen des Prinzen konzentrieren, wodurch die Ursache des Schuldbewusstseins im Dunkeln bleiben wird, oder aber es kann auf die Shakespeare'sche Poetik achten und dadurch die verdrängte Phantasie erkennen. Beide Möglichkeiten diskutiert Freud in dem Aufsatz *Psychopathische Personen auf der Bühne*, den er 1905/06 verfasst, jedoch nicht veröffentlicht.

> »[...] es scheint als Bedingung der Kunstform, dass die zum Bewusstsein ringende Regung, so sicher sie kenntlich ist, so wenig mit deutlichem Namen genannt wird, so dass sich der Vorgang im Hörer wieder mit abgewandter Aufmerksamkeit vollzieht, und er von Gefühlen ergriffen wird, anstatt sich Rechenschaft zu geben.«[121]

Weil die »zum Bewusstsein ringende Regung« im Stück »so sicher kenntlich« ist, »so wenig sie mit deutlichem Namen genannt wird«, stehen dem Publikum zwei Möglichkeiten offen. Bei einer Haltung »abgewandter Aufmerksamkeit« wird es die am Ende bewusst gewordene Regung nicht bemerken, doch wenn es aufmerksam ist, kann es sich durchaus »Rechenschaft« über das Geschehen »geben«.

***

Welche Funktion kommt Freuds *Hamlet*-Lektüre im Kontext des Briefs an Fließ zu? Freud nimmt an, dass seine Zeitgenossen um 1900 ebenso wie Shakespeares Prinz unbewusst der Inzest-Phantasie anhängen. Stellt er diese Diagnose zuerst anhand der »packenden Macht«, die *Ödipus* auf das Publikum des *Fin de Siècle* ausübt, so fragt er sich anschließend, »ob dasselbe nicht auch dem Hamlet zugrunde liegen möchte«. Die Inzest-Phantasie, die im Stück enthalten ist, soll erneut dessen enorme Popularität verständlich machen. Auch diesen Zusammenhang führt Freud später in *Psychopathische Personen auf der Bühne* genauer aus. Er erläutert, dass in *Hamlet*

> »die verdrängte Regung zu jenen gehört, die bei uns allen in gleicher Weise verdrängt ist, deren Verdrängung zu den Grundlagen unserer persönlichen Entwicklung gehört, während die Situation gerade an dieser Verdrängung rüttelt. Durch diese beiden Bedingungen *wird es uns leicht, uns im Helden wiederzufinden.*«[122]

Wie im Brief an Fließ anhand von *Ödipus* etabliert Freud hier auch für *Hamlet* eine Konstellation von Poetik und Massenpsychologie: Dem Status der Inzest-Phantasie im Stück entspricht ihr Status in der Psyche der Zuschauer. Und weil im Unterschied zu Sophokles die Phantasie bei Shakespeare *nicht* bewusst ausgesprochen wird – weil der Prinz am Ende schweigt – kann die Phantasie auch auf Seiten der Theaterzuschauer verdrängt bleiben. Diese müssen nun nicht wie bei *Ödipus* vor der *anagnorisis* zurückschaudern, sondern es fällt ihnen »leicht«, sich »im Helden wiederzufinden«, so dass eine bewusste Identifikation zustande kommt.

Funktioniert das Argument somit parallel zu jenem bezüglich *Ödipus*, liegt auch in diesem Fall die Vermutung nahe, dass der kausale Schluss, mit dem Freud die psychologischen Diagnose und die poetische Analyse verbindet, in Wirklichkeit in die umgekehrte Richtung verläuft: Auch *Hamlet* erlaubt es Freud, die zuerst in der persönlichen Analyse entdeckte Inzest-Phantasie als ein »allgemeines Ereignis« zu bewerten. Weil das Publikum sich mit dem Hamlet-Charakter identifiziert, der eine Inzest-Phantasie verdrängt hält, kann die unbewusste Phantasie auf breiter Basis nachgewiesen werden. So gesehen dient *Hamlet* Freud als Bestätigung für jenen massenpsychologischen Befund, den er zuerst anhand von *Ödipus* präsentiert. Dieselbe wirkungsästhetische Versuchsanordnung, nun an einem zweiten Beispiel erprobt, führt zum selben Ergebnis. Es macht für Freud perfekten Sinn, dass gerade diese zwei Tragödien bei ein- und demselben Publikum populär sind.

Vergleicht man die beiden Beispiele genauer, macht sich in Freuds Vorgehen jedoch auch ein methodischer Unterschied bemerkbar. Die antike Tragödie wird aufgrund der ambivalenten Haltung der zurückschaudernden Hörerschaft bedeutsam, die anzeigt, dass die im Stück mit poetischen Mitteln (*anagnorisis* und *peripeteia*) hergestellte Inzest-Phantasie zwar bekannt ist, aber nicht bewusst anerkannt wird. Bei *Hamlet* hingegen ist eine solch auffällige Reaktion des Publikums nicht nötig. Durch die besondere Konstruktion des Stücks, welche die doppelte Lesart möglich macht, kann ein »aufmerksamer« Hörer – wie Freud selbst – die im Stück verborgene Phantasie auch dann erkennen, wenn sie der Mehrheit unbewusst bleibt.

Dies lässt vermuten, dass *Hamlet*, Freuds zweites Beispiel, für die Diagnose primär war. Bei Shakespeares Stück muss Freud nichts hinzufügen, denn es ist von Anfang an zu dem Zweck konstruiert, einem »aufmerksamen« Zuhörer Aufschluss über die unbewusste Inzest-Phantasie jenes Publikums zu geben, das dem Stück »mit abgewandter Aufmerksamkeit« folgt. Die Situation erinnert dabei an jene, die der Prinz organisiert, als er das Theaterstück aufführen lässt, um aus der Reaktion des zuschauenden Claudius auf dessen Schuldbewusstsein zu schließen. So wie Hamlet das Theater als »thing« verwendet, »to catch the conscience of the king«,[123] so dient das Stück Shakespeare dazu, das Gewissen seiner Hörerschaft zu erfassen. Man könnte deshalb sagen, dass Shakespeare – immer in Freuds Lesart – das Verfahren des Prinzen nicht nur doppelt, sondern diesen sogar übertrumpft, indem er mittels des Theaters nicht nur das – relativ rezente – Schuldbewusstsein des Mörders erhascht, sondern sogar ein aus der Kindheit herrührendes und nur mit der Absicht zur Tat verbundenes Gewissen, wie es auch Hamlet quält.

Die Art und Weise, wie Freud Shakespeares Stück als Analyse-Werkzeug verwendet, zeigt, dass hier ein kaum zu überschätzender Einfluss der Dichtung vorliegt. Gemäß Freuds Verständnis nimmt *Hamlet* zum einen jene Diagnose vorweg, die ab Oktober 1897 für die Psychoanalyse zentral wird: dass beim Massenpublikum des neuzeitlichen Theaters eine verdrängte Inzest-Phantasie aufgewiesen werden kann. Zum anderen entwickelt Shakespeare, um diese Diagnose zu ermöglichen, eine Methode, die Freud sich aneignet. Mit der ›stummen‹ Sprache des Stücks, die man ebenso gut überhören wie vernehmen kann, ist *Hamlet* als das perfekte Freud'sche Analyse-Werkzeug konstruiert, denn es macht die verdrängte Phantasie erkenntlich, ohne dass diese dem Subjekt bewusst wird.

Schließlich scheint *Hamlet* auch Freuds Annahme vorwegzunehmen, dass es eine *Wiederkehr* der verdrängten Inzest-Phantasie gibt. Freud charakterisiert Shakespeares Stück in *Psychopathische Personen auf der Bühne* dadurch, dass es eine besondere »Situation« zeige, welche an jener »Verdrängung rüttelt«, die »zu den Grundlagen unserer persönlichen Entwicklung gehört«. Damit deutet er an, dass die Verdrängung unter anderen Umständen hätte geglückt scheinen können. Erst als der Geist auftritt, und den Prinzen zur Rache des ermordeten Vaters auffordert, beginnt die unbewusste Inzest-Phantasie nach Wiederkehr zu streben.

Aber *dass* eine solche Situation existiert, welche die Wiederkehr in Gang zu setzten vermag, erlaubt es Freud zu schließen, dass die »Grundlagen unserer persönlichen Entwicklung« durchaus nicht stabil sind. Während es dem Prinzen in der fremden Stadt, wo er sein Studium absolviert, vielleicht möglich ist, die frühkindliche Inzest-Phantasie unbewusst zu halten, bahnt sich die Wiederkehr des Verdrängten an, als er wegen seines Vaters Tod nach Hause gerufen wird.

***

Geht Freud in seinem *Hamlet*-Kommentar ebenso wie bei der *Ödipus*-Lektüre von einer Konstellation von Poetik und Massenpsychologie aus, stellt sich erneut die Frage, ob seine Diagnose einen gewissen empirischen Anspruch erheben kann. Worauf bezieht sich die Beobachtung, dass es dem Publikum leicht fällt, sich mit Shakespeares Prinz zu identifizieren?

In erster Linie ist hier an das zeitgenössische Publikum – Ende des 19. Jahrhunderts – zu denken, das Freuds eigentliches Objekt der Analyse abgibt, und dabei kommt die euphorische *Hamlet*-Rezeption des 19. Jahrhunderts in Betracht, die in dem Stück seit der Romantik ein »dramatisches Paradigma« der »Selbstanalyse« sieht.[124] Nachdem Goethe im *Wilhelm Meister* und anschließend die Schlegel-Brüder den Hamlet-Charakter zum großen Denker stilisieren, beginnt sich das literarische Publikum auf breiter Basis mit dem Prinzen zu identifizieren. Man hat in der Forschung vom Phänomen des »Hamletismus« gesprochen, das sich von Coleridges berühmten Bekenntnis »I have a smack of Hamlet myself« über Hazlitts Statement »It is we who are Hamlet«, bis zu vergleichbaren Aussagen von u.a. Poe und Hugo verfolgen lässt, und das gegen Ende des Jahrhunderts in ganz Europa immer weitere Kreise zieht.[125] Einen Spezialfall stellt Deutschland dar, wo die kollektive Wiedererkennung Mitte des 19. Jahrhunderts im Slogan »Deutschland ist Hamlet« ihren Niederschlag findet, und wo später Friedrich Gundolf sein Buch *Shakespeare und der Deutsche Geist* (1911) schreibt.[126]

Vor diesem Hintergrund kann Freuds Auseinandersetzung mit *Hamlet* als ein Versuch gelesen werden, das Phänomen des »Hamletismus« zu verstehen. Zugleich ist aber noch ein zweiter Aspekt zu berücksichtigen, denn die Antwort, die Freud unter Bezug auf Shakespeares besondere Konstruktion des Plots liefert, impliziert, dass das Stück bereits *von Anfang an* dazu dienen sollte, eine verdrängte Inzest-Phantasie auf Seiten der Hörerschaft zu diagnostizieren. Wenn das Stück das Ziel verfolgt, *to catch the conscience of the audience*, dann heißt dies, dass die verdrängte Inzest-Phantasie bereits zu Shakespeares Zeit als weit verbreitet vorausgesetzt werden kann. Das neuzeitliche Subjekt im Sinne Freuds wird in *Hamlet* nicht nur, wie Starobinski andeutet, zum ersten Mal detailliert geschildert, sondern es wird bereits *analysiert*.

Deshalb kommt der Diagnose, die Freud mit Hilfe von *Hamlet* leistet, kulturhistorisch gesehen kein eindeutiger Ort zu. In erster Linie ist das Stück dazu konstruiert, eine massenpsychologische Verfassung seiner Zeit – um 1600 – aufzuweisen. Doch da die diagnostische Leistung aufgrund der speziellen poetischen Konstruktion auch leicht zu übersehen ist, kann das Stück erfolgreich werden, ohne dass die verdrängte Inzest-Phantasie dem breiten Publikum bewusst wird. Dies bringt es wiederum mit sich, dass *Hamlet* später weiterhin als Diagnose-Werkzeug eingesetzt werden kann. Jeder neue Erfolg von *Hamlet* – wie er beispielsweise verstärkt bei den Romantikern einsetzt – belegt, dass die verdrängte Phantasie noch immer vorhanden ist, während er zugleich auch weiterhin die Möglichkeit offen hält, sie bewusst zu machen. Hier schließt Freud für seine eigene Zeit an. Er macht die diagnostische Technik, die Shakespeare erfand, zu einer Technik der Psychoanalyse.

1.3. Freuds genealogischer Ansatz

Bedenkt man, wie stark sich Freud 1897 auf *Hamlet* stützt, wird es beinahe fraglich, weshalb er überhaupt zugleich auf Sophokles' *Ödipus* Bezug nimmt. Die unbewusste Inzest-Phantasie des Theaterpublikums hätte er auch diagnostizieren können, wenn er sich auf Shakespeares Stück beschränkt hätte. Es scheint deshalb nicht abwegig, wenn Bloom behauptet, Freud habe das psychoanalytische Konzept des Subjekts mit einem falschen Schlagwort bezeichnet: »Es geht nicht um den Ödipuskomplex, sondern um den Hamletkomplex.«[127]

Wenig plausibel ist hingegen, wie Bloom die Namensgebung begründet. Er erklärt, Freud versuche, die Spuren von Shakespeares Einfluss zu verwischen. Dem widerspricht, dass Freud seinen *Hamlet*-Kommentar zeitlebens immer wieder bekräftigt. Zudem gibt es andere Erklärungen dafür, dass Freud für eine einzige Diagnose – der unbewussten Inzest-Phantasie – zwei Anhaltspunkte verwendet. Beispielsweise kann die plötzliche Rückkehr der antiken Tragödie auf die Bühnen der Neuzeit – und somit auch die Rückkehr der *bewussten* Inzest-Phantasie, wie sie Ödipus ausspricht – Freud als Bestätigung dafür dienen, dass die verdrängte Phantasie unter gewissen Umständen nach Wiederkehr strebt. So wie in *Hamlet* die besondere »Situation« an der »Verdrängung rüttelt«, die in der »persönlichen Entwicklung« eines Subjekts stattgefunden hat, so scheint dies bei einer breiten Hörerschaft der Fall zu sein, wenn Sophokles' Tragödie – mit der darin artikulierten Phantasie – plötzlich auf die Theaterbühnen zurückkehrt.

Noch wichtiger aber ist für Freud, dass *Ödipus* ihm erlaubt, einen *kulturhistorischen Ursprung der Inzest-Phantasie* zu eruieren. Diesen genealogischen Ansatz formuliert Freud in der *Traumdeutung*:

> »Auf demselben Boden wie *König Ödipus* wurzelt eine andere der großen tragischen Dichterschöpfungen, der *Hamlet* Shakespeares. Aber in der Behandlung des nämlichen Stoffes offenbart sich der ganze Unterschied im Seelenleben der beiden weit auseinander liegenden Kulturperioden, das säkulare Fortschreiten der Verdrängung im Gemütsleben der Menschheit. Im *Ödipus* wird die zugrunde liegende Wunschphantasie des Kindes wie im Traum ans Licht gezogen und realisiert; im *Hamlet* bleibt sie verdrängt [...].«[128]

Entspricht dem unterschiedlichen Status der Phantasie in den beiden Stükken gemäß Freud eine Differenz »im Gemütsleben der Menschheit«, heißt dies, dass er einem antiken Publikum ein unproblematisches Verhältnis zur in der Tragödie erzeugten Inzest-Phantasie attestiert. Die Phantasie war damals nicht nur dem Helden, sondern auch der Hörerschaft bewusst. Im Vergleich dazu erachtet Freud die neuere Entwicklung in jener »Kulturperiode«, die *Hamlet* repräsentiert, als »säkulare[s] Fortschreiten der Verdrängung«. Dies lässt sich einerseits so verstehen, dass Freud bereits in der bewussten Phantasie eine gewisse Verdrängung sieht; es geht um die Verdrängung des inzestuösen *Aktes* bzw. der entsprechenden Absicht. Andererseits schreitet die Verdrängung Freud zufolge in der Moderne fort; sie wird stärker, denn nun betrifft sie auch die Phantasie.

Die doppelte Verwendung des Verdrängungs-Begriffs macht noch einmal deutlich, dass Freud bereits die bewusste Phantasie als eine psychopathische Form bewertet. Seit er die Phantasie im Brief an Fließ im Kontext von *Ödipus* diskutiert, ist sie als eine inhärent falsche Erinnerung an eine verlorene Befriedigung auf dem Niveau des Höchsten Guts definiert. Sie ist insofern falsch, als sie mit einem falschen Konzept des Höchsten Guts operiert und eine höchste Befriedigung voraussetzt, die als solche unmöglich ist. Im Vergleich dazu bildet die Verdrängung der Phantasie eine zweite Form von Psychopathie. Und beide zusammen ergeben in Freuds genealogischer Perspektive eine Art Krankengeschichte der Menschheit: Für die Antike ist die Hysterie charakteristisch (bewusste Phantasie), für die Neuzeit die Neurose (Verdrängung).

Entsprechend erweist sich auch die von Freud angestrebte Heilung, die Auflösung der Inzest-Phantasie, als ein Eingriff in die Menschheitsgeschichte. Die psychoanalytische Intervention würde, wenn sie glückte, eine neue Epoche mit einem ›neuen Menschen‹ eröffnen. Auf diesem Weg dienen die Tragödien *Ödipus* und *Hamlet* Freud um 1900 als erste Hilfsmittel. Sie ermöglichen eine Diagnose der verdrängten Inzest-Phantasie, und könnten helfen, sie bewusst zu machen. Weil damit aber nur die zweite Psychopathie geheilt wäre, die Verdrängung, und ein Rückfall auf die kulturhistorisch frühere Stufe stattgefunden hätte, ist Freuds Verhältnis zu Sophokles und Shakespeare ambivalent. Beide Dichter bleiben insofern hinter dem Anspruch der Psychoanalyse zurück, als ihre Stücke die Phantasie zwar bewusst machen, jedoch nicht aufzulösen erlauben.

In beiden Fällen verläuft somit die Grenze, die Freud auf dem Feld der Dichtung zwischen Krankheit und Heilung zieht, innerhalb des tragischen Genres und sogar innerhalb der einzelnen Tragödien. Einerseits gehören *Ödipus* und *Hamlet* für Freud zur Analyse, zur Heilung – in Bezug auf die Verdrängung –, aber andererseits sind sie selbst als eine Krankheit zu bewerten, da sie auf die bewusste Anerkennung der Inzest-Phantasie abzielen und dadurch die falsche Erinnerung bestärken, welche die Phantasie für Freud bedeutet.

2.
Die *Ödipus*-Tragödie in der Geschichte der Massenpsyche

Eineinhalb Jahrzehnte nach dem Brief an Fließ vom 15. Oktober 1897 kommt Freud in *Totem und Tabu* (1912/13) erneut auf die Tragödie zu sprechen. Am Ende des Buches, im siebten und letzten Paragraphen des vierten Kapitels, stellt er die Frage, was »die so genannte ›tragische Schuld‹« des Helden bedeute.[129] Dieser Zugang zum Thema ist – besonders im Vergleich mit dem Brief an Fließ – als konventionell zu bewerten. Indem Freud die »tragische Schuld« in Anführungszeichen setzt und sie als eine »so genannte« bezeichnet, spielt er auf die Diskussion an, die seit der ersten Hälfte des 16. Jahrhunderts um den Begriff der *hamartia* aus Aristoteles' *Poetik* geführt worden ist. An der Debatte haben sich im Lauf der Zeit u.a. Melanchton, Corneille, Dacier und Lessing beteiligt, und deren Befunde nimmt Freud teilweise auf, wenn er erklärt, dass die Vergehen des tragischen Helden »nicht immer leicht zu begründen« seien, da sie »oft keine Schuld im Sinne des bürgerlichen Lebens« beträfen.[130] Kurz darauf entschließt er sich jedoch, »die Diskussion durch rasche Beantwortung ab[zu]schneiden« und für das Problem der *hamartia* eine eigene Lösung zu präsentieren.[131] Die Schuld liege in der Tötung des Urvaters, und der Chor der Tragödie stelle die Brüderschar dar, welche, obwohl sie den Mord im Kollektiv begehe, in einem Akt »zweckmässige[r] Entstellung« dann den Heros dafür verantwortlich mache:

> »Das auf ihn [den Helden – T.W.] gewälzte Verbrechen, die Überhebung und Auflehnung gegen eine grosse Autorität, ist genau dasselbe, was in Wirklichkeit die Genossen des Chors, die Brüderschar, bedrückt. So wird der tragische Held – noch wider seinen Willen – zum Erlöser des Chors gemacht.«[132]

Es fällt in dieser Passage schwer, nicht an Sophokles' *Ödipus* zu denken. Wenn Freud die tragische Schuld als Mord am Urvater definiert, lässt sich, wie René Girard betont, »keine vollkommenere Übereinstimung« zwischen seiner »Auffassung der Tragödie und dem Thema von *König Ödipus* vorstellen«.[133] Allerdings ist diese Einschränkung des Blickwinkels (bzw. Verallgemeinerung des einen Plots) kaum Freud anzulasten, denn sie lässt sich ebenfalls durch die Tradition erklären, die seit dem 16. Jahrhundert die *hamartia* größtenteils exemplarisch anhand von Sophokles' Stück erörterte. Weil Ödipus den Vater unwissentlich tötet, verbreitete sich dabei seit Dacier (1692) die Ansicht, dass die Schuld nicht im Mord an sich zu suchen sei, sondern in schlechten Charaktereigenschaften, wie etwa Jähzorn, Stolz, Neugierde etc., aufgrund deren Ödipus zur unbewussten Tat verleitet werde.[134] Im Vergleich dazu mag es erstaunen, wenn Freud wieder den Vatermord in den Vordergrund rückt. Aber entscheidend an seiner Lesart ist, dass er dem Helden überhaupt keine persönliche Schuld zuspricht, sondern ihn als Sündenbock für ein kollektives Vergehen sieht. Dies lässt sich zum einen auf die damals neueste Entwicklung in der Debatte beziehen, vertritt doch auch Wilamowitz in den *Excursen zum Oedipus des Sophokles* (1899) die Ansicht, dass der Held das Vergehen ohne eigene Schuld auf sich lade: »Oedipus hat sich nichts vorzuwerfen.«[135] Zum anderen ermöglicht es diese Lesart, wie Freud im Folgenden erklärt, die *Ödipus*-Tragödie in eine Reihe mit weiteren kulturellen Formen zu stellen, die als Sündenbock-Rituale zu verstehen sind: mit dem Dionysos-Mysterium und dem Passionsspiel.

> »So wird der tragische Held – noch wider seinen Willen – zum Erlöser des Chors gemacht.
> Waren speziell in der griechischen Tragödie die Leiden des göttlichen Bockes Dionysos und die Klage des mit ihm sich identifizierenden Gefolges von Böcken der Inhalt der Aufführung, so wird es leicht verständlich, dass das bereits erloschene Drama sich im Mittelalter an der Passion Christi neu entzündete.«[136]

Auch die Rückführung der Tragödie auf das Dionysos-Mysterium stellt keine Innovation Freuds dar, denn bereits Nietzsche konstruiert in der *Geburt der Tragödie* (1872) eine genealogische Verbindung zwischen den beiden Formen. Insofern lässt sich die Passage als eine Auseinandersetzung Freuds mit Nietzsche lesen, wobei dann besonders auffällt, dass Freud der These aus der *Geburt der Tragödie* ein zusätzliches, eigenes Argument hinzufügt.[137] Er ergänzt die genealogische Reihe von Dionysos und tragischem Heros um Christus, an dessen Gestalt sich im mittelalterlichen Passionsspiel das antike Drama wieder »entzündet« habe.

Im Folgenden soll untersucht werden, welche Funktion dieser dicht gedrängten Reihe von literarischen Bezugnahmen – auf die *hamartia*-Diskussion, Sophokles, das Passionsspiel und Nietzsche – in *Totem und Tabu* zukommt. Ich halte es für bemerkenswert, dass Freud sich das Tragödien-Thema 15 Jahre nach dem Brief an Fließ noch einmal vornimmt, denn die beiden Texte sind darüber hinaus durch den Fokus auf den Ödipuskomplex miteinander verbunden. Freud sucht in *Totem und Tabu* die diesbezüglich im Brief an Fließ entworfene Ontogenese durch eine parallel dazu konstruierte Phylogenese zu bestätigen. Indem er »die Annahme einer Massenpsyche zugrunde« legt, »in welcher sich die seelischen Vorgänge vollziehen wie im Seelenleben eines einzelnen«, kann er verfolgen, wie »das Schuldbewusstsein wegen einer Tat über viele Jahrtausende fort[zu]leben« vermag,[138] und dies wiederum ermöglicht es, die allgemeine Verbreitung des Ödipuskomplexes zu erklären.[139] Wenn aber für dessen Entdeckung, wie ich im ersten Kapitel argumentiert habe, die Tragödie äußerst bedeutsam war, stellt sich die Frage, welche Rolle ihr nun bei der Bestätigung zukommt.

In der Forschung zu *Totem und Tabu* hat das Tragödien-Thema bisher keine Beachtung gefunden. Die Mehrzahl der Kommentatoren sieht in Freuds phylogenetischer Konstruktion in erster Linie Bezüge zu zeitgenössischen biologischen Theorien der Vererbung. So betonen etwa Ilse Grubrich-Simitis und Sander Gilman, Freud habe sich Darwins und Lamarcks Theorien über vererbbare Volkscharakteristika angeschlossen.[140] Ähnlich urteilt Jan Assmann: »Durch Wiederholung schrieb sich die Erfahrung [des Urvatermords – T. W.] in die menschliche Psyche auf eine (biologisch) vererbbare Weise ein.«[141] Hingegen sieht Eric Santner – der sich hierbei vor allem auf Freuds *Moses*-Buch (1938) stützt – in Freuds Zugang zur Phylogenese einen kulturhistorischen Ansatz. Freud lokalisiere den vermuteten Volkscharakter gerade nicht in biologisch vererbbaren Eigenschaften, sondern in der Kultur: in einem »symbolischen System«, das von einer »gespenstischen Phantasie traumatischer und transgressiver Anfänge« getragen werde.[142] Dieser Sichtweise schließe ich mich an, indem ich in der phylogenetischen Konstruktion in *Totem und Tabu* die Rolle der *Ödipus*-Tragödie untersuche.

2.1. *Confessiones*: Die Inzest-Phantasie in der Kindheit des Menschengeschlechts

Einen geeigneten Ausgangspunkt bietet die erwähnte Analogie, die Freud zwischen *Ödipus* und dem Passionsspiel herstellt. Er bewertet die beiden Formen als vergleichbare Sündenbock-Rituale, in denen eine kollektive Schuld einem Einzelnen aufgebürdet wird. Die Analogie wird in einer anderen Passage bestätigt, in der Freud noch eine zweite Übereinstimmung hervorhebt: Ebenso wie die tragische Schuld ist seiner Ansicht nach auch die »Erbsünde« als »Vatermord« zu verstehen. »In der christlichen Lehre [bekennt sich] die Menschheit am unverhülltesten zu der schuldvollen Tat der Urzeit, weil sie nun im Opfertod des einen Sohnes die ausgiebigste Sühne für sie gefunden hat.«[143]

Aufgrund dieses Bekenntnisses nimmt das Christentum in Freuds phylogenetischer Konstruktion eine herausragende Position ein: Es stellt die bisher letzte Entwicklungsstufe dar.[144] Die vorherigen Etappen sind 1) die auf dem Inzest-Tabu beruhende Herrschaft des Urvaters, 2) dessen Ermordung durch die Brüderschar, 3) das System des Totemismus, in welchem das Totemtier als Platzhalter für den ermordeten Urvater fungiert, 4) der Aufstieg »göttergleicher Könige«, die eine Epoche der »erneuerten Vaterautorität« eröffnen,[145] und 5) das »theanthropische Gottesopfer«, welches am König vollzogen wird und eine »unentstellte Wiederholung« des Urvatermordes bedeutet.[146] Verläuft die Phylogenese soweit zirkulär – der bereits einmal ermordete Urvater kehrt in Gestalt der göttergleichen Könige wieder, um erneut getötet zu werden –, findet auf der 6. Stufe eine einschneidende Neuerung statt. Diesmal wird nach dem Vatermord kein Totem-System etabliert, sondern das Christentum tritt auf, welches die Tötung durch das Opfer eines allein verantwortlich gemachten Sohnes für gesühnt erklärt. Dadurch soll der Zirkel der Opfer-Gewalt – der zuvor zur »unentstellten Wiederholung« des Urvater-Mords führt – durchbrochen werden, so dass sich eine neuartige und dauerhafte Form der Gesellschaft etabliert.[147] In dieser wird der Urvater nie mehr wiederkehren, doch bleibt das Inzest-Tabu, das er eingesetzt hatte, über seinen Tod hinaus für immer in Kraft: »Die Versöhnung mit dem Vater ist umso gründlicher, weil gleichzeitig mit diesem Opfer [Christi – T. W.] der volle Verzicht auf das Weib erfolgt, um dessentwillen man sich gegen den Vater empört hatte.«[148]

Entspricht nun gemäß Freuds Analogie das Konzept der Erbsünde, das in diesem epochalen Moment der Menschheitsgeschichte im Spiel ist, der *hamartia* von Ödipus, so heißt dies, dass auch Sophokles' Tragödie einen herausragenden Stellenwert in der Menschheitsgeschichte einnimmt. Sie ist für die Lehre verantwortlich zu machen, die sich mit dem Christentum auf breiter Basis durchsetzt. Dabei kommt neben der vom Helden schuldlos gebüssten, kollektiven Schuld und neben dem Vatermord-Thema noch ein dritter Punkt der Analogie in Betracht, denn wenn Freud das Opfer Christi mit einer Verzicht-Reaktion der Masse verbindet, erinnert dies stark an die Konstellation von Poetik und Massenpsychologie, die er 15 Jahre zuvor im *Ödipus*-Kommentar im Brief an Fließ etabliert hat. Wie im ersten Kapitel erläutert bewirkt Sophokles' Tragödie Freud zufolge, dass die Hörerschaft den einst – in der frühen Kindheit – erlittenen traumatischen Verlust der Mutter erinnert und wieder anerkennt. Für dieses Argument ist Freuds Konzept der Inzest-Phantasie zentral; eines im Moment des Verlusts in der Erinnerung festgehaltenen Befriedigungs-Szenarios, das nicht nur von Ödipus in der Tragödie artikuliert wird, sondern zugleich in der Massenpsyche der Hörerschaft aufzuweisen ist. Und eine solche Inzest-Phantasie ist auch in dem Moment im Spiel, als – gemäß Freuds Beschreibung in *Totem und Tabu* – die christliche Brüderhorde »dem Weib« entsagt: Weil ein bewusster Verzicht auf das Objekt geleistet wird, bleibt sein psychisches Bild in der Erinnerung erhalten; weil der Verlust definitiv ist, findet eine traumatische Enttäuschung statt; und weil es das Objekt des getöteten Urvaters war, ist es im Nachhinein mit einer Triebbefriedigung assoziiert.[149]

Obwohl Freud den Phantasie-Begriff in *Totem und Tabu* nicht verwendet,[150] beruht seine Analogie von *Ödipus* und Passionsspiel also auf der Konstellation von Tragödien-Poetik und Massenpsychologie, die er 1897 entwickelt hat. Weil gemäß seinem Verständnis die Sühnung der Schuld, für die Christus stirbt, analog zu Ödipus' Anerkennung der *hamartia* konzipiert ist, wird in diesem Moment mit derselben poetischen Technik wie bei Sophokles eine Inzest-Phantasie erzeugt. Diese tritt dann zugleich auf Seiten der Brüderschar auf, welche das Opfer feiert, und dadurch kann das Tabu über den Tod des Vaters hinaus in Kraft bleiben. Die Inzest-Phantasie funktioniert als psychologisches Korrelat zur ›symbolischen Ordnung‹, die durch Vatermord und Sohnesopfer installiert wird.[151]

So treu Freud damit seiner wirkungsästhetischen Lesart der Tragödie bleibt, so neu ist jedoch der Kontext, in dem sie nun bedeutsam wird. Die Überlegungen in *Totem und Tabu* drehen sich nicht mehr in erster Linie um Sophokles und die *hamartia* von Ödipus, sondern um das Opfer Christi und die Erbsünde. Und während Freud 1897 ein zeitgenössisches Tragödienpublikum im Blick hat, bei dem die Wiederkehr der frühkindlichen Inzest-Phantasie sowie ihre erneute Verdrängung zu beobachten ist, betrifft die Diagnose in *Totem und Tabu* einen lange zurückliegenden Moment der Menschheitsgeschichte. Freud fokussiert nun gewissermaßen die *phylogenetische Kindheit*, und zwar den Moment, in dem die Inzest-Phantasie erstmals in der Massenpsyche auftritt. Deshalb ist die Relation zwischen Poetik und Massenpsychologie nicht mehr wie 1897 eine symptomale, so dass die poetische Produktion der Phantasie auf eine bereits bestehende psychologische Konstitution des Publikums verweist, sondern jetzt stellt Freud ein kausales Verhältnis her: Er macht die im Opfer Christi enthaltene ödipale Tragödie dafür verantwortlich, dass die psychopathische Inzest-Phantasie überhaupt in der Massenpsyche installiert wurde.

Damit ist die Bedeutung der Tragödien-Poetik für die Psychoanalyse seit dem Brief an Fließ noch größer geworden. Sie ist jetzt nicht mehr bloß ein mehr oder weniger zufällig gewähltes Symptom für die Psychopathie, sondern sie erscheint geradezu als deren Ursache. Entsprechend fällt

Freuds Bewertung der *Ödipus*-Tragödie nun ganz negativ aus. Nicht nur gilt weiterhin sein Urteil, wonach die Phantasie eine falsche Erinnerung ist, da ihr ein falsches Konzept des Höchsten Guts zugrunde liegt (das erreicht zu haben als das Privileg des toten Urvaters sowie des geopferten Sohnes erscheint), sondern dazu kommt neu die *politische* Funktion der Psychopathie: Die falsche Erinnerung bewirkt an einem bestimmten Punkt der Menschheitsgeschichte, dass das vom Urvater eingesetzte Inzest-Tabu über seinen Tod hinaus gültig bleibt.[152]

***

Freuds Überlegungen zur Funktion der *Ödipus*-Tragödie in der Geschichte der Massenpsyche gehen von der Analogie aus, die er zwischen Ödipus und Christus, zwischen tragischer Schuld und Erbsünde, ausmacht. Dies ist eine höchst unkonventionelle Sichtweise, und sie bedarf der Erörterung – umso mehr, als Freud für seine Auslegung der Erbsünde keine Quellen nennt. Als einzige Erklärung verweist er auf »das im menschlichen Fühlen tiefgewurzelte Gesetz der Talion«.[153] Weil nach dem talionischen Gesetz Tat und Strafe identisch sein müssen, könne man von der Todesstrafe gegen Christus auf einen Mord zurückschließen, und wenn das Opfer die Versöhnung mit dem Vater herbeiführe, müsse dieser selbst der Ermordete gewesen sein.

In der Forschung wird hervorgehoben, dass Freuds Deutung zudem vor einem philosophiegeschichtlichen Hintergrund zu sehen sei. Jacques Lacan betont, dass Freud Hegels Theorem vom »Tod Gottes« nahekommt; wie dieser entdeckt er im Christentum »eine gewisse atheistische Botschaft«.[154] Und Paul Ricœur erklärt, dass sich bereits bei Hegel der Tod Gottes »mit voller Berechtigung als ein Vatermord interpretieren« lässt, repräsentiert doch der Tod Christi, des göttlichen Sohnes, gemäß Hegel zugleich den Tod Gottvaters.[155] Dabei weicht Freud, wie Ricœur ausführt, insofern von Hegel ab, als dieser das Opfer Christi nicht als Sühne für den Mord versteht; vielmehr verweist das freiwillige Opfer Hegel zufolge darauf, dass auch der Vater freiwillig – »aus Barmherzigkeit« – gestorben ist.[156]

Im Kontext von *Totem und Tabu* scheint der Vergleich mit Hegel allerdings etwas weit hergeholt, denn Freud macht weder Andeutungen in Richtung Hegel noch spricht er vom Tod Gottes. Der einzige Anhaltspunkt, den er neben dem Argument mit dem talionischen Gesetz bietet, ist der Begriff der Erbsünde. Dieser verweist weniger auf die Philosophie- als auf die Theologiegeschichte, nämlich auf Augustin, der das Konzept des *peccatum originale* in den *Confessiones* (ca. 395–401) erstmals entwickelte. Bereits kurz darauf, auf dem Konzil von Karthago (411–418), wurde Augustins Lehre in den kirchlichen Kanon aufgenommen.[157]

Hält man sich an den terminologischen Hinweis, rückt mit Augustin ein Autor ins Blickfeld, der in Freuds Werk eine gewisse Rolle zu spielen scheint. Dies hebt vor allem Peter Rudnytsky hervor. Er weist darauf hin, dass sich bei Augustin eine Parallelisierung von Phylo- und Ontogenese findet, die im Nachhinein geradezu Freudianisch anmutet. So wie gemäß Augustin »in Adams Fall alle sündigten«, so ist gemäß Freud »jede Person dem Ödipuskomplex unterworfen«.[158] Und wenn Augustin zufolge die Menschheitsgeschichte, die vom Fall Adams zur Erlösung durch Christus führt, von jedem einzelnen Kind durchlaufen werden muss, indem es in der Taufe die alte, kollektive Schuld auf sich nimmt und die Erlösung durch Christus anerkennt, so erinnert dies an die Ausformulierung des Ödipuskomplexes in *Totem und Tabu*, der gemäß jedes Kind, wenn es die Inzest-Phantasie hegt, eine kollektive, mythische Schuld auf sich lädt. Zudem bemerkt Rudnytsky, dass Freud mit Augustin durchaus ein Stück weit vertraut war. So findet sich etwa im *Bruchstück einer Hysterie-Analyse* (1905) eine Passage, in der Freud eine gewisse kulturell etablierte Abscheu vor der Sexualität auf »das inter urinas et faeces nascimur des Kirchenvaters« zurückführt, »welches dem Sexualleben anhaftet«.[159]

Weitere Spuren einer Auseinandersetzung mit Augustin finden sich in zwei Texten, die Rudnytsky nicht erwähnt. In dem kurzen Aufsatz *Das Tabu der Virginität* (1917) verweist Freud – ohne die Quelle zu nennen – auf einen »Bericht des heiligen Augustinus« über »das römische Hochzeitsritual«.[160] Und in den Protokollen der »Wiener Psychoanalytischen Gesellschaft«, die sich während vieler Jahre am Mittwochabend in Freuds Praxis traf, um aktuelle Fragen aus Kultur und Politik zu debattieren, ist für den 15. November 1911 eine knappe Diskussion über Augustin verzeichnet. Den Anlass liefert ein Vortrag von Theodor Reik »Über Tod und Sexualität«, in dem die Erbsünde-Lehre als »Reaktion gegen die antike Lebensfreudigkeit« gedeutet wird: »Augustinus nennt den Tod die Strafe für die Erbsünde, womit der Zusammenhang gedankenmässig stark hervortritt. Der geschlechtliche Verkehr wird zur Todessünde gemacht.«[161] Auch von Freud ist im Protokoll ein Statement verzeichnet. Am Ende der Sitzung verweist er fürs »Thema des Christentums« auf Jung, der behauptet habe, »dass die Antike zugrunde gegangen sei, weil ihr der Sexualgenuss durch die maßlose Freiheit entwertet worden sei«.[162]

Die Diskussion ist ein deutliches Indiz dafür, dass Freud mit der Erbsünde-Lehre Augustins zumindest in den Grundzügen vertraut war. Insbesondere scheint in seinem Umfeld die Assoziation der Sexualität mit der Erbsünde ein kontroverses Thema gewesen zu sein. Und weil die Diskussion – im November 1911 – just zu einer Zeit stattfindet, als Freud an *Totem und Tabu* arbeitet[163], dürfte es aufschlussreich sein, seine Deutung der Erbsünde vor dem Hintergrund der *Confessiones* zu erläutern.

***

In den *Confessiones* tritt die Erbsünde, *peccatum originale,* als eine Übersetzung von *nomos hamartia* auf, so dass hier derselbe Begriff im Spiel ist, der gut 700 Jahre zuvor in der *Poetik* von Aristoteles die tragische Verfehlung bezeichnet.[164] Allerdings zitiert Augustin natürlich nicht Aristoteles, sondern Paulus, der im *Römerbrief* ebenfalls von *hamartia* spricht, und daraus leitet Augustin seinen Begriff des *peccatum* ab. Er definiert die Sünde als einen Akt des »verkehrten Willens *[voluntas perversa]*«, der ab einem bestimmten Moment der Einsicht paradoxerweise nicht mehr willentlich, sondern nur noch aus »Zwängnis der Gewohnheit *[violentia consuetudinis]*« begangen wird.[165] Das Paradox deutet er so, dass es »›Sünde war, die in mir wohnte‹ zur Strafe für eine Sünde, die aus größerer Freiheit geschehen war, denn ich war ein Sohn des Adam«.[166] Die »Sünde«, die im Subjekt »wohnt«, ist ein Zitat aus *Röm.* 7.17, wo Paulus von *hamartia* spricht, und Augustin versteht die Passage so, dass die einzelnen Sündeakte, welche unwillentlich und aus bloßer Gewohnheit begangen werden, als göttliche Strafe für die originäre Sünde Adams zu verstehen sind. Zugleich heißt dies, dass für Augustin der einzige Unterschied zwischen den individuellen Sünden *(hamartia)* und der Erbsünde *(nomos hamartia)* die (Un-)Freiwilligkeit betrifft. Die Erbsünde wird freiwillig begangen, aber ansonsten ist sie gleich definiert wie die individuellen Sünden, d.h. sie ist ebenfalls ein Akt des verkehrten Willens.[167]

Obwohl die terminologische Übereinstimmung von tragischer Schuld und Erbsünde *(hamartia)* nicht notwendig eine genealogische Spur markiert, so ist damit in den *Confessiones* ein begriffsgeschichtlicher Hintergrund für Freuds Analogisierung der beiden Konzepte gegeben. Und nicht nur was die Terminologie, sondern auch was die Definition der Erbsünde betrifft, finden sich bei Augustin einige Anhaltspunkte, an denen sich Freud orientiert haben könnte.

1) Vatermord: Augustin lokalisiert die Sünde Adams – weiter gemäß seiner *Römerbrief*-Lektüre – in jener Szene aus 1. Mose 3, in der Adam und Eva entgegen den Anweisungen Gottes vom Baum der Erkenntnis essen, und dies lässt sich, wie verschiedene mittelalterliche Kommentatoren bemerkt haben, dahingehend auslegen, dass Adam und Eva versuchen, sich zu einer göttlichen Erkenntnis aufzuschwingen, d.h., die Position von Gottvater einzunehmen, der somit in gewissem Sinne ermordet wird.[168]
2) Höchstes Gut: Augustin übernimmt aus einigen »Schriften der Platoniker«[169] die Festlegung, dass die weltlichen Dinge zwar »gut sind *[bona*

sunt]«, aber niemals »höchste Güter *[summa bona]*«,[170] und daraus ergibt sich sein Begriff des verkehrten Willens – nämlich als ein Wille, »der sich dem höchsten Wesen, dir, Gott, entwindet ins Niedere hinab«.[171] Lässt sich der Akt des verkehrten Willens demnach so verstehen, dass ein weltliches Gut fälschlicherweise als das verfolgt wird, was es *nicht* ist – als Höchstes Gut[172] –, kommt Augustin auch darin Freud nahe. Freud versteht die tragische Schuld/Erbsünde als Versuch, die Position des tyrannischen Urvaters zu besetzen, und diese assoziiert er – unter Bezug auf jene falsche Sichtweise, die Glaukon in Platons *Politeia* wiedergibt – mit der Erlangung des Höchsten Guts.

3) Sexualität: Wenn Freud in der zitierten Passage aus *Totem und Tabu* schreibt, dass die Sühnung der Erbsünde durch Christus »den vollen Verzicht auf das Weib« zur Folge habe, »um dessentwillen man sich gegen den Vater empört hatte«, dann ist zu bedenken, dass es beim Urvater um *sämtliche* Frauen geht, so dass sich der kollektive Verzicht der Brüderschar auf die Keuschheit beziehen lässt, die bei Augustin notwendig aus der Erlösung von der Erbsünde folgt.[173] Wie Augustin zu dieser Forderung gelangt, ist allerdings nicht auf Anhieb ersichtlich, denn die Erlösung äußert sich in erster Linie darin, dass die Gläubigen keine unwillentlichen Akte des verkehrten Willens mehr begehen. Anstatt weltliche Dinge als Höchstes Gut zu verfolgen, vermögen sie einen neuartigen Willen durchzusetzen, der ganz auf Gott gerichtet ist, so dass auch die weltlichen Dinge wieder als das zugänglich werden, was sie sind: gut.[174] Weshalb dann zusätzlich auf ein besonderes weltliches Ding – die Sexualität – Verzicht zu leisten ist, wird in der Forschung kontrovers diskutiert. Eine mögliche Erklärung ergibt sich, wenn man die Bücher 13 und 14 von *De Civitate Dei* (ca. 413–27) hinzuzieht. Dort erwähnt Augustin die Sexualität als das erste Gut, welches Adam und Eva nach der Erbsünde verfolgen, und daraus lässt sich schließen, dass er eine direkte Verbindung zwischen dem besonderen Objekt und der allgemein definierten Sünde herstellt: Dem *peccatum originale* würde ein gewissermaßen ›originäres‹ Objekt entsprechen, welches sich aufgrund dieses besonderen Stellenwerts dann niemals mehr aus der Logik der Sünde herauslösen ließe.[175] Damit lässt sich Freuds Konzept der Inzest-Phantasie vergleichen, denn diese stellt ebenfalls ein besonderes Objekt dar, welches im Nachhinein die allgemein definierte *hamartia* – Vatermord bzw. Versuch, das Höchste Gut des Tyrannen zu erlangen – repräsentiert. Erneut macht sich hier also eine gewisse Nähe zwischen Augustin und Freud bemerkbar, wobei Freud das Thema der Sexualität noch zusätzlich um den Inzest-Aspekt ergänzt, indem er das Aufkommen der christlichen Lehre an die Herrschaft des Urvaters anschließt, unter der jegliche Sexualität als inzestuös definiert ist.[176]

***

Die verschiedenen Anhaltspunkte, die sich in den *Confessiones* finden lassen, erlauben meiner Ansicht nach den Schluss, dass Freuds Deutung der Erbsünde auf einer Analyse der Augustin'schen Lehre basiert. Zwar kann aufgrund der Quellenlage nicht bestimmt werden, wie eingehend er den Text studierte,[177] aber es scheint, dass er die in der »Psychoanalytischen Gesellschaft« aufgetretene Frage nach der Verbindung der Erbsünde mit der Sexualität für wichtig erachtete. Vor dem Hintergrund dieser Diskussion zeigt sich, dass Freud mit seiner eigenen Behandlung des Themas sowohl zu Reik als auch zu Jung auf Distanz geht. Während Reik im Zölibat eine Reaktion gegen die antike Lebensfreudigkeit sieht und Jung die These vertritt, dass der in der Antike uneingeschränkte Sexualtrieb sich von selbst erschöpft habe, erklärt Freud den Zusammenhang von Erbsünde und Sexualität dadurch, dass in Augustins Konzeption von Schuld und Sühnung eine der *Ödipus*-Tragödie entsprechende Poetik impliziert ist, durch die das Objekt der Sexualität in den Status einer Phantasie erhoben wird.

Aus theologiegeschichtlicher Perspektive wäre Freuds Ansatz im Kontext jener Augustin-Forschung zu situieren, die seit Ende des 19. Jahrhunderts verstärkt daran interessiert ist, die *Confessiones* historisch-genetisch zu lesen.[178] Bringt Freud dabei neben den damals häufig untersuchten Einflüssen der platonischen Philosophie zusätzlich die *hamartia* der Tragödie ins Spiel, ist seine Deutung bis heute als unkonventionell zu bezeichnen. Es dürfte sich in der Augustin-Forschung kaum jemand finden, der ihr in allen Punkten zustimmt. Ohne hier auf diese Frage einzugehen, soll im Folgenden jedoch vielmehr weiter untersucht werden, welche Rolle die Auseinandersetzung mit Augustin in *Freuds Werk* spielt. Insbesondere ist zu verfolgen, wie Freud seine phylogenetische Konstruktion ausgehend von Augustins Erbsünde-Lehre weiterentwickelt.

Wie ich im Kapitel 1.3 erläutert habe, nimmt Freud bereits in der *Traumdeutung* (1900) an, dass die Inzest-Phantasie einst in einer früheren Kulturperiode allgemein verbreitet war. Doch während er dazu auf die alten Aufführungen von Sophokles' *Ödipus* verweist, erscheinen nun in *Totem und Tabu* die *Confessiones* an dieser Stelle. Dadurch kann Freud seinen phylogenetischen Ansatz bestärken, denn während es aufgrund der zeitlich und räumlich höchst eingeschränkten Wirkung von Sophokles' Tragödie wenig plausibel wäre, die allgemeine Verbreitung der Inzest-Phantasie auf dieses Stück zurückzuführen, lässt die Kanonisierung und bruchlose Tradierung von Augustins Lehre Freuds Annahme zumindest nachvollziehbar erscheinen, dass die Verbreitung der Phantasie durch die Popularität eines poetischen Erzeugnisses – der *Confessiones* – zu erklären sei.

Zudem ergibt sich in dieser Weise ein neuer Zugang zu Freuds Theorie der transgenerationellen Erbschaft. Wenn er in *Totem und Tabu* schreibt, dass »das Schuldbewusstsein wegen einer Tat über viele Jahrtausende fortleben« und in immer neuen »Generationen wirksam bleiben konnte«,[179] ist dies nun als kulturelle Institutionalisierung zu verstehen: Die Kirche übernimmt es, die Erbsünde an die späteren Generationen zu überliefern, denn wer in die christliche Gemeinschaft eintritt, anerkennt zugleich die alte Schuld und die Erlösung durch Christus, so dass das Schuldbewusstsein (und damit Freud zufolge auch die Phantasie) übernommen wird. Zeichen dafür ist zum einen die Taufe, zum anderen aber auch die Beichte. Nicht alle Gläubigen sind nämlich dazu verpflichtet, wie Augustin selbst nach der Erlösung ein sündenfreies Leben – in Keuschheit – zu führen. Diese Anforderung gilt nur für den Klerus, während die gewöhnlichen Gläubigen die Erbsünde-Lehre dadurch anerkennen können, dass sie für jene Sünden Buße tun, die sie noch nach der Erlösung – erneut unwillentlich und gewohnheitsmäßig – begehen.[180]

So gesehen ist es kein Zufall, dass, wie Rudnytsky in dem erwähnten Aufsatz bemerkt, Freuds Theorie der transgenerationellen Vererbung Augustin nahe kommt. Wenn Freud zufolge jedes Kleinkind die Inzest-Phantasie und das vom Mord am Urvater herrührende Schuldbewusstsein erbt, dann entspricht dies effektiv der augustinischen Lehre, der gemäß jedes Subjekt die Erbsünde auf sich nehmen und die Vergebung durch Christus akzeptieren muss. Aber die Übereinstimmung bedeutet nicht, dass die Psychoanalyse und Augustin – wie Rudnytsky sagt – zu demselben »kulturellen Vermächtnis« gehören.[181] Freud versucht vielmehr zu *rekonstruieren,* wie sich Augustins Lehre in der Kulturgeschichte ausgewirkt hat. Er ist nicht bestrebt, die Inzest-Phantasie zu fördern, sondern er diagnostiziert sie, um sie analysieren und schließlich auflösen zu können.

Eine besondere Pointe von Freuds Analyse liegt dabei darin, dass das vom Vatermord (der Erbsünde) herrührende Schuldbewusstsein, »in Generationen wirksam bleiben« konnte, »welche von dieser Tat nichts wissen konnten«.[182] Dies lässt sich so verstehen, dass im Laufe der Zeit eine gewisse Kenntnis über den Ursprung der Erbsünde vergessen gehen kann. Auch wenn die Subjekte weiterhin für die Erlösung dankbar sind und der Inzest-Phantasie anhängen (was sie u.a. durch die Beichte zum Ausdruck bringen), können sie durchaus vergessen haben, woher die zu sühnende Schuld rührt. Beispielsweise brauchen sie nicht mehr zu wissen, weshalb gerade die Sexualität mit der Erbsünde verbunden ist. Noch leichter wird die vom Urvater etablierte Logik vergessen gehen, gemäß der *jede* Frau in der sozialen Rolle einer kollektiven Mutter erscheint, und gemäß der die Phantasie, welche die Sexualität betrifft, die Form einer Inzest-Phantasie annimmt. So bedeutet die transgenerationelle Vererbung nicht nur eine Tradierung, sondern auch ein Vergessen der ursprünglichen Konstellation, in welcher die Tradition begründet wurde. Und wenn Freud umgekehrt daran arbeitet, diese Konstellation zu rekonstruieren und die Herkunft der Inzest-Phantasie zu erinnern, so zielt er darauf ab, die Vererbung zu stoppen. Durch die Erinnerung an den Ursprung soll es möglich werden, die Phantasie als solche zu durchschauen und sie aufzulösen.

***

Indem Freud in *Totem und Tabu* seine historische Konstruktion an einem wichtigen Punkt in Augustins Erbsünde-Lehre verankert, erscheint auch die zweite Seite seines phylogenetischen Arguments aus der *Traumdeutung* in einem neuen Licht: die Diagnose, wonach die Phantasie auf einer späteren Entwicklungsstufe der Massenpsyche verdrängt werde (»das säkulare Fortschreiten der Verdrängung im Gemütsleben der Menschheit«[183]). Dies lässt sich nun rückblickend so lesen, dass die Verdrängung *die mit der Inzest-Phantasie verbundene Erbsünde-Lehre betrifft.* Und nennt Freud in der *Traumdeutung* als historische Markierung für die Verdrängung Shakespeares *Hamlet*, fällt nun auf, dass der Prinz ein Student aus Wittenberg und somit ein Lutheraner ist. Dies scheint insofern perfekt in Freuds Schema zu passen, als der Protestantismus nach vielen Jahrhunderten die augustinische Erbsünde-Lehre und Bußpraxis zum ersten Mal in Frage stellte.[184]

Wie die von Freud diagnostizierte Verdrängung der Inzest-Phantasie mit Luthers theologischen Innovationen zusammenhängt, ist ausgehend vom Problem des Gewissens zu untersuchen, das – wie in 1.2. dargelegt – im Zentrum von Freuds *Hamlet*-Lektüre steht. Seit dem Brief an Fließ vom 15. Oktober 1897 versteht Freud das rätselhafte Gewissen Hamlets als ein »unbewusstes Schuldbewusstsein«, das der unbewussten Inzest-Phantasie korreliert. Während Freud diese Deutung aufgrund der besonderen Konstruktion von Shakespeares Plot vornehmen kann, welche die Inzest-Phantasie »so sicher kenntlich« werden lässt, »so wenig« sie »mit deutlichem Namen genannt wird«,[185] eröffnet das Stück auch noch einen anderen Weg zum Verständnis des Gewissens: über den *To-be-or-not-to-be*-Monolog. Als Hamlet dort – in der Passage, die Freud im Brief an Fließ zitiert – sein Gewissen beklagt, weil es einen Feigling aus ihm mache, tritt eine gravierende Angst vor dem Tod hervor: »But that the dread of something after death/ [...] Makes us rather bear these ills we have/ Than fly to others which we know not of.«[186] Die Erklärung dafür ergibt sich kurz darauf, als Hamlet Ophelia bittet, im Gebet seiner Sünden zu gedenken: »Nymph, in thy orisons/ Be all my sins remembered.«[187] Dies zeigt, dass Hamlet sich vor dem Tod fürchtet, weil ihm das Gewissen vorhält, er könnte unwissentlich Sünden auf sich geladen haben, für die er im Nachleben büßen müsste.

Die Passage verweist auf eine theologische Kontroverse, die im Zuge der Reformation geführt wurde. Nach dem traditionellen Verständnis des Mittelalters ist die *conscientia* eine psychische Instanz, die es den Gläubigen ermöglicht, ihre nach der Erlösung durch Christus weiterhin begangenen Sünden gemäß dem kirchlichen Kanon zu bestimmen und dafür Buße zu tun.[188] Dagegen wendet sich Luther, dem zufolge Beichte und Buße keine Gewissheit über die Vergebung bringen. So erklärt er in *Von den guten Werken* (1520): »Wir finden ihrer viele, die da beten, fasten, stiften, dies und das tun, ein gutes Leben führen vor den Menschen, welche so du fragest, ob sie auch *gewiss* seien, dass es Gott wohlgefalle, was sie also tun, sprechen sie: Nein, sie wissens nicht oder zweifeln daran.«[189] Deshalb verlangt Luther, man solle sich beim Eingeständnis der Sünden nicht auf die Autorität des Klerus und die traditionellen Definitionen stützen, sondern nach individuellem Ermessen vorgehen: »Hier kann nun ein jeglicher selbst merken und fühlen, wenn er gutes und nicht gutes tut.«[190] Vor diesem Hintergrund ist in Hamlets Klage über sein quälendes Gewissen eine leise Kritik an Luther zu vernehmen. Verlieren die Gläubigen im Protestantismus die traditionelle Gewissheit bezüglich der Sünden, kann die Unsicherheit, wie Hamlet bemerkt, zu einer schweren Last werden. Das neuartige Gewissen erweist sich im schlimmsten Fall als ein unstillbares Schuldbewusstsein, das nicht mehr auf einzelne, konkrete Sünden zurückgeführt werden kann.[191]

Wenn nun Freud seit 1897 erläutert, dass Hamlets quälendes Gewissen in der Verdrängung der Inzest-Phantasie begründet sei, und wenn die Inzest-Phantasie in *Totem und Tabu* mit Augustins Erbsünde-Lehre in Verbindung gebracht wird, dann enthält Freuds phylogenetische Konstruktion auch eine Deutung von Luthers Lehre: Gemäß seiner Analyse liegt die Ursache für das von Hamlet artikulierte Problem in der unbewusst gewordenen Erbsünde-Lehre. Einerseits rührt auch bei Luther das Schuldbewusstsein – der Zwang, sich seiner Sünden zu vergewissern – noch von der Erbsünde-Lehre her, doch andererseits ist nicht mehr bekannt, worin die Erbsünde und die daraus hervorgegangenen, individuellen Akte der Sünde bestehen.

Dieser Ansatz kann noch weitere Aspekte von Freuds *Hamlet*-Kommentar erhellen. Beispielsweise lässt sich die Formulierung aus der *Traumdeutung*, wonach Claudius Hamlet die »Realisierung« seiner Inzest-Phantasie »zeigt«,[192] in den theologischen Diskurs übersetzen. Sie besagt dann, dass Claudius *die Erbsünde wiederholt* – wie auch daran ersichtlich wird, dass er mit seiner Tat die gesamte Logik von Beichte und Vergebung außer

Kraft setzt: »›Forgive me my foul murder‹ –/ That cannot be, since I am still possessed/ Of those effects for which I did the murder.«[193] Und auch die »Bestrafung«, die sich Hamlet gemäß Freud am Ende durch den Tod »erzwingt«,[194] kann nach *Totem und Tabu* neu verstanden werden: Wenn der Prinz sich, wie Freud darlegt, für die wieder bewusst gewordene (wenn auch nicht offen ausgesprochene) Inzest-Phantasie bestraft wähnt, heißt dies, dass er *die Erbsünde auf sich lädt*. Dies ist in gewissem Sinne eine zu schwere Strafe, denn Hamlet hat, anders als Claudius, die Erbsünde ja nicht effektiv wiederholt. Aber die zu schwere Bestrafung ist auch eine alte religiöse Praxis, nämlich jene des Märtyrers, der in der *imitatio Christi* die Schuld, für die Christus bereits gestorben ist, noch einmal selbst zu büßen sucht.[195]

Die verschiedenen Berührungspunkte machen deutlich, dass Freud seine neue phylogenetische Konstruktion – mit der Rückführung der Inzest-Phantasie auf die Erbsünde-Lehre – auf seine alte *Hamlet*-Lektüre abgleicht: Nun wird es möglich, die Verdrängung der Inzest-Phantasie, die Freud in Shakespeares Stück exemplarisch analysiert gefunden hat, auf den Protestantismus zu datieren. Es ist Luther, der in der zuvor für viele Jahrhunderte entscheidend von Augustin geprägten Massenpsyche eine neue, einschneidende Änderung bewirkt. Freud zufolge handelt es sich dabei um eine paradoxe Innovation: Einerseits geht die Definition der (Erb-)Sünde vergessen, andererseits bleibt das von ihr herrührende Schuldbewusstsein erhalten. Diese Verdrängung der Erbsünde ist etwas anderes als das Vergessen der ursprünglichen Konstellation, wie es gemäß Freud bereits innerhalb der augustinischen Tradition auftritt. Im Protestantismus ist nicht nur der Ursprung der Erbsünde vergessen, sondern auch ihre Definition.

2.2. *Die Geburt der Tragödie* und die Wiederkehr des Verdrängten

Unmittelbar bevor Freud im letzten Paragraphen von *Totem und Tabu* die Analogie zwischen der *Ödipus*-Tragödie und dem Opfer Christi herstellt, postuliert er auch eine Analogie zwischen Tragödie und Dionysos-Mysterium. Ich zitiere die Passage nochmals in ganzer Länge:

> »Das auf ihn [den tragischen Helden – T. W.] gewälzte Verbrechen, die Überhebung und Auflehnung gegen eine grosse Autorität, ist genau dasselbe, was in Wirklichkeit die Genossen des Chors, die Brüderschar, bedrückt. So wird der tragische Held – noch wider seinen Willen – zum Erlöser des Chors gemacht. Waren speziell in der griechischen Tragödie die Leiden des göttlichen Bockes Di-

onysos und die Klage des mit ihm sich identifizierenden Gefolges von Böcken der Inhalt der Aufführung, so wird es leicht verständlich, dass das bereits erloschene Drama sich im Mittelalter an der Passion Christi neu entzündete.«[196]

Wie eingangs erwähnt ist die Nennung von Dionysos als Anspielung auf Nietzsches *Geburt der Tragödie* (1872) zu lesen. Wenn Freud schreibt, »in der griechischen Tragödie« seien »die Leiden des göttlichen Bockes Dionysos [...] der Inhalt der Aufführung« gewesen, gibt er Nietzsches These wieder, dass sich im tragischen Heros »in Wahrheit« der »leidende Dionysos der Mysterien«[197] verberge. Indem Freud dieses Argument allerdings neben seinem zweiten platziert – wonach die Tragödie im Christentum fortlebt –, distanziert er sich im selben Moment auch deutlich von Nietzsche, der aus dem Mysterium und der Tragödie gerade eine *gegen* das Christentum gerichtete Philosophie zu gewinnen sucht. So heißt es z. B. in *Ecce Homo* (1888) rückblickend, die *Geburt der Tragödie* habe feindselig über das Christentum geschwiegen, weil es »die einzigen Werthe« des Buches – »die ästhetischen« – durchwegs negiere.[198] Und am Ende von *Ecce Homo* wird die berühmte Gegenüberstellung ausdrücklich formuliert: »– Hat man mich verstanden? – *Dionysos gegen den Gekreuzigten* ...«.[199]

Übernimmt Freud eine These aus der *Geburt der Tragödie* (genealogische Verbindung von Mysterium und Tragödie), um sie mit einer anderen zu ergänzen, die Nietzsches Intention diametral entgegensteht (Analogie zwischen Tragödie und Erbsünde-Lehre/Passionsspiel), kann das Beispiel als bezeichnend für die Ambivalenz gelten, die Freuds Verhältnis zum großen Philosophen prägt. Zwar wurde Freud – nicht zuletzt in seinem eigenen Umfeld – häufig mit Nietzsche verglichen, doch entgegnete er darauf stets, er sei sich keiner Beeinflussung bewusst und habe Nietzsches Schriften – wenn überhaupt – erst spät gelesen.[200] Wie die Forschung zeigt, stimmt die Selbsteinschätzung jedoch nur bedingt. So ist beispielsweise belegt, dass Freud bereits in den späteren 1870er Jahren mit Nietzsches Texten in Kontakt kam, die damals in seinem studentischen Umfeld mit Begeisterung rezipiert wurden.[201] Zudem lassen sich in Freuds Schriften diverse explizite und implizite Verweise auf Nietzsche nachweisen, wobei allerdings nicht immer mit Sicherheit gesagt werden kann, ob er die entsprechenden Texte im Detail studierte oder ob er bloß Bildungszitate verwendete, die allgemein im Umlauf waren, seit Nietzsche in den 1890er Jahren zu großer Popularität gelangt war.[202] Was schließlich den Gegensatz von Dionysos und Christus betrifft, so gibt es zwei Belege dafür, dass Freud sich näher damit beschäftigte: Zuerst wurde das Thema auf einer Sitzung der »Psychoanalytischen Vereinigung« vom 28. Oktober 1908 besprochen, und ein gutes Jahr später, am 11. Februar 1910, versuchte Jung in einem Brief, Freud dafür zu interessieren.[203]

Obwohl die Quellen damit gut erschlossen sind, besteht in der Forschung keine Einigkeit darüber, zu welchem Zweck Freud sich jeweils auf Nietzsche bezieht. Während die seit längerem etablierte ›große Erzählung‹ die Nähe der beiden Denker hervorhebt, welche die Tradition der Aufklärung in Frage stellen und den Boden für die Postmoderne bereiten,[204] machen in letzter Zeit Autoren wie Friedrich Kittler und Jacques Le Rider auch auf Differenzen aufmerksam – allerdings wiederum mit unterschiedlichen Argumenten. Gemäß Kittler versucht Freud, sich auf Nietzsche zu stützen, bleibt aber hinter dessen Errungenschaften zurück. So übernehme er in der *Traumdeutung* den Gegensatz der beiden Kunstprinzipien ›Rausch‹ und ›Traum‹ (bzw. dionysisch vs. apollinisch) aus der *Geburt der Tragödie*, entwickle daraus aber nicht wie Nietzsche eine Synthese, sondern bevorzuge einseitig den Traum, so dass »Dionysos gefesselt und zum Schwätzer gemacht« werde.[205] Le Rider zufolge lässt Freud sich hingegen strategisch auf Nietzsches Philosophie ein, um sie einer »systematischen Dekonstruktion« zu unterziehen.[206] Insbesondere hinterfrage Freud Nietzsches Zugang zur Antike, indem er, wie etwa in der Passage aus *Totem und Tabu*, darauf hinweise, dass Nietzsche trotz seines Kampfs gegen die christliche Moral »paradoxerweise« immer wieder in eine »moralische Betrachtungsweise« zurückgefallen sei.[207]

Von diesen gegensätzlichen Forschungspositionen ausgehend werde ich zunächst die *Geburt der Tragödie* heranziehen, um zu untersuchen, inwiefern sich Freud in seiner frühen Massenpsychologie – im Brief an Fließ 1897 bzw. in der *Traumdeutung* – auf Nietzsche stützt. Anschließend komme ich auf die Passage aus *Totem und Tabu* zurück, die in Freuds Auseinandersetzung mit Nietzsche einen zweiten wichtigen Schritt markiert. In beiden Fällen schränke ich somit das Thema ›Freud und Nietzsche‹ auf den Bereich der Tragödie ein. Ich verfolge anhand von Freuds Auseinandersetzung mit Nietzsches Tragödien-Verständnis meine Leitfrage weiter, wie die Psychoanalyse auf dem Feld der Dichtung zwischen Krankheit und Heilung unterscheidet.

***

In der *Geburt der Tragödie* (1872) schildert Nietzsche die Entwicklung der altgriechischen Kunst als Wechselspiel zweier gegensätzlicher Kunstprinzipien: der »Kunst des Bildners, der apollinischen, und der unbildlichen Kunst der Musik, als der des Dionysos«.[208] Die beiden Prinzipien prägen Nietzsche zufolge eine Stufenfolge von vier Kunstformen aus: 1) die rein apollinische Kunst, das homerische Epos, 2) die rein dionysische Kunst, das Mysterium, 3) ein erster Kompromiss, die dorische Kunst, 4) die eigentliche Synthese, die Tragödie, in der das Dionysische und das Apollinische »mit einander gepaart erscheinen«.[209] Wie diese Paarung der gegensätzlichen Kunstprinzipien funktioniert, führt Nietzsche später genauer aus.

> »Nach dieser Erkenntniss haben wir die griechische Tragödie als den dionysischen Chor zu verstehen, der sich immer von neuem wieder in einer apollinischen Bilderwelt entladet. [...] In mehreren auf einander folgenden Entladungen strahlt dieser Urgrund der Tragödie jene Vision des Dramas aus: die durchaus Traumerscheinung und insofern epischer Natur ist, andererseits aber, als Objectivation eines dionysischen Zustandes, [...] das Zerbrechen des Individuums und sein Einswerden mit dem Ursein darstellt. Somit ist das Drama die apollinische Versinnlichung dionysischer Erkenntnisse [...].«[210]

Die Tragödie ist demnach so weit apollinisch, als eine »Bilderwelt« bzw. eine »Traumerscheinung« »epischer Natur« erzeugt wird. Aber die traumartigen Bilder zeigen nicht mehr dasselbe wie im rein apollinischen Epos (auf der ersten Stufe der Kunstentwicklung), sondern jetzt ist ein »dionysischer Zustand« zu sehen. Anstelle der triumphierenden Götter, könnte man sagen, erscheint die Szene, in welcher der Gott Dionysos zerstückelt wird – was Nietzsche als das »Zerbrechen des Individuums« deutet.

Neben der Stufenfolge der vier Kunstformen interessiert sich Nietzsche insbesondere auch für die im Zuge dieser Entwicklung veränderte Kunst*wahrnehmung*. So sagt er vom rein apollinischen Kunstwerk, dem homerischen Epos, es habe den Griechen dazu gedient, sich über »die Schrecken und Entsetzlichkeiten des Daseins« hinweg zu täuschen.[211] Er spricht von einer »Illusion«, einer »Schönheitsspiegelung«, mit welcher »der hellenische ›Wille‹ gegen das dem künstlerischen correlative Talent zum Leiden und zur Weisheit des Leidens« gekämpft habe.[212] Somit ist die bildnerische Kunst nicht nur schön und traumartig, sondern sie funktioniert auch als illusorische »Spiegelung«, mit der sich das hellenische Willens-Subjekt über sein Dasein täuscht.

Die funktionale Relation zwischen Kunstwerk und künstlerischem Subjekt bestätigt Nietzsche auf der zweiten Stufe, wenn er sagt, dass die unbildnerische, dionysische Kunst eine »willensverneinende Stimmung« zur Folge habe.[213] So wie dem Bild/der Spiegelung der Wille entspricht, so korreliert der Abwesenheit des Bildes die Willenlosigkeit. Auf der nächsten Stufe, in der dorischen Kunst, werden Bild und Wille mehr schlecht als recht gerettet,[214] bevor schließlich in der Tragödie beide in neuer Weise zurückkehren. Insofern es erneut ein Bild gibt, erlangt das Subjekt seinen Willen zurück, doch weil es sich in der Spiegelung des Kunstwerks nun gerade als dionysisch zerbrochenes Individuum erkennt,[215] ist es zugleich auch ein willenloses Subjekt. Dies kann erklären, weshalb Nietzsche die Tragödie als »einen metaphysischen Wunderakt des hellenischen ›Willens‹« bezeichnet.[216] Es handelt sich um einen neuartigen, paradoxen Willensakt, in dem sich das Subjekt als willenloses konstituiert. Wie es in einer berühmten Notiz Nietzsches heißt: der »Triumph des Willens« findet »in seiner Verneinung« statt.[217]

***

Vergleicht man Nietzsches Verständnis der Tragödie mit Freuds *Ödipus*-Kommentar im Brief an Fließ vom Oktober 1897, treten die Bezüge deutlich hervor. Freuds Methode, eine Konstellation von Poetik und Massenpsychologie zu untersuchen, ist bei Nietzsche im Ansatz vorweggenommen, wenn er aus den verschiedenen Kunstformen auf den jeweils entsprechenden Status des Willens beim künstlerischen Subjekt schließt. Zudem erachten beide Autoren die Auswirkungen der Tragödie als traumatisch. So wie das Subjekt gemäß Nietzsche sein dionysisches «Zerbrechen« – bzw. den Verlust des Willens – entdeckt, so wird es gemäß Freud damit konfrontiert, dass es das begehrte Objekt und die dadurch repräsentierte Befriedigung auf dem Niveau des Höchsten Guts für immer verloren hat.[218]

Aber nicht nur was das Verständnis der Tragödie betrifft, sondern auch in der Beurteilung ihrer Rezeptionsgeschichte stehen sich Freud und Nietzsche nahe. Sie sind sich darin einig, dass die *anagnorisis* Ende des 19. Jahrhunderts gerade *nicht* mehr stattfindet. Freud beobachtet im Brief an Fließ eine distanzierte Haltung zur Tragödie – die Hörerschaft schreckt vor ihr zurück –, und vergleichbar beklagt sich Nietzsche darüber, dass seine Zeitgenossen den Gehalt der Tragödie nicht mehr verstehen. Weil die Kunstphilosophie des 19. Jahrhunderts nichts »von der sowohl apollinischen als dionysischen Erregung des Zuhörers« gewusst und die Tragödie stattdessen ›moralisch‹ oder ›medizinisch‹ gedeutet habe,[219] finde sich auch im Theater kein »aesthetischer Zuhörer« mehr, sondern nur noch »ein seltsames Quidproquo, mit halb moralischen und halb gelehrten Ansprüchen«.[220]

Angesichts des unverständigen Publikums stimmen Freud und Nietzsche schließlich auch in dem Bestreben überein, die *anagnorisis* wieder herbeizuführen. Freuds Bemühen, der Wiedererkennung der Hörerschaft in *Ödipus* auf die Sprünge zu helfen – die Inzest-Phantasie bewusst zu machen –, weist in dieselbe Richtung wie der Kampf, den Nietzsche mit seinem Buch für die »Wiedergeburt der Tragödie«[221] führt. Beide bewerten die traumatische Erkenntnis, die der antiken Kultur zugänglich war, höher als die vermeintlichen Errungenschaften der – wie Nietzsche sagt – »unbefriedigten modernen Cultur«[222] und setzen sich insofern für eine »Rückkehr zur Antike« ein.

Bedenkt man alle diese Übereinstimmungen, kann die Beobachtung Kittlers teilweise gestützt werden, wonach Freud sich bereits zu der Zeit, als er den Ödipuskomplex entdeckt, eng an der *Geburt der Tragödie* orientiert. Nicht halten lässt sich hingegen Kittlers Urteil, dass Freud dabei hinter Nietzsches Synthese zurückbleibe, indem er das Prinzip des Apollinischen höher gewichte als das Dionysische. Freud zufolge reißt die Tragödie die Hörerschaft ebenso aus den apollinischen Träumen wie sie es gemäß Nietzsches Verständnis tut. Es geht, angesichts des verlorenen Objekts, um eine radikale Mangelhaftigkeit des Subjekts und eine Ohnmacht seines Willens.

Dazu kommt noch etwas anderes: Wie ich im vorherigen Kapitel ausgeführt habe, bleibt Freuds Verhältnis zur *Ödipus*-Tragödie im Herbst 1897 ambivalent. Die *anagnorisis* der Hörerschaft im Helden bedeutet für ihn zwar eine wichtige Erkenntnis, aber damit ist noch nicht das eigentliche Ziel der Psychoanalyse erreicht. Freud geht es letztlich darum, die in der *anagnorisis* bewusst gewordene Phantasie/Erinnerung des verlorenen Objekts aufzulösen, da er sie als eine falsche Erinnerung erachtet. Die Subjekte sollen erkennen, dass eine Befriedigung auf dem Niveau des Höchsten Guts, wie sie das verlorene Objekt in der Phantasie vermeintlich repräsentiert, niemals stattgefunden hat und überhaupt unmöglich ist. Man könnte deshalb sagen, dass Freuds Position noch ›dionysischer‹ als jene Nietzsches ist, denn er fügt der Erkenntnis vom »Zerbrechen des Individuums« eine zusätzliche Akzentuierung hinzu: Sogar das Ereignis des »Zerbrechens« ist eine falsche Erinnerung, welche dazu dient, eine ehemalige, gewissermaßen ›ungebrochene‹ Individualität zu simulieren.

Dies scheint mir der Grund dafür zu sein, dass Freud die Vermutung, er stehe unter Nietzsches Einfluss, immer wieder zurückwies. Obwohl zwischen den beiden Denkern Ende des 19. Jahrhunderts eine weit reichende Allianz besteht – beiden treten gegen die moderne Kultur und für die Rückkehr zur antiken Tragödie ein –, gibt es auch einen unüberwindbaren Gegensatz. Nietzsche geht für Freud nicht weit genug, sondern bleibt mit seinem Kampf für die Tragödie auf dem Niveau einer *anagnorisis* stehen, die Freud als falsche Erinnerung an eine ›ungebrochene‹ Individualität bewertet und deshalb für psychopathisch erachtet.[223]

* * *

Während Freud seine Auseinandersetzung mit Nietzsche 1897 implizit führt, ohne den großen Antipoden zu nennen, gibt er 15 Jahre später in *Totem und Tabu* einen deutlichen Hinweis, indem er die zentrale These aus der *Geburt der Tragödie* zitiert, wonach sich im tragischen Held der sterbende Gott des Dionysos-Mysteriums verbirgt. Geschieht dies im Kontext von Freuds neu akzentuiertem Verständnis der *Ödipus*-Tragödie – die er nun als Ursache der psychopathischen Inzest-Phantasie bewertet, während er sie zugleich mit dem Christentum in Zusammenhang bringt –, erscheint damit auch Nietzsche in einem neuen Licht. Zum einen rückt die teilweise Allianz in den Hintergrund, die zwischen Freud und Nietzsche 1897 noch bestanden hatte, während die Gegnerschaft mehr Gewicht erhält. Zum anderen wird nun auch Nietzsche mit dem Christentum in Verbindung gebracht. Als Verfechter der Tragödie gehört er für Freud in eine Reihe mit der augustinischen Erbsünde-Lehre und dem Passionsspiel.

Wie Le Rider bin ich daher der Ansicht, dass Freud in *Totem und Tabu* den für Nietzsche zentralen Gegensatz zwischen Dionysos und Christus dekonstruiert. Gemäß Freuds neuem Verständnis der Tragödie bleibt Nietzsche, wenn er unter Bezug auf Dionysos eine ›anti-christliche‹ Haltung zu entwickeln sucht, dabei selbst im Christentum verhaftet. Doch um welche Aspekte der christlichen Lehre geht es dabei im Einzelnen? Le Rider schlägt vor, dass Freud in Nietzsches Werk insbesondere Überreste jener Moral aufweise, die dieser – u. a. in *Zur Genealogie der Moral* (1887) – als Abkömmling der christlichen Sünde-Vorstellung analysiert und bekämpft. Demnach ginge Nietzsche in seinem ›anti-christlichen‹ Engagement nicht weit genug und fiele hinter seine eigenen Ansprüche zurück. Gegen diese Einschätzung spricht jedoch der Zusammenhang, den Freud zwischen Nietzsche und dem Passionsspiel bzw. der Erbsünde-Lehre herstellt, denn diese christlichen Formen lassen sich durchaus als anti-moralisch bezeichnen, insofern sie darauf abzielen, das Subjekt von der Last der Sünde *zu befreien*. So gesehen lautet Freuds Einwand nicht, dass Nietzsche hinter seine eigenen Errungenschaften zurückfällt, sondern er weist darauf hin, dass das Christentum selbst an einem bestimmten Punkt bereits ›anti-christlich‹ im Sinne Nietzsches ist. In der Lehre der Erbsünde und des Opfers Christi liegt Freud zufolge ein tragisches und anti-moralisches Denken vor, mit dem Nietzsche – ohne es zu bemerken – übereinstimmt.

Freuds Lesart lässt sich mit den Befunden anderer Autoren vergleichen, die seither Nietzsches Selbst-Verständnis als ›Anti-Christ‹ hinterfragt haben. So weist z. B. Karl Jaspers Ende der 30er-Jahre auf sprachliche Formulierungen in Nietzsches Texten hin, die an die christliche Tradition erinnern, bis hin zu direkten Zitaten aus den Evangelien.[224] Kurz darauf erklärt Hans-Urs von Balthasar, Nietzsche habe »im Kampf mit einem säkularisierten Christentum bourgeoiser Prägung […] echteste und oft verschüttete christliche Werte neu entdeckt«.[225] In letzter Zeit wird besonders Nietzsches Theorem vom Tod Gottes auf christliche Gehalte hin untersucht. Jean-Luc Nancy etwa bewertet den Tod Gottes als »Ergebnis und logische Konsequenz des Christentums«,[226] und ähnlich sieht Gianni Vattimo darin den Ausgangspunkt für eine »Rückkehr des christlichen Glaubens«, dafür, »wieder an [einen] Gott glauben zu können«, der nicht der »Gott der Metaphysik« wäre.[227]

Im Kontext dieser Einschätzungen wirkt Freuds Nietzsche-Kommentar heute weniger kontrovers als 1913, doch bleibt Freud bisher der einzige, der Nietzsches untergründiger Verbindung zum Christentum gerade in dessen Tragödien-Verständnis auf die Spur kommt. Entsprechend wäre vom Freud'schen Standpunkt aus auch der Tod Gottes im Kontext der Tragödie zu erörtern: Bei Nietzsche stirbt ebenso wie im Christentum der göttliche Sohn, und in beiden Fällen markiert dieses Ereignis zugleich den Tod Gottvaters und damit der göttlichen Ordnung als ganzer (im Fall von Dionysos ist Zeus der Vatergott). Eine weitere Vergleichsmöglichkeit ergibt sich, wenn man die Auswirkung des Todes Gottes auf das Subjekt bedenkt. Sowohl in der Erbsünde-Lehre als auch bei Nietzsche ist hier der Begriff des Willens zentral,[228] und in beiden Fällen geht es um den Übergang von einem alten zu einem neuen Willen. Der sündhafte, verkehrte Wille, der bei Augustin eine falsche Verfolgung des Höchsten Guts und eine Überhebung gegen Gott bedeutet, ist strukturell dem hellenischem Willen vergleichbar, der sich Nietzsche zufolge angesichts des homerischen Epos manifestiert, und der neue, auf Gott gerichtete Wille Augustins bringt in Bezug auf weltliche Dinge eine Willenlosigkeit mit sich, die Nietzsches ›Willen zur Willenlosigkeit‹ vorwegzunehmen scheint.

Was immer man von diesen durch Freud eröffneten Vergleichsmöglichkeiten halten mag, deutlich wird dabei auf jeden Fall, welche große Bedeutung Nietzsche in der phylogenetischen Konstruktion von *Totem und Tabu* zukommt: Er erscheint durch Freuds Vergleich als derjenige Denker, der Ende des 19. Jahrhunderts *die Wiederkehr der im Protestantismus verdrängten Erbsünde-Lehre herbeizuführen sucht*. Von dieser Diagnose, so scheint es, war Freud durchaus überzeugt, und damit wirft er eine Reihe von Fragen auf, die unbeantwortet bleiben. Beispielsweise wäre zu überlegen, was in Nietzsches wundersamer Rettung des Willens aus der Verzichtshandlung (letztlich dem Zölibat) wird, die bei Augustin in diesem Zusammenhang zentral ist. Gibt es ein vergleichbares Postulat Nietzsches? Welche Rolle spielt etwa das ›Weib‹ in Nietzsches Philosophie?[229] Oder lautet Freuds Diagnose vielmehr, dass Nietzsche keinen Verzicht im Sinne Augustins thematisiert, dass es sich dabei aber um ein Versehen handelt – ähnlich wie Nietzsche nicht zu beachten scheint, dass der Fokus auf das »Zerbrechen des Individuums« eine gewisse ›ungebrochene‹ Individualität und somit eine für immer verlorene Partikularität voraussetzt? Als ebenso kompliziert würde sich, wenn man Freuds These ernst nehmen möchte, das Problem der Säkularisierung erweisen. Wenn Nietzsche Freud zufolge Augustins Erbsünde-Lehre zurückbringt, so tut er dies ja nicht in Gestalt des Passionsspiels. Nicht mehr Christus, sondern Dionysos ist Ende des 19. Jahrhunderts der sterbende Gottessohn, und entsprechend besteht der Effekt für das Publikum nicht mehr darin, dass es den neu gewonnenen Willen auf Gott ausrichtet, sondern nun handelt es sich um eine Art Willen zur Kunst, oder, genauer: zur Tragödie. Was bedeutet eine solche Verschiebung? Wäre eine bruchlose Säkularisierung von der Theologie zur Kunstphilosophie denkbar? Welche Nebeneffekte – Profanisierung, Sakralisierung, etc. – stellen sich ein?

Alle diese Fragen können hier nicht weiter erörtert werden, doch sollen sie darauf hinweisen, wie viel für Freud in der Auseinandersetzung mit Nietzsche auf dem Spiel steht. Die übergroße Gestalt des Philosophen, der Ende des 19. Jahrhunderts eine enorme Popularität beim Massenpublikum erlangt, stellt für Freud zugleich einen beständigen Orientierungspunkt und eine permanente Herausforderung dar. Wenn er zentrale psychoanalytische Theoreme in direkter Konfrontation mit Nietzsche entwickelt, so scheint er sich dabei insbesondere dafür zu interessieren, dass Bestandteile einer alten, während langer Zeit verdrängten Lehre in einer neuen – und deshalb auf den ersten Blick nicht erkenntlichen – Form wiederkehren. In *Totem und Tabu* deutet manches darauf hin, dass Freud mit der Formulierung des Ödipuskomplexes darauf auch methodisch eine Antwort zu geben sucht. Wenn er zwar von Ödipus spricht, dabei aber eine Analogie zu Christus behauptet, dann macht er damit eine Verschiebung des Diskurses explizit, die sich seiner Diagnose zufolge im Denken Nietzsches unbemerkt vollzogen hat. Ebenso wie Freuds Arbeit an der Tragödie wäre somit seine Rückführung der zeitgenössischen Antike-Faszination auf das Christentum als Antwort auf den nietzscheanischen Zeitgeist der Jahrhundertwende zu sehen.

2.3. Der Streit mit Jung

Wie die Analyse des letzten Paragraphen von *Totem und Tabu* gezeigt hat, bestätigt Freud dort seinen 15 Jahre alten Kommentar zur *Ödipus*-Tragödie aus dem Brief an Fließ (bzw. der *Traumdeutung)*. Erneut geht er von einer Konstellation von Poetik und Massenpsychologie aus, und er entwickelt jene Geschichte der Massenpsyche weiter, die in seinem alten Vergleich von *Ödipus* und *Hamlet* ansatzweise enthalten ist (»das säkulare Fortschreiten der Verdrängung im Gemütsleben der Menschheit«). Dabei hat sich Freuds Bewertung der *Ödipus*-Tragödie in der Zwischenzeit jedoch verändert. Sie fällt jetzt nicht mehr uneindeutig aus, sondern während der diagnostische und heilende Aspekt in den Hintergrund treten, wird der psychopathische Aspekt wichtiger. Die Poetik des *Ödipus* erscheint in Freuds phylogenetischer Konstruktion geradezu als Ursache für die krankhafte Fixierung auf die Inzest-Phantasie. Weil diese Freud zufolge jedoch vermittels der augustinischen Erbsünde-Lehre zustande kommt, welche die *Ödipus*-Poetik aufnimmt, erhält das Christentum in Freuds Argumentation eine derart zentrale Bedeutung, dass sich im Vergleich zu 1897/1900 ein beinahe völlig neues Bild bietet: Nicht mehr *Ödipus*, sondern die *Confessiones* stehen nun für den Ursprung der Inzest-Phantasie; nicht mehr Shakespeare, sondern Luther markiert ihre Verdrängung; und sogar Nietzsche erscheint als ein stark vom Christentum geprägter Denker.

Die umfassende Weise, in der Freud diese Neuausrichtung vollzieht, mag überraschend wirken, doch lässt sie sich teilweise erklären, wenn man bedenkt, dass er damals einen konkreten Anlass hatte, um zu den Anfängen der Psychoanalyse zurückzukehren und seine alten Thesen einer Neuevaluation zu unterziehen: Es geht um den Streit mit Jung. Dessen Ablehnung des Ödipuskomplexes seit 1911 veranlasst Freud dazu, *Totem und Tabu* zu schreiben, wobei er den Ödipuskomplex in genau jenem wissenschaftlichen Feld zu bestätigen sucht, in dem Jung sich in *Wandlungen und Symbole der Libido* (1912) dagegen äußert: in der Phylogenese.[230] Auch Freuds Verweise auf die Erbsünde-Lehre und auf Nietzsche gehören in diesen Zusammenhang, denn beide Themen werden zuerst von Jung in die psychoanalytische Diskussion eingebracht. Wie Freud an der Sitzung der «Psychoanalytischen Vereinigung« vom 15. November 1911 betont, ist Jung der Ansicht, dass die Lehre der Erbsünde aus einer Ermüdung des Sexualtriebs zu erklären sei, der sich in der dekadenten antiken Welt unbeschränkt habe entfalten können. Und Jung ist es auch, der sich für Nietzsche und dessen Dionysos begeistert. Wie die Briefe an Freud vom Winter 1909/10 zeigen, teilt er Nietzsches Einschätzung, dass Dionysos sich als Gegenkraft zum Christentum anbietet. (Anders als Nietzsche hat Jung besonders die christliche Tabuisierung der Sexualität im Blick.)

Die phylogenetische Konstruktion aus *Totem und Tabu* lässt sich zu einem großen Teil als Antwort auf die beiden Argumente Jungs lesen, wobei Freud auch aufzeigt, wie diese mit Jungs Ablehnung des Ödipuskomplexes zusammenhängen: Erstens erlaubt es Freuds Lesart der Erbsünde-Lehre, die er auf die Tragödien-Poetik zurückführt, den von Jung übernommenen Gegensatz Dionysos vs. Christus zu dekonstruieren. Zweitens wird in dieser Weise deutlich, dass Nietzsches Tragödien-Verständnis (ebenso wie die Erbsünde-Lehre) zur Seite des Ödipuskomplexes gehören. Dies erlaubt Freud drittens die Diagnose, dass bei Jung die theoretische Ablehnung des Ödipuskomplexes mit der Hinwendung zu einem Denken (nämlich demjenigen Nietzsches) einhergeht, welches aus psychoanalytischer Perspektive betrachtet gerade dem Ödipuskomplex verfällt.

Das Ergebnis der Auseinandersetzung ist eine Klärung der Fronten. Die *Ödipus*-Poetik, in der Freud 1897 noch teilweise ein analytisches Mittel gesehen hat, gehört fortan (wie auch Nietzsche) ganz zur Seite der Gegnerschaft, so dass sich diesbezügliche Missverständnisse fortan leichter vermeiden lassen. Und eine zweite Klärung der Fronten findet auf der theologischen Ebene statt. Die Grenze, die Freud zwischen der Tragödie und der Psychoanalyse zieht, ist nun zugleich als Grenze zwischen Christentum und Judentum zu fassen.

Mit der theologischen Grenze beschäftigt sich Freud, wie die Forschung betont, in den Jahren vor *Totem und Tabu* immer wieder.[231] Briefe an Abraham bzw. Ferenczi zeigen, dass Freud, auch wenn er sich öffentlich nie in diesem Sinne äußerte, Jung stets als dezidierten Christen (oder, wie man damals auch sagte: als Arier) wahrnahm. Deshalb war es ihm so wichtig, Jung für die Psychoanalyse zu gewinnen, und er lehnte z. B. lange Zeit die Einwände ab, die Abraham, der bei Jung in Zürich gearbeitete hatte, gegen ihn vorbrachte. Besonders aufschlussreich ist in diesem Zusammenhang ein Brief vom 26. Dezember 1908, in dem Freud Abraham zur Kooperation mit Jung anhält. Er begründet dies damit, dass die »arischen Genossen [...] doch ganz unentbehrlich« seien, da »sonst [...] die Psychoanalyse dem Antisemitismus« verfallen würde.[232]

In denselben Kategorien schildert Freud später die Trennung von Jung und dessen Zürcher Mitstreitern. Am 27. August 1912 schreibt er an Ferenczi: »Meine Absicht, Juden und Gojim im Dienst der PA zu verschmelzen, scheint zunächst missglückt.«[233] Und als Antwort darauf lässt sich *Totem und Tabu* verstehen, denn als Freud am 13. Mai 1913 Abraham den Abschluss der »Totemarbeit« meldet, fügt er hinzu: »Vor dem Kongress, im August-Heft der Imago, soll die Sache erscheinen und dazu dienen, alles was arisch-religiös ist, reinlich abzuschneiden. Das wird nämlich die Folge davon sein.«[234]

Dies deutet darauf hin, dass Freud in *Totem und Tabu* das Christentum gezielt in den Vordergrund rückt, und es als großen Repräsentanten jener Psychopathie deklariert, an deren Heilung die Psychoanalyse arbeitet. Es scheint, dass er letztlich im Christentum die Ursache für die Trennung von Jung sah. Bei sämtlichen Themen, an denen sich der Konflikt entzündet hatte – von der dekadenten Sexualität der Antike über Dionysos bis zum Ödipuskomplex –, sah er nun auf Seiten Jungs einen christlichen Standpunkt im Spiel, der jedoch, ähnlich wie bei Nietzsche, nicht reflektiert wird und eine Reihe von Selbst-Verkennungen erzeugt.

3.
Katharsis:
Nathan der Weise – Ödipus der Tyrann

In den ersten beiden Kapiteln wurde der Stellenwert von Sophokles' *Ödipus der Tyrann* in zwei Texten Freuds untersucht. Sowohl im Brief an Fließ vom 15. Oktober 1897, in dem Freud zum ersten Mal den Ödipuskomplex formuliert und damit eine Massenpsychologie entwirft, als auch in *Totem und Tabu* (1912/1913), wo der Ödipuskomplex bestätigt und die Massenpsychologie in einer historischen Perspektive weiter ausgearbeitet wird, ist – so mein Befund – die *Ödipus*-Tragödie für die psychoanalytische Theoriebildung zentral. Dabei verändert sich jedoch ihre Rolle. 1897 gelingt es Freud unter Bezug auf die Tragödie, die zuerst bei sich selbst gestellte Diagnose einer verdrängten Inzest-Phantasie auf eine breite Masse – das Tragödien-Publikum um 1900 – auszuweiten. In diesem Kontext fällt Freuds Bewertung der Tragödie ambivalent aus. Einerseits hat sie am psychoanalytischen Heilungsprozess teil, doch andererseits ist sie auch ein Krankheitssymptom, da die bewusste Anerkennung der Inzest-Phantasie für Freud noch immer psychopathisch ist (sie entspricht der Hysterie). Diese Ambivalenz verschwindet in *Totem und Tabu*. Hier rückt Freud die heilende Wirkung der Tragödie in den Hintergrund, während er den psychopathischen Aspekt stärker betont. Er erachtet die Poetik des *Ödipus*, deren Nachwirkung er nun besonders in Augustins Erbsündelehre aufweist, als historische Ursache für das Aufkommen und die Verbreitung der Inzest-Phantasie.

Mit diesen Befunden steht meine Lesart diametral gegen jene Forschungstradition, die – seit Lacan und Starobinski – die Psychoanalyse in einer engen Allianz mit der sophokleischen Tragödie sieht. Dennoch ist auch mein Zugang insofern von Lacan beeinflusst, als dieser wie erwähnt im *Seminar VII* (abgehalten 1959/60) als erster auf den zentralen Stellenwert der *Ödipus*-Tragödie in der Psychoanalyse hinweist: »[D]ie Tragödie steht in der Erfahrung, die uns Analytikern eigen ist, im Vordergrund.«[235] Zudem zeigt Lacan auf, dass sich Freud besonders deshalb auf die Tragödie bezieht, weil er sich für die ethische Frage nach dem Höchsten Gut interessiert: »Die Ethik der Psychoanalyse [...] impliziert [...] die Dimension, die sich in der sogenannten tragischen Erfahrung des Lebens ausdrückt.«[236] Während Lacan die Psychoanalyse diesbezüglich in perfekter Übereinstimmung mit der sophokleischen Tragödie sieht, bin ich jedoch der Ansicht, dass Freud sich davon im Verlauf einer komplizierten Auseinandersetzung zuletzt distanziert.

Lacan stützt sich auf die Beobachtung, dass Freud und Breuer, als sie in den *Studien zur Hysterie* (1895) ihre Methode zur Behandlung der Hysterie-Patienten als kathartisch bezeichneten, sich direkt auf die *Poetik* bezogen.[237] Die Namenswahl sei nicht zufällig, so Lacan, denn tatsächlich zielten sowohl die Psychoanalyse als auch das tragische Schauspiel der Griechen auf eine »Katharsis ethischer Natur« ab, auf eine »Reinigung des Begehrens«,[238] und diese definiert Lacan unter Verweis auf Kants *Kritik der praktischen Vernunft* (1788) als Reinigung »von allem *pathologischen* Interesse«.[239] In einer anderen Passage spricht er davon, dass das Subjekt »in jedem Augenblick seinem Wollen die falschen Güter entreiß[en]« müsse, und dies bringt er mit der »Frage des Höchsten Guts« in Zusammenhang; es geht um die Erkenntnis, »dass es ein solches [Höchstes Gut – T.W.] nicht gibt«.[240] Schließlich führt Lacan als Beispiel für diese Reinigung des Begehrens Sophokles' Ödipus ein. Der Heros tritt gemäß seiner Lektüre im Moment der Verbannung »jenseits des Dienstes an den Gütern [...] in jene Zone ein, in der er sein Begehren sucht«.[241] Daraus ergibt sich für Lacan die »Lehre der Tragödie«:

> »Der Zuschauer sieht sich darüber aufgeklärt, dass selbst für den, der ins Extrem seines Begehrens geht [d.h. Ödipus – T.W.] nicht alles rosig aussieht. Doch wird er ebenfalls – und das ist das Wesentliche – darüber aufgeklärt, was die Vorsicht wert ist, die sich dem widersetzt, und wie vollkommen relativ der Wert von wohlmeinenden Gründen ist, von Anhänglichkeiten, von pathologischen Interessen, wie Monsieur Kant sagt, die ihn auf diesem riskanten Weg zurückhalten könnten.«[242]

Diese Argumentation, die Lacan in den letzten drei Sitzungen (XXII–XXIV) des *Seminars VII* entwickelt, ist nach der Struktur einer Alternative aufgebaut. Auf der einen Seite steht die Zone des »Güterdienstes«, in der das Begehren auf »pathologische Interessen« ausgerichtet ist und fälschlicherweise die Vorstellung eines Höchsten Guts aufrechterhalten wird. In der Zone des »gereinigten« Begehrens hingegen wird dem Güterdienst entsagt, und es obsiegt die Erkenntnis, dass es ein Höchstes Gut nicht gibt. In Sophokles' *Ödipus*-Tragödie, die den Hintergrund für Lacans Argumentation abgibt, sind die beiden Zonen offenkundig an zwei Lokalitäten gebunden: Theben einerseits, Kolonos andererseits. Und der Akt der *katharsis* besteht im Übergang von der einen in die andere Zone, den Ödipus im Moment seines Falls vollzieht. Dabei handelt es sich, wie Lacan betont, um einen

Verzicht: »Der Eintritt in diese Zone besteht für ihn aus diesem Verzicht auf Güter und Macht.«[243]

Hier ergibt sich für Lacan die Schnittstelle zu Freuds und Breuers Konzept der *katharsis*. Sowohl im *Ödipus* als auch bei der Behandlung der Hysterie geht es seiner Lesart zufolge um den Verzicht auf das inzestuöse Objekt, dessen Besitz mit einer Triebbefriedigung assoziiert ist. Aber dies bedeutet, wie Lacans Ausführungen deutlich machen, nicht einfach einen Verzicht auf die Triebbefriedigung. Vielmehr geht es um einen Ausbruch aus einer gewissen Logik des Begehrens, in welcher der Inzest überhaupt erst als Garant einer Triebbefriedigung – als Höchstes Gut – wahrgenommen werden konnte. Der Verzicht auf das Objekt, das vermeintlich ein Höchstes Gut darstellt, bringt die Erkenntnis zum Ausdruck, dass es ein solches überhaupt nicht gibt.

Nun ist es aber gerade dieser Übergang von Theben nach Kolonos und der damit einhergehende Verzicht, durch den gemäß Freuds Ausführungen im Brief an Fließ *die Inzest-Phantasie hergestellt* wird. Anders als Lacan kommt Freud zum Schluss, dass im Moment des Verzichts die Illusion einer ehemaligen Triebbefriedigung auf dem Niveau des Höchsten Guts durchaus fortbesteht. Zwar wird auch gemäß Freuds Lesart die von Lacan diskutierte Vorstellung aufgegeben, dass das inzestuöse Objekt das Höchste Gut wäre, aber dabei bleibt eine andere falsche Konzeption des Höchsten Guts in Kraft: die bereits in Platons *Politeia* kritisierte Vorstellung, dass der Zugang zu *sämtlichen* Gütern, wie er den Tyrannen auszeichnet, das Höchste Gut wäre. Für Freud *repräsentiert* das besondere Phantasie-Objekt – die Mutter – den allgemein verstandenen Zugang zum Höchsten Gut, so dass trotz der von Lacan vertretenen Erkenntnis, dass die Mutter nicht das Höchste Gut war, an einer gewissen Vorstellung von einem verlorenen Höchsten Gut festgehalten wird.

Diese allgemeine Definition eines Höchsten Guts des Tyrannen (wie sie zur Zeit Platons geläufig war) berücksichtigt Lacan nicht, und deshalb kann man sagen, dass im Moment, als er den Ödipus unter »Verzicht auf Güter und Macht« in die »Zone« des »reinen Begehrens« eintreten sieht, durchaus die Inzest-Phantasie im Freud'schen Sinn erzeugt werden kann.[244] Dies würde auch erklären, weshalb sich Lacan auf die *Studien zur Hysterie* stützt und somit auf jenes kathartische Verfahren, das Freud im Herbst 1897 gerade aufgibt, weil er entdeckt hat, dass es bei den Hysterikerinnen zur bewussten Anerkennung der Phantasie führt. Geht Freud kurz darauf, im Brief an Fließ vom 15. Oktober, erstmals kritisch auf die Tragödie ein, in der er ebenfalls die Inzest-Phantasie im Spiel sieht, lässt sich dies so verstehen, dass er im Nachhinein einen Zusammenhang zwischen dem in den *Studien* entwickelten kathartischen Verfahren und der Tragödien-Poetik festgestellt hat. Das alte Verfahren stand tatsächlich in einer gewissen Nähe zur Tragödie, und dies ist der Grund, weshalb Freud nun – ganz anders als später Lacan – beide ablehnt.

* * *

In einem Aufsatz mit dem Titel *Zur Geschichte der Psychoanalytischen Bewegung* schildert Freud 1914 im Rückblick seine Entdeckung vom Herbst 1897 und seine daraus folgende Neuausrichtung der psychoanalytischen Kur. Dabei wirft er die Frage auf, ob Breuer »die Psychoanalyse ins Leben gerufen« habe, oder ob »das ›kathartische Verfahren‹ von Breuer« bloß als ein »Vorstadium der Psychoanalyse« zu würdigen sei.[245] Allerdings hält Freud das Problem für uninteressant. Er gehe darauf nur ein, weil es von »manche[n] Gegner[n] der Psychoanalyse« diskutiert werde, denn seiner Ansicht nach sei es »ziemlich gleichgültig, ob man die Geschichte der Psychoanalyse vom kathartischen Verfahren an oder erst von meiner Modifikation desselben rechnen will«.[246]

Die Formulierung von der »Modifikation« des kathartischen Verfahrens deutet überraschenderweise an, dass Freud die psychoanalytische Methode auch *nach* der Distanzierung von Breuer in gewissem Sinne als kathartisch versteht. Obwohl er das alte Verfahren, weil es auf Seiten der Hysterikerinnen zur Annahme der Inzest-Phantasie führt, durch ein neues ersetzt, welches gerade die Auflösung der Phantasie herbeiführen soll, scheint der Begriff der *katharsis* für Freud weit genug gefasst zu sein, um beide Varianten zu bezeichnen. Dies würde bedeuten, dass Freud auch nach dem Herbst 1897 (und sogar nach *Totem und Tabu*, dessen letzter Teil ein Jahr vor dem Aufsatz *Zur Geschichte* erscheint), einen gewissen Bezug zwischen Psychoanalyse und Tragödien-Poetik sieht.

Was Freud unter der »Modifikation« genau versteht, erklärt er im weiteren Verlauf des Aufsatzes. Zunächst hebt er drei »Momente« hervor, die durch seine Arbeit »zum kathartischen Verfahren hinzukamen«: »Die Lehre von der Verdrängung und vom Widerstand, die Einsetzung der infantilen Sexualität und die Deutung und Verwertung der Träume zur Erkenntnis des Unbewussten.«[247] Das zweite der drei Momente, die infantile Sexualität, kann dabei insofern als zentral gelten, als es der Entdeckung des Ödipuskomplexes – der frühkindlichen Inzest-Phantasie – entspricht. So ist es kein Zufall, dass Freud darauf am ausführlichsten eingeht, wobei er mit der Schilderung der ersten Zweifel und Schwierigkeiten einsetzt, die bei der Anwendung des alten kathartischen Verfahrens auftauchten.

»Man merkte zuerst nur, dass man die Wirkung aktueller Eindrücke auf Vergangenes zurückführen musste. *Allein, ›der Sucher fand oft mehr, als er zu finden wünschte‹*. Man wurde immer weiter zurück in diese Vergangenheit gelockt [...], in die Kindheit und in frühe Jahre derselben. Auf dem Weg dahin galt es, einen Irrtum zu überwinden, der für die junge Forschung fast verhängnisvoll geworden wäre. Unter dem Einfluss der an Charcot anknüpfenden traumatischen Theorie der Hysterie war man leicht geneigt, Berichte der Kranken für real und ätiologisch bedeutsam zu halten, welche ihre Symptome auf passive sexuelle Erlebnisse in den ersten Kinderjahren, also grob ausgedrückt: auf Verführung zurückleiteten. Als diese Ätiologie an ihrer eigenen Unwahrscheinlichkeit und an dem Widerspruche gegen sicher festzustellende Verhältnisse zerbrach, war ein Stadium völliger Ratlosigkeit das nächste Ergebnis. [...] Endlich kam die Besinnung, dass man ja kein Recht zum Verzagen habe, wenn man nur in seinen Erwartungen getäuscht worden sei, sondern diese Erwartungen revidieren müsse. Wenn die Hysteriker ihre Symptome auf erfundene Traumen zurückführen, so ist eben die Tatsache neu, dass sie solche Szenen phantasieren.«[248]

Die Passage macht es nachvollziehbar, weshalb Freud seine Neuerung als eine »Modifikation« bezeichnet: Obwohl die infantile Sexualität eine völlig neue Entdeckung bedeutet, geht sie in Freuds Schilderung fast wie von selbst aus dem alten kathartische Verfahren hervor, das in einem mehrstufigen Prozess abgeändert wird. Das alte Verfahren beruht, wie Freud einige Seiten zuvor erläutert, auf der Idee der »Regression« – »Die Assoziation des Kranken ging von der Szene, die man aufklären wollte, auf frühere Erlebnisse zurück, und nötigte die Analyse, welche die Gegenwart korrigieren sollte, sich mit der Vergangenheit zu beschäftigen«[249] –, und diese wird nun Schritt für Schritt modifiziert: Zuerst findet eine zeitliche Ausdehnung statt, bis die frühe Kindheit in Betracht kommt. Dabei ist zweitens der gefährliche »Irrtum« zu überwinden, dass auf diesem Weg eine tatsächliche Erinnerung zu finden sei, und es ist zu erkennen, dass der Inzest nur phantasiert wird. Der dritte Schritt besteht schließlich darin, die Inzest-Phantasie als eine »Tatsache« der frühen Kindheit zu würdigen: sie stellt nicht einfach eine nachträgliche falsche Erinnerung dar, sondern spielt in der psychischen Ökonomie des Kleinkindes eine wichtige Rolle.

Bemerkenswert an Freuds Schilderung ist zudem, dass alle drei Modifikations-Schritte gemäß dem Zitat verstanden werden können, das die Passage als eine Art Motto einleitet: »der Sucher fand oft mehr, als er zu finden wünschte«. Dies gilt zuerst, als Freud auf der Suche nach den ätiologisch bestimmenden Momenten viel »weiter in die Vergangenheit gelockt« wird, als er gehofft hat. Zweitens macht er die unerwünschte Entdeckung, dass die vermeintlichen Erinnerungen an das Trauma reine Phantasien sind, und schließlich entdeckt er ein drittes Mal »mehr« als gewünscht, indem er die Bedeutung der Inzest-Phantasie in der frühen Kindheit aufweist.

Scheint das Zitat somit geradezu als methodische Anleitung für Freuds Modifikation des kathartischen Verfahrens zu funktionieren, kommt ihm ein großes Gewicht zu. Zwar zitiert Freud nicht explizit, doch lässt sich die Quelle identifizieren, wenn in Lessings letztem Drama, *Nathan der Weise* (1779), der Tempelherr zum Titelhelden sagt: »Der Blick des Forschers fand / Nicht selten mehr, als er zu finden wünschte.«[250] Dass der Wortlaut nicht ganz deckungsgleich ist, muss dabei nicht gegen das Zitat sprechen. Vielmehr wird man hier an ein anderes, ebenso ungenaues *Nathan*-Zitat Freuds erinnert. Ein Brief, den der 26-Jährige 1882 an seine zukünftige Frau, Martha Bernays, schreibt, beginnt – anstelle einer Anrede – wie folgt:

> »Nathan heißt du Jude?
> (Ein seltsamer Jude hm)
> Sprich weiter, wackrer Nathan.
> (Oder so ähnlich; ich kann jetzt nicht in die Stadtbibliothek laufen, um ein Zitat zu verifizieren. Der Auf dem Gänsemarkt wird's verzeihen.) Dies war der Anfang unserer Bekanntschaft.«[251]

Dies zeigt nicht nur, dass Freud mit Lessings Text schon mehr als 30 Jahre vor dem Aufsatz *Zur Geschichte* vertraut genug war, um ihn aus dem Gedächtnis zu zitieren, sondern auch, dass er in ungenauen Zitaten eine gewisse Methode sah – wobei er in diesem Fall sogar ausdrücklich mit der Nachsicht des zitierten Autors rechnet, den er in Gestalt des Denkmals auf dem Hamburger Gänsemarkt anspricht. Solche ungenauen Zitate aus dem Gedächtnis verwendet Freud zeitlebens häufig, und nicht selten entsteht dabei der Eindruck, als habe er gewisse Textpassagen im Lauf der Zeit so sehr verinnerlicht, dass sie beinahe in sein eigenes Gedankengut übergehen. Insbesondere gilt dies für Autoren, die Freud hoch schätzte – wie etwa Shakespeare oder Goethe. In diese Kategorie gehört auch Lessing. Fast könne man von Verehrung sprechen, wenn man bedenkt, dass Freud eine Büste Lessings in seinem Haus aufgestellt hatte.[252]

Im Brief an Martha Bernays wird darüber hinaus deutlich, dass der Nathan-Charakter eine wichtige Rolle für Freuds Selbstverständnis als Jude spielt. Nathan, der übrigens im 19. Jahrhundert häufig als literarische Darstellung von Moses Mendelssohn verstanden wurde,[253] erscheint bei Freud als wichtiger Vertreter der so genannten jüdischen Aufklärung. Dieser widmet Freud eine lange und komplizierte Erörterung, um zuletzt – vermittelt durch Marthas Großvater, Isaak Bernays – auch Martha und sich selbst in diese Tradition zu stellen: »wenn die Form, in der die alten Juden sich wohl fühlten, auch für uns kein Obdach mehr bietet, etwas vom Kern, das Wesen des sinnvollen und lebensfrohen Judentums, wird unser Haus nicht verlassen.«[254]

Aufgrund des Briefs wurde in der Forschung vorgeschlagen, von einer »Identifikation« mit Lessings Nathan zu sprechen.[255] So heikel eine solche Diagnose erscheinen mag, anhand des späteren Zitats im Aufsatz *Zur Geschichte* lässt sie sich durchaus bestätigen. Wenn Freud dort seine Modifikation des kathartischen Verfahrens als eine Entdeckung beschreibt, die »mehr« brachte, als »der Sucher zu finden wünschte«, versetzt er sich in die Rolle des Nathan, an den der Satz des Tempelherrn als Warnung gerichtet ist: »Der Blick des Forschers fand / Nicht selten mehr, als er zu finden wünschte. Ich fürchte ihn, Nathan.«[256] Noch deutlicher tritt die Identifikation hervor, wenn man bedenkt, dass Nathan im weiteren Verlauf des Stücks die Warnung gerade ignoriert, weshalb er am Ende – wie Freud es von sich selbst sagt – tatsächlich mehr als gewünscht findet.[257]

Führt Freud im Rückblick von 1914 seine Modifikation des kathartischen Verfahrens also mittels des Lessing-Zitats auf den Wissensdrang und die Forschungsmethode des weisen Nathan zurück, macht sich im selben Moment, als die für die *Studien zur Hysterie* prägende Allianz mit der sophokleischen Tragödie aufgelöst wird, eine Annäherung Freuds an ein anderes literarisches Werk bemerkbar. Von Ödipus, dem Tyrannen zu Nathan, dem Weisen: dies scheint die Bewegung zu sein, die Freud mit seiner Modifikation vollzieht. Worum geht es in dieser neuen Allianz zwischen Psychoanalyse und Dichtung? Die Erörterung dieser Frage erfordert nun eine genauere Betrachtung von Lessings Stück.[258]

***

Freuds Zitat stammt aus der 7. Szene des 2. Aufzugs. Hier sucht Nathan den fremden Tempelherrn am Strand auf, um ihm dafür zu danken, dass er Recha, Nathans Adoptiv-Tochter, aus dem brennenden Haus gerettet hat. Im Gespräch forscht er der Identität des geheimnisvollen Retters nach, der sich als Curd von Stauffen ausgibt. »Von Stauffen? – Des Geschlechts/ Sind wohl schon mehrere ...«,[259] fragt Nathan, und der Tempelherr erwidert, »O ja! Hier waren,/ Hier faulen des Geschlechts schon mehrere,/ Mein Oheim selbst, – mein Vater will ich sagen«.[260] Nach dem Versprecher bricht der Tempelherr das Gespräch ab und warnt Nathan davor, weitere Nachforschungen anzustellen. »Der Blick des Forschers fand / Nicht selten mehr, als er zu finden wünschte./ Ich fürchte ihn, Nathan.«[261]

Aus dem Kontext lässt sich ersehen, was es mit der Angst des Tempelherrn auf sich hat: Er fürchtet, der neugierige Nathan könnte seine geheimgehaltene Identität aufdecken. Wie der Versprecher zeigt, weiß der Tempelherr nämlich, dass von Stauffen, bei dem er aufwuchs, nicht sein leiblicher Vater, sondern sein Onkel (mütterlicherseits) war. Und dass er seine Herkunft noch genauer kennt, wird später im Stück deutlich, als er sich in einer hitzigen Debatte als »Muselmann« bezeichnet.[262] Damit verweist er auf seinen Vater Wolf von Filnek, der, als Muslim (und Bruder des jetzigen Sultans Saladin) geboren, seine Familie verließ und zum Christentum übertrat.

Trotz des Bemühens des Tempelherrn, seine Identität zu verbergen, lässt Nathan von seinen Nachforschungen nicht ab, und schließlich gelingt es ihm, die geheime Herkunft aufzuklären. Dabei findet er allerdings – genau wie der Tempelherr gewarnt hat – »mehr« als er »wünschte«: Er deckt auch die ihm bisher unbekannte Herkunft von Recha auf, die er als Waisenkind adoptiert hatte. Wie sich nun zeigt, heißt Recha eigentlich Blanda von Filnek und ist die Schwester des Tempelherrn (sowie die Nichte des Sultans). Dies stellt für Nathan eine sehr unerwünschte Entdeckung dar, denn er muss erkennen, dass er Recha unwissentlich ihren lebenden Verwandten vorenthalten hat.[263] Aber auch für den Tempelherrn ist die Entdeckung unerfreulich, denn er hat sich unterdessen in Recha verliebt und bei Nathan um ihre Hand angehalten.

Indem Lessing das Thema der unerkannten und wiederentdeckten Identitäten ins Zentrum seines Plots stellt, behandelt er ein Motiv aus Aristoteles' *Poetik*, nämlich jene Variante der *anagnorisis*, die in der »Wiedererkennung von Personen« besteht.[264] Der Ausgang des Stücks lässt sich so lesen, dass Nathan die *anagnorisis* zwischen dem Tempelherrn und Recha herbeiführt. Auch darin, dass die Wiedererkennung der Geschwister unerwünscht zustande kommt, ist ein Bezug zur *Poetik* zu sehen, denn gemäß Aristoteles ist die poetische Konstruktion besonders gelungen, wenn die *anagnorisis* »zugleich«[265] mit der *peripeteia* stattfindet – mit einem »Umschlag dessen, was erreicht werden soll, in das Gegenteil« –, so dass sie der Intention der Charaktere zuwiderläuft.[266]

Wie die Forschung an anderen Beispielen gezeigt hat, kann die Re-Inszenierung von Momenten aus der antiken literarischen Tradition als ein typisches Verfahren Lessings gelten, dessen Stücke sich deshalb auch als literatur- und insbesondere dramentheoretische Abhandlungen lesen lassen.[267] Dabei geht es Lessing jedoch nicht um eine Imitation der klassischen Modelle, sondern um eine spezifische Art von Zitation, die eine historische Distanz markiert, indem die antiken Konzepte *von den Dramen-Charakteren ins Spiel gebracht* werden. Es sind die Helden, welche sich auf literarische Vorbilder berufen, um auf dieser Grundlage Handlungsentscheidungen zu treffen. Das berühmteste Beispiel dafür ist wohl Emilia Galotti, die ihren Vater auffordert, sie zu töten, weil so »ehedem« – in der Virginia-Legende von Livius – ein »Vater« agiert habe.[268]

Vergleichbar geht Lessing im *Nathan* vor, denn auch hier ist es mit dem Tempelherrn ein literarischer Charakter, der ein antikes Modell herbeizitiert. Wenn er zu Nathan sagt, der »Blick des Forschers« habe »nicht selten mehr« als gewünscht gefunden, so lässt dies auf eine gewisse Kenntnis jener unerwünschten Entdeckung schließen, welche die aristotelische Kombination von *anagnorisis* und *peripeteia* bedeutet. Und da der Tempelherr sich vor dieser Möglichkeit fürchtet, scheint er auch zu wissen, dass sie gemäß Aristoteles ein tragisches Ende mit sich bringt. Insbesondere ließe sich die Warnung als Verweis auf Sophokles' *Ödipus* lesen, wo der neugierige Forscherblick des Helden mit tragischen Konsequenzen »mehr« als gewünscht entdeckt.[269]

In der Forschung wird zudem darauf hingewiesen, dass Lessing die Anspielungen der Charaktere auf antike Quellen häufig ironisch einsetzt. Er führt vor, wie die Helden, die sich an den literaturhistorischen Vorbildern zu orientieren suchen, mit ihren darauf basierten Handlungen gerade nicht den intendierten Effekt erzeugen, was sich so verstehen lässt, dass sie von falschen Lesarten ausgehen. Um noch einmal auf das Beispiel der Emilia zurückzukommen: Obwohl sie mit dem Suizid die Pose von Virginia zu imitieren sucht, gelingt es ihr dabei nicht, wie diese eine Bürgerrevolution zu entfachen, woraus hervorgeht, dass sie die historisch spezifische Konstellation, die Livius geschildert hatte, nicht in ihrer ganzen Komplexität versteht.[270]

Ein ähnliche Fehleinschätzung inszeniert Lessing im *Nathan*, denn hier bewahrheitet sich die Angst des Tempelherrn nicht: Obwohl Nathan die Warnung ignoriert und »mehr« als gewünscht findet, endet das Stück doch nicht tragisch. Vielmehr führt Nathan mittels *anagnorisis* und *peripeteia* gerade ein glückliches Ende herbei. Nicht zuletzt gilt dies für den Tempelherrn, der durch die Aufdeckung der Verwandtschaftsverhältnisse davor bewahrt wird, unwissentlich seine Schwester zu heiraten (und somit in gewissem Sinne Ödipus' tragische Schuld zu wiederholen). Deshalb ist das glückliche Ende des als Tragödie angelegten Stücks nicht etwa eine Fehlkonstruktion,[271] sondern Lessing verhandelt die Kategorien aus der *Poetik* bewusst neu: Die Pointe des Stücks liegt darin, dass die unerwünschte Wiedererkennung nicht notwendig, wie der Tempelherr (und viele andere Aristoteles-Leser) meinen, mit einem tragischen Ende einhergeht. Vielmehr können, wie Nathan vorführt, *anagnorisis* und *peripeteia* durchaus glücklich zusammenfallen.[272]

Damit komme ich zu Freud zurück, da sich nun der Hinweis genauer verfolgen lässt, den er mit dem *Nathan*-Zitat in *Zur Geschichte der psychoanalytischen Bewegung* gibt. Freud bewegt sich mit seiner Modifikation des kathartischen Verfahrens nicht nur insofern auf den Spuren des weisen Nathan, als er sich dessen furchtlosen Forscherblick aneignet, sondern darüber hinaus lässt sich Freuds Neu-Bestimmung des *katharsis*-Begriffs darin mit Nathans Entdeckung vergleichen, dass dieser zu einem neuen Verständnis von *anagnorisis* und *peripeteia* kommt. In beiden Fällen, so scheint es, geht es um eine Re-Lektüre von Begriffen aus der *Poetik*. So wie Nathan die Vorstellung widerlegt, dass *anagnorisis* und *peripeteia* ein unglückliches Ende bedeuten, so weist Freud jenes in den *Studien zur Hysterie* vertretene Verständnis der *katharsis* zurück, das seiner neuen Entdeckung zufolge eine Produktion der Phantasie bedeutet.[273] Jetzt nimmt Freud an, dass sich der Begriff der *katharsis* ganz im Gegenteil dazu eigne, sein modifiziertes Verfahren zu bezeichnen, welches die Phantasie auflöst.

Dabei kommt Freud dem weisen Nathan auch insofern nahe, als beide eine gewissermaßen ›anti-tragische‹ Umdeutung der *Poetik* vornehmen. Beide machen in Aristoteles' Text ein anti-tragisches Potential aus, das sie in einer neuen Lesart zu aktualisieren suchen. Weil zudem die Begriffe *anagnorisis / peripeteia* und *katharsis* bei Aristoteles miteinander verbunden sind – die *katharsis* bezeichnet die Wirkung, die durch *anagnorisis* und *peripeteia* auf die Hörerschaft ausgeübt wird[274] – drängt sich die Vermutung auf, dass die Re-Lektüren von Nathan und Freud direkt zusammenhängen: Geht aus Nathans Umdeutung von *anagnorisis* und *peripeteia* unmittelbar der Freud'sche *katharsis*-Begriff hervor? Um dies zu erörtern, soll nun das Ende von Lessings Stück noch genauer betrachtet werden. Es gilt zu untersuchen, welche Wirkung Nathan mit seiner neuartigen *anagnorisis / peripeteia* auf das Publikum ausübt.

***

Indem Nathan rechtzeitig die Identität von Recha und dem Tempelherrn aufklärt, verhindert er, dass die Geschwister unwissentlich ein inzestuöses Verhältnis eingehen (und somit womöglich auf eine zukünftige Inzest-Tragödie zusteuern). Da dem Tempelherrn die Gefahr, der er entkommen ist, im Moment der Erkenntnis bewusst werden muss, erstaunt es nicht, dass er spontan mit Erleichterung reagiert. Obwohl er Recha als seine Geliebte verloren hat, zeigt er sich in geradezu euphorischer Stimmung.

»*[Tempelherr]*
Ihr nehmt und gebt mir, Nathan!
Mit vollen Händen beides! – Nein! Ihr gebt
Mir mehr, als Ihr mir nehmt! unendlich mehr!
(Recha um den Hals fallend.)
Ah meine Schwester! Meine Schwester!
Nathan. Blanda
Von Filnek!
Tempelherr. Blanda? Blanda? Recha nicht?
Nicht Eure Recha mehr? – Gott! Ihr verstoßt
Sie! gebt ihr ihren Christennamen wieder!
Verstoßt sie meinetwegen! – Nathan! Nathan!
Warum es sie entgelten lassen? sie!

Nathan. Und was? – O meine Kinder! meine Kinder!
Denn meiner Tochter Bruder wäre mein Kind
Nicht auch, – sobald er will?
(Indem er sie ihren Umarmungen überlässt, tritt Saladin [...])«[275]

Der Tempelherr versteht die glückliche Wendung so, dass Nathan ihm anstelle der verlorenen Geliebten die Schwester wiedergegeben habe. Aus der Nennung »Blanda von Filnek« schließt er, Nathan verstoße die als Waisenkind angenommene Stieftochter. Dies war allerdings nicht Nathans Intention. Er hofft vielmehr, dass der Tempelherr noch eine andere Entscheidung treffen werde: »Denn meiner Tochter Bruder wäre mein Kind/ Nicht auch, – sobald er will?« Beide, Blanda und der Tempelherr, würden demnach Nathans Adoptiv-Kinder werden.

Mit dem Vorschlag behält Nathan in gewisser Weise die Zügel in der Hand, obwohl er bei den anschließenden Umarmungen der wiedervereinten Familie stumm und allein am Bühnenrand steht. Während er aus dem Fokus der Zuschauerblicke rückt, stellt Nathan den Tempelherrn vor eine Entscheidung, die über die abgeschlossene Zeit der Aufführung hinaus offen bleibt: »sobald er will«. In erster Linie geht es dabei um die zukünftige Familienzugehörigkeit der Geschwister, doch auf einer zweiten Bedeutungsebene ist auch die Frage der Religionszugehörigkeit angesprochen: Werden Blanda und der Tempelherr als Christen oder – von Nathan adoptiert – als Juden leben?[276] Im Hintergrund dieser Alternative, die das Stück offen hält, stehen die Debatten um die Vernunftreligion, als deren wichtiger Repräsentant Moses Mendelssohn galt, sowie um die fragliche Wahrheit des Christentums, über die Lessing mit Goeze gestritten hatte.[277]

Im Stück kommt dazu aber noch etwas anderes: Nathans Vorschlag wirft neben der Frage nach der Familien- und der Religionszugehörigkeit auch jene des Inzests auf.[278] Die Formulierung, »Denn meiner Tochter Bruder wäre mein Kind/Nicht auch, – sobald er will?«, schließt nicht aus, dass Nathan den Tempelherrn als seinen *Schwiegersohn* willkommen heißt, und tatsächlich scheint diese Absicht in einer Äußerung vernehmbar, die Nathan an einer früheren Stelle im Stück – aber nach der Aufdeckung der Verwandtschaftsverhältnisse – im Selbstgespräch macht: »Gott! wenn ich doch das Mädchen noch behalten / Und einen solchen Eidam mir damit / Erkaufen könnte!«[279] Die damit angesprochene Heirat der Geschwister mag skandalös erscheinen, doch ist zu bedenken, dass die Frage des Inzests durchaus mit jener der Religionszugehörigkeit in Zusammenhang steht. Da das Judentum – wie u. a. auch die altägyptische und teilweise die griechische Kultur – kein umfassendes Inzest-Tabu kennt – ein Umstand, der besonders im 19. Jahrhundert häufiger Gegenstand anti-judaistischer Polemiken war[280] –, wäre die Heirat der Geschwister eine mögliche Folgerung aus dem Entschluss, zum Judentum überzutreten.

Entscheidend ist dabei, dass Lessing die Möglichkeit am Ende des Stücks *offen* hält. Der Ausgang ist von einer noch zu treffenden Entscheidung des Tempelherrn abhängig. Und insofern diese virtuell bleibt – da das Stück zu Ende ist –, stellt Lessing zuletzt sein Publikum vor die Wahl. Dieses ist es, das sich anstelle des Tempelherrn mit Nathans Angebot zu beschäftigen hat, wobei die Frage, was Nathan genau meinte, in den Aufgabenbereich der Text-Interpretation fällt, die sich mit den verschiedenen Bedeutungsebenen und möglichen Lesarten des »sobald er will« auseinandersetzen muss.

Hier kommt wieder der Lessing-Leser Freud in Betracht, der mittels des Zitats im Aufsatz *Zur Geschichte* seine Entdeckung der Inzest-Phantasie mit Nathans Aufdeckung der Verwandtschaftsverhältnisse in Bezug setzt. Aus Freuds Perspektive – wie sie sich im Herbst 1897 im *Ödipus*-Kommentar im Brief an Fließ präsentiert[281] – kann man sagen, dass am Ende von Lessings Stücks unter bestimmten Umständen eine Inzest-Phantasie erzeugt wird: Wenn die Geschwister auf die Heirat verzichten, verliert der Tempelherr im Moment der *anagnorisis* das begehrte Objekt ebenso für immer wie einst der sophokleische Ödipus. Demnach würde sich das neue glückliche vom klassisch tragischen Ende nur dadurch unterscheiden, dass der im Moment von *anagnorisis* und *peripeteia* erzeugten Phantasie/Erinnerung des Helden im Fall des Tempelherrn keine begangene Tat zugrunde liegt, weshalb er nicht tragisch stürzt. Für das Publikum wäre der Effekt aber der gleiche wie bei *Ödipus der Tyrann*: Es würde der vom Helden gehegten Inzest-Phantasie begegnen.

Wenn hingegen die Heirat möglich wird, würde die glückliche Variante von *anagnorisis* und *peripeteia* noch etwas anderes bedeuten: dass die vermeintlich tragische Tat begangen werden kann, *ohne den Fall zu erleiden*. In Freuds Terminologie könnte man folglich sagen, dass der Inzest nicht mehr als das Tabu gilt, für dessen Übertretung der tragische Fall die Strafe sein muss,[282] bzw. dass der Inzest kein Objekt der Phantasie mehr darstellt. Er dient nicht mehr wie im *Ödipus* als Repräsentanz für das allgemein gefasste tragische Vergehen, die *hybris* des Tyrannen. So gesehen kommt Nathans Re-Lektüre der aristotelischen Kategorien effektiv jener Auflösung der Inzest-Phantasie nahe, die Freud ab dem Herbst 1897 konzipiert.

Darin liegt meiner Ansicht nach der eigentliche Grund dafür, dass Freud seine Modifikation des kathartischen Verfahrens rückblickend unter das *Nathan*-Motto stellt. Es geht dabei nicht nur um den unaufhaltsamen Wissenstrieb eines Forschers, der vor unerwünschten Entdeckungen nicht zurückschreckt, und auch nicht nur um die Re-Lektüre der *Poetik*, sondern um eine Intervention an jener Schnittstelle, an der sich in der westlichen Kulturgeschichte – wie Freud in *Totem und Tabu* darlegt – die Tragödien-Poetik und das Inzest-Thema treffen. Findet diese Intervention bei Nathan zudem von einer explizit jüdischen Position aus statt, ist es vielleicht kein Zufall, dass Freud seine Identifikation mit Nathan gerade 1914 herstellt, also ein Jahr, nachdem er im letzten Teil von *Totem und Tabu* das Inzest-Tabu und die Inzest-Phantasie als zentrale Elemente der christlichen Kultur ausmacht und die Grenze zum Judentum in den Vordergrund rückt.

***

Lässt sich Freuds Modifikation des kathartischen Verfahrens in mehrerer Hinsicht auf die Umdeutung von *anagnorisis/peripeteia* zurückführen, die der weise Nathan vornimmt, ist damit jedoch noch nicht geklärt, wie diese Neufassungen der aristotelischen Begriffe aus der *Poetik* hervorgehen sollen. Wenn es – sowohl bei Lessing als auch bei Freud – darum geht, in einer Re-Lektüre ein verborgenes Potential des alten Textes zu aktualisieren, dann ist dabei doch erstaunlich, wie gravierend die Begriffs-Modifikationen ausfallen. Nicht nur kann Lessing und Freud zufolge durch *anagnorisis* und *peripeteia* ein glücklicher, un-tragischer Ausgang erreicht werden, sondern es geht auch darum, das Inzest-Thema aus dem Zusammenhang der *hamartia* (verstanden als Okkupation der mit dem Höchsten Gut assoziierten Position des Tyrannen) zu lösen, so dass der Inzest kein Phantasie-Objekt mehr darstellt.

In diesem Punkt ergibt sich ein Bezug zur *Poetik*, denn dort ist der unglückliche Ausgang direkt mit der *hamartia* verbunden: Der Fall des Helden soll »nicht trotz seiner sittlichen Größe *[aretê]* und seines hervorragenden Gerechtigkeitsstrebens *[dikaiosyne]*« zustande kommen, »aber auch nicht wegen seiner »Schlechtigkeit *[kakia]* und Gemeinheit *[mochthesia]*«, »sondern wegen eines Fehlers *[hamartia]*«.[283] Dies heißt, dass allein die *hamartia* den unglücklichen Ausgang bewirkt, und folglich wäre Lessings glückliches Ende im Rahmen der *Poetik* dadurch erklärbar, dass der Tempelherr, selbst wenn er Recha heiratet, nicht die *harmatia* begeht. Worin aber wäre diese dann zu suchen? Worin liegt die Verfehlung von Ödipus, wenn nicht in Taten wie Vatermord und Inzest, durch die er die Position des Tyrannen erlangt?

Wie oben, im Kapitel 2.1. erwähnt, ist dies eine sehr alte Diskussion, und die in der Altphilologie Anfang des 20. Jahrhundert verbreiteten Lösungen argumentieren mit einer paradoxen schuldlosen Schuld (u.a. Wilamowitz und Reinhardt). In den folgenden Jahrzehnten werden neue Varianten der alten Deutung populär, wonach Ödipus' Wissensdrang und Neugier als Ursache des tragischen Falls zu sehen sei.[284] Diese Deutung ist, wie kurz erwähnt, bereits von Mendelssohn und Nicolai im Briefwechsel mit Lessing abgelehnt worden,[285] und sie wird auch im *Nathan* widerlegt, wenn sich die unaufhaltsame Neugier des weisen Forschers gerade nicht tragisch auswirkt.

Ist von Lessings und Freuds Standpunkt aus also nach einer neuen Antwort zu suchen, rückt ein Autor ins Blickfeld, der für eine sehr eigenwillige Deutung der *hamartia* berühmt ist: Ich meine Hölderlin, der in den *Anmerkungen zum Ödipus* (1803) den Fehler von Ödipus an der Art und Weise festmacht, wie er die Krise in Theben zu lösen sucht. Der Tyrann »deutet«, so Hölderlin, »das allgemeine Gebot«, welches Kreon vom Orakel empfängt, »argwöhnisch ins Besondere«, indem er es »auf einen Mörder des Lajos anwendet, und dann auch die Sünde als unendlich annimmt«.[286]

Demnach liegt die *hamartia* in einem Missbrauch der Macht. Es bedeutet eine Überhebung gegen Gott, wenn Ödipus »des Lands Befleckung *[miasma]*«, die das Orakel verkündet, eigenmächtig auf den Mord an Laios bezieht.[287] Und dasselbe gilt für die Setzung der »Sünde als unendlich«, d.h. für den Bannspruch, den Ödipus anschließend über den Mörder verhängt: »dass schlimm der Schlimme *[kakos]*/ Aufreibe sein von allem ausgeschlossenes Leben!«[288] In dieser Passage wird der Akt der Überhebung besonders dadurch deutlich, dass der Tyrann sich als »Kampfgenosse« für den »Gott« präsentiert.[289]

Hölderlins Lektüre wirkt auf den ersten Blick leicht verständlich: Weil die Deutung der Sünde und die Verhängung des Banns die Rechtsgrundlage für Ödipus' spätere Selbst-Verurteilung liefern, stellen sie eine notwendige Voraussetzung des Falls dar. Aber Hölderlin geht es darüber hinaus um einen *kausalen Zusammenhang* zwischen den beiden Handlungen von Ödipus: Er muss am Ende genau deshalb fallen, *weil* er zu Beginn des Stücks den Bann spricht. Der Bannspruch wird in dem Moment als unzulässige Überhebung erkenntlich, als er denjenigen trifft, der ihn ausgesprochen hat.[290] Man könnte es den ›Bann des Banns‹ nennen, oder vielleicht noch genauer, das ›Ungeschehenmachen‹ des Banns.

Dieses dialektische Verständnis der *hamartia* lässt sich literaturgeschichtlich als Weiterführung von Lessings Ansatz einordnen, denn es bestätigt die im *Nathan* enthaltene Widerlegung von geläufigen Deutungen der *hamartia* (als Erlangung des Höchsten Guts durch Inzest/Vatermord einerseits, Neugier andererseits). Und auch vom Freud'schen Standpunkt aus erweist sich Hölderlins Lektüre als bedeutsam. Der Vergleich zwischen den beiden Autoren kann über den Begriff der *kakia* hergestellet werden, jener Schlechtigkeit, mit der Ödipus in der Bannrede die Mörder von Laios bezeichnet. Damit legt der Tyrann, wie Hölderlin sagt, die »Sünde« als »unendlich« fest, denn er eröffnet den homerischen Gegensatz zwischen *kakia* und *aretê*, zwischen dem höchsten Übel und der höchsten Tugend oder Vollkommenheit.[291] Lässt sich die *hamartia* von Ödipus – wie Hölderlin sie versteht – deshalb auch so beschreiben, dass durch die Definition der *kakia* der Anspruch auf das Höchste Gut *(aristos)* erhoben wird, ergibt sich eine Vergleichsmöglichkeit zu Freuds altem, aus Platons *Politeia* abgeleitetem Verständnis, wonach Ödipus als Vatermörder zum Tyrann (mit Zugang zum Höchsten Gut) geworden sei. Aus dieser Deutung ergibt sich bei Freud die Konsequenz, dass im Moment des Falls eine Inzest-Phantasie hergestellt wird, und genau dies geschieht nun nicht, wenn man sich an Hölderlins Deutung hält. Hier liegt die *hamartia* nicht darin, durch Vatermord/Inzest das Höchste Gut des Tyrannen für sich zu okkupieren, sondern vielmehr im gescheiterten Versuch, durch die Definition der *kakia* eine Position der *aretê* überhaupt erst zu konstruieren. Zeigt sich dann im Moment des Falls, dass Ödipus mit dem Bannspruch mitnichten das Höchste Gut erschloss, sondern *im Gegenteil* die *hamartia* beging, wird die im Verlauf des Stück aufgebrachte Illusion einer möglichen Position der *aretê* am Ende wieder aufgelöst. Die Annahme, dass er das Höchste Gut erlangt hatte, kann nach dem Fall nicht bestehen bleiben, und folglich kommt keine Phantasie im Sinne Freuds zustande.

Somit liegt bei Hölderlin eine Lesart der *Poetik* und von *Ödipus der Tyrann* vor, die es zu erklären erlaubt, weshalb Freud auch dann noch am Begriff der *katharsis* festhält, als er zur Tragödie auf Distanz geht.[292] Ob im *Ödipus* eine Inzest-Phantasie erzeugt oder gerade aufgelöst wird, hängt davon ab, wie man die *hamartia* versteht. Dabei führt die Hölderlin'sche Auflösung der Inzest-Phantasie sogar noch weiter als bei Lessing. Wie erläutert, wird am Ende von *Nathan* – gemäß der von Freud nahe gelegten Lesart – das besondere Objekt des Inzests aus der Logik der Phantasie herausgelöst. Dies ist als eine Intervention im Rahmen der westlichen Kulturgeschichte zu verstehen, in der die Inzest-Phantasie einen besonderen Stellenwert einnimmt. Bei Hölderlin hingegen geht es nicht nur um das partikuläre Phantasie-Objekt von Ödipus – um die Auflösung des Inzest-Tabus – , sondern darum, die Logik der Phantasie überhaupt zu zersetzen. Weil sich der einzige im Stück präsentierte Versuch, das Höchste Gut zu erschließen – der Bannspruch bzw. die Definition der *kakia* –, als untauglich erweist, bleibt keine falsche Vorstellung des Höchsten Guts als verlorenes erhalten.

***

Lässt sich mit Hilfe Hölderlins eine im Sinne der Freud'schen *katharsis* modifizierte Lesart der *Ödipus*-Tragödie denken, stellt sich Freuds Verhältnis zu Sophokles noch ambivalenter dar, als in den ersten beiden Kapiteln von mir angenommen. Nicht nur bewertet Freud 1897 im Brief an Fließ *Ödipus* zugleich als Krankheitssymptom und als Mittel der (teilweisen)

Heilung, und nicht nur schätzt er *Ödipus* 1913 in *Totem und Tabu* dann negativer ein (nämlich eindeutig als Krankheitsursache). Sondern dazu kommen noch unterschiedliche Beurteilungen aufgrund mehrerer Lesarten des Stücks. Wenn Freud *Ödipus* größtenteils negativ beurteilt, weil in dem Stück eine bewusste Inzest-Phantasie erzeugt wird, so liegt dem ein bestimmtes Verständnis der *hamartia* zugrunde, wie es seiner Diagnose zufolge besonders in Augustins Erbsünde-Lehre impliziert ist. Zugleich scheint Freud, wie er 1914 andeutet, um die Möglichkeit einer modifizierten Lesart von *Ödipus* zu wissen, der zufolge die durch das Stück bewirkte *katharsis* nicht in der Produktion einer Inzest-Phantasie, sondern in deren Auflösung besteht. Deshalb ist *Ödipus* für Freud sowohl das paradigmatische Beispiel für die Dichtung als psychopathische Form, wie auch für ihre im Sinne der Analyse heilende Wirkung.

Dabei sind die beiden Lesarten von Freuds Standpunkt aus nicht als gleichwertig einzustufen. Die im Sinne Freuds modifzierte Lesart (wie bei Hölderlin) ist der anderen dadurch überlegen, dass sie die *hamartia* von der *kakia* (dem Vatermord/Inzest bzw. dem Anspruch des Tyrannen auf den Besitz sämtlicher Güter) zu unterscheiden vermag. Eine Deutung, die diese Unterscheidung berücksichtigt, wird der terminologischen Komplexität von Sophokles' Stück eher gerecht. Zudem erscheint von Hölderlins Standpunkt aus die andere Lesart der Tragödie als ethisch problematisch: Wenn die *hamartia* des gefallenen Helden in der *kakia* gesehen wird (im Königsmord, durch den er Zugang zum Höchsten Gut des Tyrannen erlangt), erfährt dadurch Ödipus' Definition des Vatermords als *kakia* eine Bestätigung, womit gerade seine gemäß Hölderlin eigentliche *hamartia* wiederholt wird. Der falsche Anspruch auf *aretê*, den der Tyrann mit der Definition einer *kakia* erhebt, wird bestärkt und bleibt in der zuletzt erzeugten Phantasie erhalten.[293] Andererseits kann die in dieser Lesart erzeugte Phantasie mittels der Hölderlin'schen Deutung aber auch aufgelöst werden. Sobald erkannt wird, dass die *hamartia* gerade in der Definition von *kakia* liegt, lässt sich die einmal angenommene Phantasie nicht mehr halten, da sie auf der Übernahme derselben Definition beruht.

Wieso aber schwankt Freud zwischen den beiden Lesarten, wenn doch die eine der anderen so deutlich überlegen ist? Weshalb hält er an dem weniger raffinierten Verständnis von *Ödipus* fest – und zwar noch in *Totem und Tabu*? Meiner Ansicht nach gibt es dafür eine einfache Erklärung: Immer dann, wenn Freud im Zusammenhang von *Ödipus der Tyrann* sein Argument mit der Produktion der Inzest-Phantasie vorbringt, immer dann bezieht er sich *auf die Rezeptionsgeschichte des Stücks*. Es geht jeweils um die Wahrnehmung einer historisch bestimmten Hörerschaft. Zuerst, im Brief an Fließ, versetzt Freud sich in ein zeitgenössisches Tragödien-Publikum, und später, in *Totem und Tabu*, untersucht er Augustins Konzept der Erbsünde, das seinem Befund zufolge auf einem von *Ödipus* herrührenden Verständnis der *hamartia* beruht.

Zudem ist in Freuds Konstellation der beiden Momente – von Augustins Erbsünde-Lehre und des Tragödien-Revivals im *Fin de Siècle* – die These eines historischen Zusammenhangs enthalten. Gerade weil aus der augustinischen Rezeption der *Ödipus*-Tragödie Freud zufolge eine epochale Wirkung in der Massenspsyche ausging, so dass die Inzest-Phantasie allgemein Verbreitung fand, gerade deshalb wird dann ein Publikum Ende des 19. Jahrhunderts, als zum ersten Mal in der Geschichte der christlichen Kultur Sophokles' Stück gespielt wird, in diesem bloß die augustinische Definition der *hamartia* wiedererkennen. Die kulturelle Prägung durch die Erbsünde-Lehre und das Passions-Narrativ des Christentums sind zu stark, als dass angesichts des *Ödipus* eine Lesart wie die von Hölderlin Erfolg haben könnte.[294]

Gilt diese Diagnose, wie Freud in *Totem und Tabu* andeutet, nicht zuletzt für den selbst erklärten Anti-Christen Nietzsche (vgl. oben, Kapitel 2.2.), findet sich hingegen bei Autoren wie Hölderlin und Lessing ein Zugang zu den Texten von Sophokles und Aristoteles, der es ermöglicht, der Prägung durch die christliche Kultur teilweise zu entkommen.[295] In diese Tradition stellt sich Freud selbst, wobei er einen doppelten Ansatz wählt. Einerseits lokalisiert er in *Ödipus* – bzw. in der augustinische Adaption der *Ödipus*-Poetik – den historischen Ursprung der Inzest-Phantasie. Andererseits zeigt sich, dass derselbe Text, zumal *nicht* augustinisch gelesen, es erlaubt, die seit Augustin über die Generationen hinweg tradierte Inzest-Phantasie wieder aufzulösen.

Wie wichtig für Freud die Grenzziehung zwischen den beiden Lesarten der *Ödipus*-Tragödie ist, zeigt sich 1914 in *Zur Geschichte der Psychoanalytischen Bewegung*. Hier erscheint der Bruch mit Breuer, der durch das Zitat aus *Nathan der Weise* markiert wird, in einer Reihe weiterer Distanzierungen – besonders von Adler und Jung –, zu denen es später kam und denen Freud den größten Teil des Aufsatzes widmet. »Keiner«, so erklärt Freud auf der ersten Seite, könne »besser« als er selbst »wissen«, »was die Psychoanalyse ist«, weshalb er «zurückweise«, was ihm als eine »kühne Usurpation« erscheine.[296] So lässt sich die psychoanalytische »Bewegung« als eine fortwährende Grenzziehung – gegenüber Breuer, Adler, Jung, etc. – verstehen, und insofern dafür der erste Bruch, die Modifikation des kathartischen Verfahrens, paradigmatisch ist, könnte man sagen, dass die Grenze, die es für die Psychoanalyse zu verteidigen gilt, nicht zuletzt zwischen den beiden gegensätzlichen und miteinander unversöhnlichen Lesarten der *Ödipus*-Tragödie verläuft.

***

Betrachtet man Freuds modifiziertes Verständnis der *katharsis* vor dem Hintergrund seiner Geschichte der Massenpsyche, stellt sich die Frage, wie die Auflösung der Inzest-Phantasie historisch zu situieren wäre. Welches ist die Zeit der psychoanalytischen *katharsis*? Klar ist, dass die *katharsis* eine neue Epoche in der Menschheitsgeschichte eröffnet, in der die Inzest-Phantasie weder bewusst (wie im katholischen Mittelalter) noch verdrängt (wie in der protestantischen Neuzeit) sein wird. Schwieriger aber ist es, diese Zeit zu bestimmen.

Dies hat damit zu tun, dass Freuds Modifikation des kathartischen Verfahrens mit einem dialektischen Begriff der Geschichte operiert. Gemäß seinem Verständnis kommt die von der Inzest-Phantasie geprägte Kulturgeschichte dadurch zustande, dass das Potential, das in der *Ödipus*-Tragödie von Anfang an vorhanden ist, noch nicht aktualisiert wurde. Insofern hat die *katharsis* einerseits immer schon stattgefunden, während sie andererseits weiterhin aussteht. Und dies heißt, dass die Zeit der *katharsis* jeden Moment anbrechen könnte.

Aufgrund dieser zeitlichen Struktur der Psychoanalyse und aufgrund ihres Anspruchs, in der Menschheitsgeschichte eine neue Epoche jenseits der christlichen Kultur zu eröffnen, schlage ich vor, Freud im Kontext des Messianismus zu situieren. Die messianische Zeit kommt mit dem Ende der christlichen Kultur, die in der talmudischen Umformulierung der biblischen Lehre von den vier Weltreichen als Erbe des römischen Imperiums gesehen wird, und sie kann, gemäß einer berühmten Formulierung von Juda Löw ben Bezalel, »jeden Moment« eintreten.[297]

4.
Die Psychologie der Massen im Drama des 19. Jahrhunderts

Am Ende von *Massenpsychologie und Ich-Analyse* (1921), im Nachtrag »B.«, gibt Freud einen knappen Abriss der phylogenetischen Konstruktion aus *Totem und Tabu*. Dabei kommt er auch wieder auf die antike Dichtung zu sprechen, doch wählt er einen neuen Fokus. Hatte er in *Totem und Tabu* die Tragödie erörtert, die mit dem Opfer des für den Vatermord verantwortlich gemachten Sohnes zum Aufstieg des Christentums beiträgt, interessiert er sich nun für das Epos, und dieses situiert er auf der unmittelbar vorhergehenden Stufe der Phylogenese. Dies ist gemäß *Totem und Tabu* eine »Zeit der erneuerten Vaterautorität«, in der »göttergleiche Könige« regieren.[298] Und hatte Freud dabei erklärt, dass das erneuerte Vater-Ideal als Reaktion auf die als unbefriedigend empfundene »demokratische Gleichstellung«[299] der Brüder im Totemismus zu verstehen sei, erläutert er in *Massenpsychologie und Ich-Analyse* nun die Rolle der Dichtung in diesem Prozess.

> »Damals mag die sehnsüchtige Entbehrung einen Einzelnen bewogen haben, sich von der Masse loszulösen und sich in die Rolle des Vaters zu versetzen. Wer dies tat, war der erste epische Dichter, der Fortschritt wurde in seiner Phantasie vollzogen. Dieser Dichter log die Wirklichkeit um im Sinne seiner Sehnsucht. Er erfand den heroischen Mythos. Heros war, wer allein den Vater erschlagen hatte, der im Mythos noch als totemistisches Ungeheuer erschien.«[300]

Freud knüpft hier insofern an die Argumentation aus *Totem und Tabu* an, als er erneut eine Konstellation von Poetik und Massenpsychologie herstellt und der Dichtung damit eine gesellschaftliche Funktion zuspricht. So wie aus der Tragödie gemäß *Totem und Tabu* jene Inzest-Phantasie hervorgeht, auf deren Verbreitung die christliche Gemeinschaft beruht, so erklärt Freud nun, das Epos habe es dem Dichter ermöglicht, sich in der »Phantasie« »in die Rolle des Vaters zu versetzen«, wodurch er als ein wiedergekehrter Urvater habe auftreten und über die anderen herrschen können.[301] Somit lässt sich der Unterschied zwischen den beiden Gesellschaftsformen auf jenen zwischen den beiden Dichtungsformen zurückführen: Weil der epische Heros die dichterische Phantasie *unbestraft* realisiert, kann der Dichter, sofern er sich mit dem Heros identifiziert, in der Realität als Urvater-Herrscher auftreten. Angesichts der Tragödie hingegen müsste, wer sich mit dem Heros identifiziert, ebenso wie dieser die Konsequenzen aus seinen Taten ziehen. Deshalb bringt die Tragödie die neuartige, christliche Gesellschaftsform hervor, in der die dichterische Phantasie zwar ebenfalls noch allen bewusst ist, aber niemand mehr beanspruchen kann, sie für sich realisiert zu haben.

Während sich der Nachtrag »B.« derart als perfekt abgestimmte Ergänzung zu *Totem und Tabu* präsentiert, ist es auf den ersten Blick weniger klar, welche Funktion ihm in *Massenpsychologie und Ich-Analyse* zukommt. Überhaupt erscheint der Status der drei »Nachträge« fraglich, die Freud dem Buch hinzufügt. Sie dienen, wie er erklärt, zur Erörterung »verschiedene[r] Nebenwege«, die sich ihm »im Laufe der Untersuchung« »eröffnet« hätten.[302] Aufgrund der wenig eleganten Konstruktion wurde in der Forschung vermutet, das Buch sei schnell geschrieben worden und präsentiere, zwischen Freuds gewichtigen Werken *Jenseits des Lustprinzips* (1920) und *Das Ich und das Es* (1923) gelegen, nur provisorische Erkenntnisse.[303] Mit dieser Einschätzung kontrastiert allerdings der Umstand, dass Freud in *Massenpsychologie und Ich-Analyse* den Begriff des Ichideals einführt, womit er eine wichtige Vorarbeit für *Das Ich und das Es* leistet.[304] Der Fokus auf das Ichideal erlaubt es auch, den Status des Nachtrags »B.« zu bestimmen, denn unmittelbar nachdem Freud den epischen Heros in der zitierten Passage als das Subjekt einer kollektiven Inzest-Phantasie gedeutet hat, erklärt er: »so schuf jetzt der Dichter im Heros, der den Vater ersetzen will, das erste Ichideal«.[305] Dies heißt, dass Freud im Nachtrag das im Haupttext neu eingeführte Konzept des Ichideals *an seinen alten Begriff der Phantasie koppelt*. So wie der epische Dichter sich als das Subjekt der Phantasie inszeniert, so kann man sagen, dass er das Ichideal für sein Publikum verkörpert. Zum anderen liefert der Nachtrag dadurch eine Art *Vorgeschichte* zum im Haupttext besprochenen Ichideal: Wenn der epische Heros das *erste* Ichideal war, ist diese psychische Instanz nach seinem Vorbild geprägt.

Lenkt sich der Blick vom Nachtrag »B.« aus somit auf jene Passagen im Haupttext, in denen das Ichideal eingeführt wird, fällt es auf, dass Freud bereits hier eine Situation diskutiert, in der Ichideal von einer realen Person verkörpert wird, welche dadurch – genau wie Freud später anhand des epischen Dichters erläutert – zur Herrschaft über die anderen aufsteigt. Es handelt sich um den »Feldherrn«, der, wie Freud erklärt, deshalb über die Soldaten herrschen kann, weil diese ihn »an die Stelle ihres Ichideals gesetzt« haben.[306] Und weil sie alle das gleiche Ideal teilen, wird es den Soldaten möglich, sich »untereinander« zu »identifizieren«, wodurch die Massenformation des Heeres zustande kommt.[307]

Die Analogie zwischen dem epischen Dichter (als erster Verkörperung des Ichideals) und dem Feldherrn (als einer späteren Verkörperung) ist besonders bemerkenswert, wenn man bedenkt, dass Freud sich mit der massenpsychologischen Analyse des Heeres auf einen zeitgenössischen Kontext bezieht: Es geht um die neuartigen Massenformationen, die im Ersten Weltkrieg und den daraus hervorgehenden faschistischen Bewegungen auftreten und die gemäß einer damals verbreiteten Wahrnehmung nach Analyse verlangen, um erfolgreich bekämpft werden zu können.[308] Wenn Freud dann erklärt, dass in der Organisation dieser Massen die Instanz des Ichideals eine zentrale Rolle spiele, welche nach dem Vorbild des epischen Heros geprägt sei, so bewertet er das neue Phänomen überraschenderweise als eine Regression, als einen Rückfall auf eine urzeitliche – bzw. vorchristliche – Gesellschaftsform. Die unter dem Dichter/Urvater formierten Massen waren vor langer Zeit psychologisch ebenso organisiert wie die neuen, zeitgenössischen Heere. Ein zweiter überraschender Aspekt liegt darin, dass Freud den Zusammenhalt des Heeres auf eine literarische Stilisierung zurückführt, auf eine Heldendichtung. Wenn der Feldherr für die Soldaten das Ichideal verkörpert, so heißt dies im Rahmen der Argumentation aus dem Nachtrag »B.«, dass er von ihnen als epischer Heros gesehen wird.[309]

Durch den Einbezug des Epos und die Untersuchung seiner Funktion bei der Massenbildung wird Freuds psychopathologischer Ansatz zur Beurteilung von Dichtung bestärkt. Wenn einem Anführer mittels einer epischen Heldendichtung die Realisierung der Phantasie zugesprochen wird, stellt dies aus Freud'schem Blickwinkel eine noch schwerere psychische Krankheit dar als die bloß bewusste, *nicht* realisierte Phantasie der Tragödie. Zugleich gibt es in *Massenpsychologie und Ich-Analyse* aber auch Anzeichen dafür, dass Freud eine neuartige Instrumentalisierung von bestimmten Dichtungsformen für seine Theorie vornimmt. Zweimal zitiert er nämlich literarische Werke zu dem Zweck, seine massenpsychologische Analyse des Heeres zu bestärken. Die erste Passage betrifft Johann Nestroys Komödie *Judith und Holofernes* (1848). Dieses Stück soll Freuds Annahme bestätigen, wonach sich im »Phänomen der Panik« zeige, dass eine Masse nur dank der »libidinösen Bindungen« an den Führer Bestand hat.[310]

> »Der typische Anlass für den Ausbruch einer Panik ist so ähnlich, wie er in der Nestroyschen Parodie des Hebbelschen Dramas von Judith und Holofernes dargestellt wird. Da schreit ein Krieger: ›Der Feldherr hat den Kopf verloren‹, und darauf ergreifen alle Assyrer die Flucht. Der Verlust des Führers in irgendeinem Sinne, das irrewerden an ihm, bringt die Panik bei gleich bleibender Gefahr zum Ausbruch; mit der Bindung an den Führer schwinden – in der Regel – auch die gegenseitigen Bindungen der Massenindividuen.«[311]

In einem vergleichbaren Gestus wird später ein Dialog aus Friedrich Schillers *Wallenstein* (1800) zitiert. Die Dramen-Trilogie soll Freuds Unterscheidung zwischen den Relationen der »Idealbildung« und der »Identifizierung» stützen. Insbesondere sieht Freud dank *Wallenstein* seine Annahme bestätigt, dass sich die Soldaten *nicht* mit dem als Ideal funktionierenden Anführer *identifizieren* dürfen.

> »Es ist evident, dass der Soldat seinen Vorgesetzten, also eigentlich den Armeeführer, zum Ideal nimmt, während er sich mit seinesgleichen identifiziert [...] Aber *er wird lächerlich, wenn er sich mit dem Feldherrn identifizieren will.* Der Jäger in Wallensteins Lager verspottet darob den Wachtmeister:
> Wie er räuspert und wie er spukt,
> Das habt ihr ihm glücklich abgeguckt!...«[312]

Wie bei einigen der Beispiele, die in den vorherigen Kapiteln untersucht wurden – etwa beim *Ödipus*-Kommentar oder dem Zitat aus *Nathan der Weise* – stellt sich auch hier die Frage nach dem Stellenwert, der den literarischen Anspielungen in Freuds Argumentation zukommt. Handelt es sich um Bildungszitate, die seiner Theorie einen gewissen Glanz verschaffen und sie legitimieren sollen? Meiner Ansicht nach gibt es einen guten Grund zur Vermutung, dass auch diesmal mehr auf dem Spiel steht: Sowohl *Wallenstein* als auch *Judith und Holofernes* schildern den erfolgreichen Kampf gegen ein Heer, und behandeln somit jenes Thema, das aus aktuellem Anlass im Hintergrund von Freuds Text steht. Sieht Freud in diesen beiden Dramen dann, wie die Zitate zeigen, einzelne Aspekte seiner massenpsychologischen Analyse des Heeres bestätigt, ist zu untersuchen, wie wichtig die Allianz mit der Dichtung für Freuds Auseinandersetzung mit dem Heer ist. Damit lässt sich meine übergeordnete Fragestellung, inwiefern Freud dichterische Formen als Krankheitssymptome oder als Mittel der Heilung bewertet, in neuer Akzentuierung aufnehmen. Das Kriterium dafür ist nun, wie in den literarischen Werken der Kampf gegen das Heer (und somit Freud zufolge gegen die epische Phantasie) inszeniert wird.

4.1. *Wallenstein*: Das Heer, die Kirche und der Märtyrer

Schillers *Wallenstein* gehört – wie beispielsweise auch *Hamlet* oder *Faust* – zu einem Kreis von literarischen Werken, aus denen Freud zeitlebens zitiert. An den insgesamt zehn Nennungen, die das Register der *Gesammelten Werke* verzeichnet, lässt sich nicht nur ersehen, dass Freud das Stück gut kannte, sondern es macht sich auch eine gewisse Wertschätzung für Schiller bemerkbar.[313] Insbesondere zwei Beispiele zeigen, dass Freud in *Wallenstein* psychologische Phänomene treffend geschildert sieht, deren

Analyse ihn selbst interessiert. In *Zur Psychopathologie des Alltagslebens* (1901) trägt Freud einen Dialog zwischen dem alten Piccolomini und dem kaiserlichen Gesandten Quastenberg vor, in dem Ersterer sich einen vielsagenden Versprecher leistet (»zu ihr« statt »zu ihm«). Daraus schließt Freud, Schiller habe den »Mechanismus und Sinn des Versprechens wohl gekannt«.[314] Fünf Jahre später zitiert er im *Witz*-Buch zweimal aus der gegen Wallenstein gerichteten Predigt des Kapuziners, weil er in der Sprechweise des Mönchs bestimmte Techniken des Witzes präzise dargestellt sieht: zum einen die »zweifache Verwendung« eines Worts »als Ganzes und [...] und in seine Silben zerteilt« (»Wallenstein – allen ein Stein«),[315] zum anderen den Doppelsinn, wie er ausgeprägt im »Wortspiel« vorliegt (»Rheinstrom – Peinstrom«, »Bistümer – Wüstümer«, etc.).[316]

Eine ähnlich genaue Beobachtung spricht Freud dem Dichter des *Wallenstein* nun 1921 zu, als er in *Massenpsychologie und Ich-Analyse* das Problem bespricht, dass die Soldaten im Heer sich nicht mit dem Anführer identifizieren dürfen (»Wie er räuspert und wie er spukt,/ Das habt ihr ihm glücklich abgeguckt!«). Obwohl Freud damit ein isoliertes Zitat herausgreift, ist die Auswahl nicht beliebig, denn die Beziehungen der Soldaten zu ihrem Anführer sind in *Wallenstein* auch darüber hinaus ein wichtiges Thema. Besonders im ersten Teil der Trilogie, *Das Lager*, wo nur die Masse des Heeres auftritt, während Wallenstein und die anderen Protagonisten im Hintergrund bleiben, drehen sich viele Gespräche um das Verhältnis der Soldaten zum Anführer; es geht um Wallensteins Ansehen, seinen Führungsstil etc.

Dabei tauchen neben dem von Freud ausdrücklich zitierten Dialog noch weitere Formulierungen auf, die später in *Massenpsychologie und Ich-Analyse* wiederkehren. Zum Beispiel erklärt eine Gruppe von Soldaten, dass sie »aus Lieb' für den Wallenstein« kämpfen,[317] so wie auch Freud die Beziehung der Massensubjekte zum idealisierten Anführer als »Verliebtheit« bezeichnet.[318] Oder Wallenstein wird der »Soldatenvater«[319] genannt – später im Stück ist auch von »Vatersorge für die Truppen«[320] die Rede –, und vergleichbar führt Freud die Liebe des Feldherrn auf die Zuwendung des Vaters zurück: »der Feldherr ist der Vater, der alle seine Soldaten gleich liebt«.[321] Wieder in einer anderen Passage loben einige Soldaten den »Geist«, »der im ganzen Korps tut leben«,[322] während Freud, um den Zusammenhalt des Heeres zu beschreiben, vom »esprit de corps« spricht.[323]

Die drei impliziten Zitate zeigen, dass Freud sich für seine psychologische Analyse der Heeresformation bedeutend stärker auf *Wallenstein* stützt, als es der eine, offene Verweis erkenntlich macht. Schillers Drama scheint ein wichtiger Hintergrundtext für *Massenpsychologie und Ich-Analyse* gewesen zu sein.

***

Noch präziser lässt sich die Bedeutung des *Wallenstein* für *Massenpsychologie und Ich-Analyse* fassen, wenn man den dramatischen Konflikt berücksichtigt. In erster Linie zeigt Schiller ein politische Auseinandersetzung: Die von Piccolomini angeführten Verschwörer kämpfen für die kaiserliche Ordnung, die sie durch Wallensteins »Tyrannenweise«[324] herausgefordert sehen. Aber wie im Verlauf des Stücks mehrmals hervortritt, ist dabei auch eine theologische Dimension im Spiel. Wenn der Kapuzinermönch Wallenstein als gottlosen Sünder beschimpft, »Der die Völker von der wahren Lehren/ Zu falschen Götzen tut verkehren«,[325] oder wenn Max, Piccolominis Sohn, Wallensteins »Verrat« als »Schwarz wie die Hölle« qualifiziert,[326] wird ersichtlich, dass der politische Feind auch in theologischen Begriffen – als Götzendiener oder teuflischer Agent – denunziert werden kann. Dies erinnert daran, dass die politische Ordnung des Kaisers in letzter Instanz durch die katholische Kirche legitimiert ist. So gesehen ist es kein Zufall, wenn sich für die kaisertreuen Verschwörer später im Stück die Mithilfe jener Kapuzinermönche als entscheidend erweist, welche die Geheimboten unerkannt in Wallensteins Hof eindringen lassen: »Die Kapuziner ließen mich/ Durch's Klosterpförtchen ein, so wie gewöhnlich.«[327]

Auch in Freuds Text spielt die Kirche eine wichtige Rolle, und auch hier wird sie dem Heer gegenübergestellt: »Die interessantesten solcher Gebilde sind die Kirche, die Gemeinschaft der Gläubigen, und die Armee, das Heer.«[328] Zwar hebt Freud in dem Vergleich zuerst eine strukturelle Übereinstimmung hervor: »Merken wir an, dass in diesen beiden künstlichen Massen jeder einzelne einerseits an den Führer (Christus, Feldherrn), andererseits an die andern Massenindividuen libidinös gebunden ist.«[329] Doch später betont er im Nachtrag »A.« – im unmittelbaren Kontext des expliziten *Wallenstein*-Zitats –, dass die libidinösen Beziehungen in der Kirche komplizierter seien als im Heer. Während die Soldaten den Feldherrn lieben und sich untereinander identifizieren, »fordert« die Kirche vom Einzelnen »mehr«: »Er soll überdies sich mit Christus identifizieren, und die anderen Christen lieben, wie Christus sie geliebt hat«.[330]

Die Verkomplizierung lässt sich so verstehen, dass es in der Kirche keinem *Einzelnen* mehr erlaubt ist, das geliebte Ichideal für alle anderen zu verkörpern. Dies entspricht dem Unterschied, dass die Phantasie zwar noch bewusst ist, aber von niemandem mehr realisiert wird.[331] Der Anführer, Christus, ist im Unterschied zum Feldherrn nicht physisch präsent, und der Papst oder der Kaiser, die Stellvertreter Christi auf Erden, sind keine Anführer wie der Feldherr; eher kommt ihnen die Funktion eines *primus inter pares* zu.

Mit dieser Unterscheidung schließt Freud insofern an *Wallenstein* an, als dort die kaisertreuen Verschwörer den Aufstieg des Feldherrn als Herausforderung von existentieller Bedeutung sehen. Wenn Quastenberg, ein Gesandter des Kaisers, die unzulässige Situation in die Worte fasst, »Hier ist kein Kaiser mehr. Der Fürst ist Kaiser!«,[332] so ist die Formulierung nur scheinbar paradox. Tatsächlich gibt es keinen Kaiser im eigentlichen Sinn mehr, sobald Wallenstein dessen Platz besetzt, denn der neuartige ›Kaiser‹ nimmt zu den Untergebenen eine andere Stellung ein. Während der christliche Kaiser gegenüber dem abwesenden Christus letztlich in derselben Position wie die anderen Gläubigen erscheint, stellt Wallenstein einen von den Untergebenen als Ideal geliebten, übermächtigen Soldatenvater dar. Deshalb erfährt die psychologische Organisation der Masse eine Veränderung, als Wallenstein sich zur Macht aufschwingt. Man könnte sagen, dass die Kirche unter seiner Führung in ein Heer transformiert wird.

Umgekehrt verwandelt sich das Heer nach der Ermordung des Feldherrn wieder in die Kirche zurück, als das Kommando über Wallensteins Soldaten auf den Kaiser (sowie seinen treuen Anhänger Piccolomini) übergeht. Auch dabei handelt es sich nicht einfach um eine personelle Neubesetzung der Position, sondern die Funktion des Anführers und seine Beziehung zu den Soldaten wird ein zweites Mal neu geregelt. Die Soldaten sind nicht mehr dem einzig geliebten Feldherrn unterstellt, sondern sie agieren wieder im Rahmen der kirchlich legitimierten Ordnung, in der alle sich als Christen gleichermaßen lieben.

Auffällig ist zudem, wie bei Schiller der Sieg der Kirche zustande kommt. Der Konflikt wird nicht etwa in einer entscheidenden Schlacht zwischen den beiden Massen ausgetragen, sondern die Verschwörer um Piccolomini triumphieren einfach dadurch, dass Wallensteins Generäle einer nach dem anderen vom Feldherrn abfallen und sich für Kaiser und Kirche entscheiden. Macht Schiller in dieser Weise deutlich, dass die Kirche für die Massensubjekte unter Umständen attraktiver als das Heer erscheint, nimmt Freud auch diesen Ansatz in *Massenpsychologie und Ich-Analyse* auf, wenn er betont, dass die Kirche aufgrund der ausgeglichenen Libido-Verteilung gegenüber dem Heer den »Anspruch« erheben kann, »eine höhere Sittlichkeit gewonnen zu haben«.[333] Dies macht es durchaus verständlich, dass sich die einzelnen Subjekte gegen den Soldatenvater entscheiden, sobald sie auf Drängen der ersten Verschwörer in der stillen Kammer – jenseits der Euphorie im Lager – eine Wahl zwischen Heer und Kirche treffen müssen.

***

Dass Freud sich bei seinem Vergleich von Heer und Kirche so nahe an Schiller hält, ist besonders bemerkenswert, wenn man die historische Distanz zwischen den beiden Texten berücksichtigt. Wie erwähnt kann die Analyse des Heeres in *Massenpsychologie und Ich-Analyse* auf die neuartigen Massen bezogen werden, die im Ersten Weltkrieg auftreten. Geht Freud dabei aber in manchen Punkten von *Wallenstein* aus, rücken zwei zusätzliche historische Eckdaten in Betracht: Zum einen der Dreißigjährige Krieg, in dem der historische Wallenstein agierte, zum anderen die Kriege Napoleons, auf die Schiller in einer parabelhaften Referenz anzuspielen scheint.[334]

Verbindet man die drei Ereignisse aus Freud'scher Perspektive, ergibt dies allerdings keine bloße Kontinuität. Vielmehr fällt ins Gewicht, dass Freud das Heer – im Nachtrag »B.« – auch auf die primitive, vom Urvater regierte Formation zurückführt. So gesehen tritt in der Abfolge der historischen Feldherren – von Wallenstein über Napoleon bis zum Ersten Weltkrieg – hervor, wie das von der Urvater-Gestalt angeführte Heer, obwohl vom Christentum längst überwunden, in gewissen zeitlichen Abständen neu formiert wird. Es handelt sich um Momente einer Regression in der Phylogenese. Und wird das Heer dann stets von neuem durch die Kirche besiegt, ergibt sich von Freud aus gesehen eine pessimistische Diagnose: Obwohl der Triumph der Kirche aufgrund der »höheren Sittlichkeit« unausweichlich scheint, stellt er keinen *dauerhaften* Fortschritt dar, so dass der Anspruch der Kirche auf Sittlichkeit letztlich ebenfalls fragwürdig wird.

Auch in *Wallenstein* wird die Überlegenheit der Kirche über das Heer trotz des Sieges ein Stück weit relativiert. Wie verschiedene Kommentatoren bemerken, präsentiert Schiller das Vorgehen der kirchen- und kaisertreuen Verschwörer nicht eindeutig als politisch legitim und moralisch sanktioniert.[335] Dazu passt es, dass Schiller im Konflikt zwischen Heer und Kirche mit der Figur des Max, Piccolominis Sohn, noch eine dritte Position einführt. Deren Sonderstatus zeigt sich von Anfang an. Max kehrt nach einer Reise mit der geliebten Thekla, Wallensteins Tochter, an den Hof zurück und denkt nur noch an die bevorstehende Hochzeit und die Rückkehr ins zivile Leben: »O schöner Tag! wenn endlich der Soldat / In's Leben heimkehrt, in die Menschlichkeit.«[336] Von Politik will er nichts mehr wissen, und er durchschaut die höfische Etikette als Fassade, wenn er zu einem kaiserlichen Gesandten sagt: »Sie fallen aus der Rolle, Herr Minister, / Nicht Lobenswegen sind sie hier, ich weiß.«[337] Beim Nachtessen bleibt er abseits und zeigt sich gegen das diskutierte »Geschäft« »gedankenlos«.[338]

Noch am selben Abend wird Max aus seinen Träumen gerissen. Nach dem Essen erklärt ihm der Vater, Wallenstein habe sich gegen den Kaiser überhoben, weshalb er gestürzt werden müsse. Max glaubt die Anschuldigung nicht und beschließt, sich beim Feldherrn persönlich zu informieren. Am nächsten Morgen konfrontiert er ihn im privaten Gespräch mit dem Vorwurf. Zu seiner großen Enttäuschung muss er erfahren, dass der Vater recht hatte: Wallenstein hat sich vom Kaiser losgesagt und einen geheimen Bund mit dem Feind, dem protestantischen König von Schweden, geschlossen. Trotzdem kann Max sich im Folgenden nicht entscheiden, Partei für den Vater und die anderen Verschwörer zu ergreifen, sondern er laviert hin und her, bevor er zuletzt eine eigene, dritte Position einnimmt. Er entbindet seine Soldaten von Wallensteins Oberkommando, um sie wieder dem Kaiser zu unterstellen, verzichtet aber darauf, sich den Verschwörern anzuschließen, die den Feldherrn aktiv bekämpfen. Gegenüber Wallenstein erklärt er sich noch immer halbwegs loyal.

> »Die Regimenter, die mir anvertraut sind,
> Dem Kaiser treu hinwegzuführen, hab' ich
> Gelobt; dies will ich halten oder sterben.
> Mehr fordert keine Pflicht von mir. Ich fechte
> Nicht gegen dich, wenn ich's vermeiden kann,
> Denn auch dein feindlich Haupt ist mir noch heilig.«[339]

Im weiteren Verlauf des Stücks erweist sich die Position als unhaltbar, die Max einzunehmen versucht. Zwischen den beiden Konfliktparteien auf sich allein gestellt, bietet ihm zuletzt nur der Tod einen Ausweg. Schon als er seinen Abschied von Wallensteins Hof nimmt, sehnt er die »schwed'schen Hörner« und das »Feld des Todes« herbei,[340] und wie erhofft stirbt er kurz darauf tatsächlich, als er auf dem Rückweg zum kaiserlichen Heer mit einer Handvoll Soldaten tollkühn eine schwedische Truppe angreift. Weil er sich derart zwischen den Fronten bewegt, wird Max in der Forschung häufig zu den Randfiguren des Stücks gerechnet.[341] Jedoch lässt sich seine Ablehnung gegenüber *beiden* Seiten auch so verstehen, dass Schiller ihn als Vertreter einer ethisch überlegenen Haltung präsentiert, und dafür spricht nicht zuletzt, dass Max und Thekla, wie schon Goethe bemerkte, in dem historischen Drama die einzigen frei erfundenen Charaktere sind. [342]

Dass Schiller seine dramatische Kunst in beträchtlichem Masse auf Max fokussiert, wird zudem deutlich, wenn man seine theoretischen Schriften wie *Vom Erhabenen* oder *Über das Pathetische* (beide 1793) hinzuzieht. Die Konzepte, die Schiller dort entwickelt, lesen sich teilweise wie eine Anleitung zur späteren Gestaltung des Max-Charakters. Was dieser in *Wallenstein* unter Beweis stellt, ist genau die Tatsache, dass – wie es in *Vom Erhabenen* heißt – »recht Handeln möglich sei«.[343] Zwar kann Max seine dritte Position zwischen den beiden Konfliktparteien des Heeres und der Kirche nicht in aktive Handlungen umsetzten, aber weil er in einer Situation, in der er die beiden einzigen verfügbaren Positionen ablehnt, darauf verzichtet, sich einer der beiden Seiten anzuschließen, hält er das rechte Handeln als Potential aufrecht. Er manifestiert die Überzeugung, dass es möglich sei, weder wie Wallenstein den Verrat am Kaiser zu begehen, noch wie die Verschwörer den Feldherrn zu ermorden. Und weil ihm, um dies zum Ausdruck zu bringen, letztlich nur der Tod bleibt, kann Max im Sinne von *Über das Pathetische* als ein »Gegenstand des Praktischerhabenen«[344] verstanden werden: Sein Tod wirkt zwar »furchtbar«, doch manifestiert sich darin zugleich eine »Freiheit«, die »moralisch« ist.[345]

Die intendierte Wirkung, die Schiller mit der Darstellung des Praktischerhabenen auf das Publikum auszuüben sucht, wird zudem innerhalb des Stücks selbst vorgezeichnet. Während es Max in dem Konflikt nicht gelingt, eine Anhängerschaft zu finden, hat er doch wenigstens Thekla auf seiner Seite, die am Ende nach eigenem Bekunden zum Grab des Geliebten reist wie zu einem »Gnadenbilde«.[346] Damit scheint sie für das Publikum modellhaft die Rezeptions-Haltung vorzugeben: Wenn die Zuschauer sich Thekla anschließen würden, hätte Max zuletzt doch noch eine Anhängerschaft gefunden. Er hätte dank der ›moralischen Anstalt‹ des Theaters eine dritte, neuartige Masse formiert, die gegen Heer *und* Kirche steht und ihm einen verspäteten Triumph bescherte.[347]

Das auf die Zukunft gerichtete, moralisch-erzieherische Programm ist im Zusammenhang mit Freuds Ausführungen insofern bemerkenswert, als sich aus seiner Diagnose der phylogenetischen Regression und des in der Geschichte der Neuzeit immer wieder aufflammenden Kampfes zwischen Heer und Kirche die Folgerung ergibt, dass die Gegenüberstellung dieser beiden Massen keine ausreichende Alternative bietet. Auch nach psychoanalytischer Einschätzung genügt es nicht, die Auseinandersetzung mit dem Heer von der Position der Kirche aus zu führen, sondern es gilt, nach einer neuen Strategie zu suchen.

* * *

Obwohl Freud sich in einigen zentralen Argumenten von *Massenpsychologie und Ich-Analyse* eng an Schillers *Wallenstein* hält, wäre es übereilt, seine Kritik am Heer mit Schillers moralischer Position einfach gleichzusetzen. Dass Freuds Verhältnis zum Dichter des *Wallenstein* komplizierter ist, geht aus einem Hinweis hervor, den er 20 Jahre vor *Massenpsychologie und Ich-Analyse* in *Psychopathologie des Alltagslebens* (1901) gibt. Hier lässt sich an einer kurzen Erwähnung Max' ablesen, wie Freud dessen Haltung einschätzt. Es geht – im Kapitel über das »Vergreifen« – um die mehr oder weniger bewusste Selbstmordabsicht. Freud erklärt, dass »die Situation des Schlachtfelds eine solche ist, wie sie der bewussten Selbstmordabsicht entgegenkommt, die doch den direkten Weg scheut«, und als Beispiel dafür zitierte er »die Worte des schwedischen Hauptmannes über den Tod des Max Piccolomini: ›Man sagt, er wollte sterben.‹«[348]

Demnach bewertet Freud Max' Verhalten völlig anders als Schiller. Obwohl dieser im Detail vorführt, wie Max zwischen den beiden Konfliktpartien keinen Raum für seine eigene Moral findet, so dass ihm, um die Möglichkeit des rechten Handelns zum Ausdruck zu bringen, nur der Tod bleibt, diagnostiziert Freud einfach eine bewusste Selbstmordabsicht, die sich auf indirektem Weg verwirklicht. Dies mag angesichts der dramaturgischen Präzision, mit der Schiller Max in die Sackgasse führt, als grobe Vereinfachung erscheinen. Aber in erster Linie macht es deutlich, dass Freud Schillers Moral als Alternative zu Heer und Kirche skeptisch gegenübersteht. Er spricht Max keine ernst zu nehmende politische Position zu, sondern beurteilt seine Handlung als psychopathisch; als ein Vergreifen, dem zudem ein Todeswunsch zugrunde liegt.

Somit steht Freud in der Frage nach einer alternativen Strategie für die Bekämpfung des Heeres in deutlicher Distanz zu Schiller, obwohl er ihm in der Analyse der Problemlage – was die Massenpsychologie des Heeres und den Vergleich von Heer und Kirche betrifft – durchaus folgt. Für Freud ist das Versprechen auf einen späteren Triumph über das Heer, das Max im Moment seines Todes manifestiert, illusorisch, da der Tod – weit davon entfernt, eine moralische Handlungsweise hochzuhalten, die unter anderen als den aktuellen Bedingungen möglich wäre – einfach auf Selbstmordabsicht zurückgeführt werden kann. Während Schiller den Suizid als einzige moralisch vertretbare Lösung in einer vorgegebenen Situation schildert, lässt sich Freud zufolge sagen, dass es umgekehrt der im Akt des Vergreifens inszenierte Selbstmord ist, der die Illusion einer politischen Alternative erzeugt, welche sich in anderer Weise gar nicht herstellen ließe.

Um auf diese Kritik etwas detaillierter einzugehen, ist es aufschlussreich, noch einmal Freuds *Hamlet*-Lektüre herbeizuziehen, denn Max' Rolle kommt jener von Hamlet in verschiedener Hinsicht nahe. Nicht nur ist von Freuds Standpunkt aus Wallenstein, der als Anführer eines ›Heeres‹ das ›Ichideal‹ bzw. das Subjekt der ›Phantasie‹ für die anderen verkörpert, mit Claudius vergleichbar, von dem Freud in der *Traumdeutung* sagt, dass er Hamlet die »Realisierung« seiner frühkindlichen Wunschphantasie zeigt.[349] Sondern auch Schiller selbst scheint sich eng an Shakespeare orientiert zu haben, denn die Auftritte des jungen Piccolomini können beinahe Punkt für Punkt auf jene von Shakespeares Prinz bezogen werden.[350]

In beiden Stücken wird zuerst die Rückkehr an den Hof gezeigt, wobei das Desinteresse an den politischen Geschäften deutlich wird. Wie Hamlet vom Geist erhält Max dann vom Vater den Hinweis, dass der Herrscher ein

Usurpator sei und wird zur Rache aufgefordert. Er überprüft den Vorwurf, aber noch nachdem er die Gewissheit erlangt hat (so wie Hamlet nach der Theateraufführung vor Claudius), kann er den Usurpator nicht töten. Stattdessen beklagt er sich darüber, durch die Vergehen der Vätergeneration ins Unglück gestürzt worden zu sein.

»Unglücklich schwere Taten sind geschehn,
Und eine Frevelhandlung fasst die andre
In enggeschlossner Kette grausend an.
Doch wie gerieten wir, die nichts verschuldet,
in diesen Kreis des Unglücks und Verbrechens?«[351]

Hier hallt Hamlets berühmte Verzweiflung über die Zeit wieder, die »aus den Fugen« ist – »O cursed spite,/ That ever I was born to set it right!«[352] –, und wie bei Shakespeare resultiert daraus bei Schiller eine Selbstbeschimpfung. Max empfindet sich als »Hassenswerten«,[353] als einen Schwächling, der, zwischen dem Feldherrn und dem Kaiser hin- und hergerissen, überhaupt nicht mehr zur Handlung fähig ist. Weiter stimmt Max darin mit Hamlet überein, dass er angesichts der usurpatorischen Machtergreifung explizit einen Todeswunsch äußert, diesen jedoch nur indirekt verwirklichen kann, indem er sich in eine kämpferische Auseinandersetzung mit dem Feind stürzt. Und wie Hamlet am Ende des Stücks aufgebahrt wird, um dem dänischen Volk – ebenso wie dem Theaterpublikum Shakespeares – als Exempel vor Augen zu stehen, so stilisiert Schiller Max als einen Märtyrer, wenn er Thekla zum Grab pilgern lässt, um sich andächtig in das »Gnadenbild« zu versenken.

Die unmittelbare Nähe zu Hamlet macht Freuds Kritik des Max-Charakters noch aus einem anderen Blickwinkel nachvollziehbar. Wenn er in der *Psychopathologie des Alltagslebens* die Selbstmordabsicht in den Vordergrund rückt, erinnert dies an die Selbstbestrafung, die er – zuerst im Brief an Fließ vom Oktober 1897 – bei Hamlet diagnostiziert. In beiden Fällen, so scheint es, arbeitet Freud an einer Analyse der Märtyrer-Gestalt, die in politischen Konflikten seiner Ansicht nach eine nur scheinbare moralische Alternative artikuliert. In seiner Lesart wird der neuzeitliche Märtyrer als ein Subjekt erkenntlich, das angesichts eines Usurpators – der eine Wiederkehr des antiken Tyrannen darstellt – nicht die traditionelle kirchliche Position einnehmen mag,[354] sich infolgedessen aber überhaupt nicht zu helfen weiß und schließlich seine Existenz grundlegend in Frage gestellt sieht.

Der Unterschied zwischen Hamlet und Max liegt dabei vom Freud'schen Standpunkt aus gesehen darin, dass Shakespeare das Problem der Selbstbestrafung explizit thematisiert und den Todeswunsch analytisch auf ein Spiegelverhältnis des Prinzen zum Usurpator zurückführt. Bei Schiller, der das Szenario nachstellt, geht der analytische Ansatz verloren. Max' Unfähigkeit, Wallenstein zu töten, wird als moralische Überlegenheit gegenüber den Verschwörern ausgelegt und der herbeigesehnte Tod zum Ausdruck einer moralischen Freiheit erklärt.

4.2. *Judith*: Die Geburt der Kirche aus dem Geist des Heeres

Das Nestroy-Zitat in *Massenpsychologie und Ich-Analyse* funktioniert auf den ersten Blick gesehen ähnlich wie der Verweis auf *Wallenstein*. Erneut zitiert Freud ein literarisches Werk, um eine seiner massenpsychologischen Annahmen zu stützen. Im »Phänomen der Panik«, wie es in *Judith und Holofernes* (1848) dargestellt wird, sieht Freud seine Annahme bestätigt, dass die Heeresmasse nur durch die »in ihr vorhandenen libidinösen Bindungen« zusammengehalten wird.[355] »Da schreit ein Krieger: ›Der Feldherr hat den Kopf verloren‹, und darauf ergreifen alle Assyrer die Flucht«, was zeigt, dass der »Verlust des Führers« ausreicht, um eine Panik auszulösen, selbst wenn sich die aktuelle Gefahrenlage unverändert präsentiert: »mit der Bindung an den Führer schwinden – in der Regel – auch die gegenseitigen Bindungen der Massenindividuen«.[356]

Obwohl Freud diesen Schluss aus *Judith und Holofernes* zieht, verweist er genau gesehen noch auf eine zweite Quelle, denn wie er nicht zu erwähnen vergisst, ist Nestroys Stück eine »Parodie des Hebbelschen Dramas«[357] zum selben Thema, *Judith* (1840). Dabei führt Nestroy, wie die Forschung betont, eine sehr direkte Auseinandersetzung mit dem Vorlagen-Text; er übernimmt fast wörtlich ganze Passagen, die er nur minimal abändert, um sie zu parodieren.[358] Unter anderem gilt dies auch für die Beschreibung der Panik. Der Ausruf mit dem »verlorenen Kopf« des Feldherrn findet sich bereits bei Hebbel, wo er allerdings nicht von einem Soldaten Holofernes' kommt, sondern von Ephraim, dem Boten der Hebräer, der aus dem feindlichen Lager in die Stadt zurückkehrt und das bemerkenswerte Geschehen berichtet: »Nun Holofernes kopflos ist, sind sies alle.«[359]

Die Formulierung operiert mit einem Wortwitz, der auf Mehrdeutigkeit beruht. »Kopflos« bedeutet im Fall von Holofernes ›enthauptet‹, im Fall der Soldaten hingegen ›führerlos‹ (wenn man Holofernes als Kopf des Heereskörpers versteht). Noch dazu kommt bei den Soldaten die übertragene Bedeutung ›orientierungslos‹, ›wirr‹. Somit sind bereits in Hebbels Wortwitz die verschiedenen Ebenen von Freuds Theorie der Panik enthalten, wonach der Fall des Führers aufgrund psychologischer Auswirkungen zum Zerfall des Heeres führt, und die Vermutung liegt nahe, dass neben Nestroys Parodie auch Hebbels Vorlage für Freud eine gewisse Rolle spielt. In beiden Stücken bedeutet die panische Zersetzung des Heeres den entscheidenden

Sieg, wodurch sich beide Dramen Freud in gewisser Weise als Vorbilder für seine eigene Analyse und Kritik dieser Massenformation anbieten.

Im Folgenden soll zuerst auf Hebbels *Judith* eingegangen werden, denn diesem Stück widmet Freud bereits vier Jahre vor *Massenpsychologie und Ich-Analyse*, in dem Aufsatz *Das Tabu der Virginität* (1917), einen längeren Kommentar. Ein Rückblick darauf erlaubt es, auch den Stellenwert zu eruieren, der Hebbels Stück in *Massenpsychologie und Ich-Analyse* zukommt. Schließlich stellt sich die Frage, wieso sich Freud, als er das Phänomen der Panik bespricht, nicht weiterhin bloß auf Hebbel stützt, sondern Nestroys Parodie in die Erörterungen mit einbezieht.

***

In *Das Tabu der Virginität* dient Hebbels *Judith*-Drama Freud als ein Beispiel dafür, dass die Vorstellungen, die dem primitiven Tabu zugrunde liegen, auch »in unserem Kulturleben nicht untergegangen« sind.[360] Wenn Judith »den Mann kastriert, von dem sie defloriert wurde«,[361] macht sich Hebbel ein Szenario der Rache und Kastration zu eigen, das Freud zufolge bereits für den primitiven Brauch bestimmend war, »die Defloration der Mädchen außerhalb der Ehe und vor dem ersten ehelichen Verkehre« zu vollziehen.[362] Die Naturvölker, so Freud, hätten die Defloration deshalb nicht dem Ehemann überlassen, weil sie sich vor negativen Folgen fürchteten, die diesen treffen könnten.

Mit diesem Argument verfolgt Freud in *Das Tabu der Virginität* eine Strategie, die er verschiedentlich anwendet: Er spürt vermeintlich primitive Vorstellungen in der modernen Kultur auf, um so die Gegensätze von Kultur- und Naturvölkern, von Zivilisation und Magie, etc. zurückzuweisen, die sich in der zeitgenössischen Ethnologie verbreitet finden.[363] Im Fall von *Judith* kommt dazu aber noch etwas anderes. Wenn das Denken Hebbels (und seines Publikums) ebenso magisch zu nennen ist wie das der Naturvölker, die an das Tabu der Virginität glauben, so ist dies, wie Freud ausführt, besonders deshalb bemerkenswert, weil die Tabu-Vorstellung in der Vorlage, dem *Judith*-Buch, *nicht* enthalten ist: »Hebbel hat die patriotische Erzählung aus den Apokryphen des Alten Testaments in klarer Absichtlichkeit sexualisiert, denn dort kann Judith nach ihrer Rückkehr rühmen, dass sie nicht verunreinigt worden ist, auch fehlt im Text der Bibel jeder Hinweis auf ihre unheimliche Hochzeitsnacht.«[364] Tötet die Heldin den feindlichen Heerführer in der Textvorlage aus einem patriotischen Motiv, so verwandelt Hebbel dies also in ein sexuelles, und dadurch wird der Judith-Stoff mit den magischen Tabu-Vorstellungen angereichert.[365]

Das Thema des Tabus ist auch im Kontext von *Massenpsychologie und Ich-Analyse* bedeutsam, denn es berührt die Frage, wie der Feldherr und sein Heer besiegt werden können. Gemäß Hebbel reicht dazu der patriotische Kampf gegen die Belagerungsmacht nicht aus. Zwar beabsichtigt Judith zuerst – wie in der Vorlage – einfach, durch die Tötung des Angreifers die belagerte Stadt zu retten, aber, wie Freud schreibt, erst »[n]ach der Defloration durch den gewaltigen […] Mann findet sie in ihrer Empörung die Kraft, ihm den Kopf abzuschlagen«.[366] In der Hebbel-Forschung spricht man in diesem Kontext vom Prinzip der ›falschen Motivation‹. Dieses gilt als ein zentrales Element von Hebbels Poetik, eine Einschätzung, die sich unter anderem durch einen berühmten Tagebuch-Eintrag stützen lässt, in dem Hebbel notiert: »Die Motive vor einer That verwandeln sich meistens während der That und scheinen wenigstens nach der That ganz anders«.[367]

Wie sich im *Judith*-Stück zeigt, bringt die falsche Motivation zudem eine Umwertung der Tat mit sich. Obwohl es gemäß dem patriotischen Zweck angebracht wäre, die Ermordung des Feldherrn als großen Sieg zu feiern, ist Judith niedergeschlagen, und betrachtet den Mord als ein schweres Vergehen, für das sie den Tod verdient habe. »Ich muss sterben, und ich wills!«,[368] erklärt sie gegenüber ihrer Magd Mirza, die sie ins feindliche Lager begleitet hat. Mirza lehnt es jedoch ab, sich den Soldaten zu ergeben, und mahnt zur Flucht, worauf Judith erklärt, dann müsse sie die Strafe in anderer Weise tragen: »Was jetzt in mir nagt, wird ewig nagen, das ist nicht, wie Zahnweh oder ein Fieber, es ist schon eins mit mir selbst, und es reicht aus für immer. O, man lernt was im Schmerz.«[369]

Die neue Bewertung ist auf Anhieb kaum verständlich, denn objektiv gesehen ist alles so abgelaufen wie geplant. Judith hat Holofernes getötet, und weil sich infolgedessen das Heer in Panik auflöst, hat sie ihre Stadt von der Belagerung befreit. Unplanmäßig verläuft dabei nur Judiths subjektive Wahrnehmung. Aber gerade dies scheint für Hebbel entscheidend gewesen zu sein, denn wie sich im Dialog zwischen Judith und Mirza zeigt, geht die veränderte Bewertung der Tat direkt aus der Erkenntnis der falschen Motivation hervor.

> »Judith. […] Das Elend meines Volkes peitschte mich hierher, die dräuende Hungersnot, der Gedanke an jene Mutter, die sich ihren Puls aufriss, um ihr verschmachtendes Kind zu tränken. Oh, nun bin ich wieder mit mir ausgesöhnt. Dies alles hatt ich über mich selbst vergessen!
> Mirza. Du hattest es vergessen. Das also wars nicht, was dich trieb, als du deine Hand in Blut tauchtest!
> Judith *langsam, vernichtet.* Nein, – nein, – du hast recht, – das wars nicht, – nichts trieb mich, als der Gedanke an mich selbst. O, hier ist ein Wirbel! Mein Volk ist erlöst, doch wenn ein Stein den Holofernes zerschmettert hätte – es wäre dem Stein mehr Dank schuldig, als jetzt mir! Dank? Wer will den? Aber jetzt muss ich meine Tat allein tragen, und sie zermalmt mich!«[370]

Unmittelbar nachdem Judith erkannt hat, dass sie die Tat nicht im Gedanken an das leidende Volk beging, erachtet sie sich für ihre »Tat« »zermalmt«. Das schwere Vergehen ist folglich genau darin zu sehen, dass sie von »nichts« anderem »getrieben« war als vom »Gedanke[n] an [s]ich selbst«. Und dies heißt, dass es bei Hebbel zwei Bedingungen gibt, damit die panische Zersetzung des Heeres gelingt: Der Feldherr kann nur aufgrund einer sexuellen Motivation getötet werden, und weil dies gerade die falsche Motivation ist, muss sich die Mörderin für ihre Tat bestrafen.

***

In dem Moment, als Judith Holofernes ermordet, kommt noch ein weiterer Aspekt ins Spiel, der für Freuds Überlegungen in *Massenpsychologie und Ich-Analyse* bedeutsam gewesen sein dürfte: Hebbel macht deutlich, dass Holofernes von seiner Umgebung als ein »Held« betrachtet wird. Judith selbst bringt diese Sichtweise zum Ausdruck, als sie sich im Gespräch mit ihrer Magd Mirza auf den zukünftigen Ruhm freut, den sie nach der Ermordung genießen werde: »O, Mirza, dann werd ich ein Held sein, ein Held, wie Holofernes!«[371] Auch nach dem Mord hält sie zuerst an dem Verständnis fest: »Es ist eine Heldentat, denn jener war Holofernes.«[372]

Dies ist zum einen deshalb bemerkenswert, weil Judiths Charakterisierung bei Freud anklingt, wenn er erklärt, der Heerführer werde von seinen Untergebenen als jenes Ichideal wahrgenommen, das nach dem Heros der epischen Dichterphantasie geprägt ist. Zum anderen ist die Rede vom Helden für das Verständnis des Stücks aufschlussreich, denn sie erlaubt es, noch etwas genauer zu erörtern, weshalb Judiths veränderte Motivation ›falsch‹ ist. Wenn sie sich unmittelbar nach dem Mord an einem Helden selbst als Heldin versteht, so heißt dies, dass sie selbst die Position des Getöteten besetzt. Ein solcher Anspruch ist bei der ersten Motivation, das Volk zu retten, nicht im Spiel, aber weil Judith im entscheidenden Moment nur aus dem »Gedanken an sich selbst« handelt und die Tat *für sich* begeht, rückt sie in die Position des Ermordeten. Darin scheint die anschließende Bestrafung begründet zu sein. Sobald Judith erkennt, dass sie sich mit ihrer Tat zur Heldin stilisiert hat, ist sie sich einer schweren Schuld bewusst, und verzichtet darauf, die eroberte Position tatsächlich einzunehmen. Sie lehnt es ab, als Heldin wahrgenommen zu werden und als Feldherrin aufzutreten.

Dies heißt allerdings nicht, dass sich Judith jeglicher Stilisierung ihrer Tat entziehen würde. Wie in der Forschung betont wird, zeigt sich Hebbel bemüht, Judiths Erkenntnis und Selbst-Bestrafung nach dem Modell der antiken Tragödie zu gestalten. Die plötzliche Erkenntnis der falschen Motivation soll die *anagnorisis* markieren, die aus der Erkenntnis resultierende Selbstbestrafung die *peripeteia*, und Judiths Schuld lässt sich unter ähnlichen Gesichtspunkten (und ähnlich kontrovers) diskutieren wie die alte *hamartia*.[373] Vor dem Hintergrund von Judiths Äußerungen zum Heldenstatus von Holofernes lassen sich diese Verweise und Anspielungen so verstehen, dass Judith ebenso wie zuvor der Feldherr *innerhalb des Stücks* als literarische Gestalt dargestellt wird. Es geht weniger um einen Versuch Hebbels, die Tragödie nachzuahmen[374], als eher um eine tragische Inszenierung, welche die Charaktere selbst auf der Handlungsebene des Stücks vornehmen. Judith vollzieht eine Selbststilisierung, die es ermöglichen soll, dass sie von ihrer Umgebung als tragische Heldin gesehen wird.

Am deutlichsten zeigt sich dies am Ende, als Judith in die befreite Stadt zurückkehrt, wo sie von der Bevölkerung sowie den Ältesten und Priestern feierlich empfangen wird.

> »Einer der Ältesten. Du hast die Namen der Helden ausgelöscht und den deinigen an ihre Stelle gesetzt!
> Der erste Priester. Du hast dich um Volk und Kirche hoch verdient gemacht. Nicht mehr auf die dunkle Vergangenheit, auf dich darf ich von jetzt an deuten, wenn ich zeigen will, wie groß der Herr, unser Gott ist!«[375]

Indem Hebbel hier noch einmal den Begriff des Helden verwendet, mit dem Judith zuvor Holofernes bezeichnet, impliziert er, dass zwischen dem Feldherrn der Assyrier und den alten Helden der Hebräer eine Parallele besteht. Auch die Hebräer hätten sich demnach früher Anführern unterstellt, die als Helden wahrgenommen wurden, und etwas von der alten Haltung scheint zu Beginn des Stücks nachzuwirken, als sich die Hebräer – unfähig, gegen Holofernes zu kämpfen – bereit erklären, sich dem Feind zu unterwerfen. »Wir wollen nicht länger warten. Keine Stunde! Wir wollen die Tore öffnen. Kommt!«[376] Unterscheidet sich Judith bereits zu diesem Zeitpunkt durch ihre entschiedene Haltung von den anderen – »Seht ihr im Unglück, das euch trifft, nur die Aufforderung, es euch durch Gemeinheit zu verdienen?«[377] –, wird der Gegensatz am Ende des Stücks bestärkt. Weil es Judith gelungen ist, die Stadt aus der ausweglos scheinenden Lage zu retten, ist es nun an ihr, Anspruch auf die Führerschaft zu erheben. Dabei geht es aber gerade nicht darum, sich als neue Heldin in die Ahnengalerie einzureihen, sondern als neuartige, tragische Heldin »löscht« Judith die »Namen« der alten Helden »aus«. Die »dunkle Vergangenheit« der Hebräer wird, wie Hebbel schreibt, überwunden – und zwar in doppelter Weise: Die eigenen Helden von früher sind obsolet geworden und das Volk gibt die unterwürfige Haltung gegenüber dem fremden Helden Holofernes auf.

Es ist deshalb nur konsequent, wenn Judith in diesem Moment den Anspruch erhebt, das Volk verwandelt zu haben: »Mich triebs, die Tat zu tun; an euch ists, sie zu rechtfertigen! Werdet heilig und rein, dann kann ich sie verantworten!«[378] In diesem Zusammenhang ist es bemerkenswert, dass der erste Priester von Judiths Verdienst für »Volk und Kirche« spricht. Der Begriff der Kirche erscheint zwar anachronistisch, doch ließe er sich als Hinweis darauf lesen, dass eine Gründungsszene stattgefunden hat. Die Kirche wäre denn die *neue Form*, in welche die neuartige, tragische Anführerin Judith ihr Volk verwandelt hat.[379]

Diese Lesart wird durch den kurz darauf folgenden Dialog gestützt, in dem die Priester und Ältesten Judith fragen, welchen Lohn sie für ihre Tat fordere. Sie lehnt es ab, einen derartigen Anspruch zu erheben, und stellt zur Erklärung einen Vergleich mit dem Tieropfer an: »Wenn das Opfer verröchelnd am Altar niederstürzt, quält ihrs mit der Frage, welchen Preis es auf sein Blut und Leben setzt?«[380] Der Verweis erinnert an Christus, der in den Evangelien als ›Lamm Gottes‹ in die Nachfolge des Tieropfers gestellt wird, und es lässt sich daraus folgern, dass Hebbel Judith als eine Christus-gleiche Gestalt zeigt.[381] So findet sich des Priesters Rede von der Kirche bestätigt: Unter der Führung von Judith/Christus verwandelt sich in Hebbels Stück das Volk der Hebräer in die neuartige Kirche.[382]

* * *

Der Ausgang von *Judith* macht deutlich, dass Freud in *Massenpsychologie und Ich-Analyse* eine viel engere Auseinandersetzung mit Hebbel führt, als es die knappe – und noch dazu indirekte, durch Nestroy vermittelte – Erwähnung des Stücks vermuten lässt. Ähnlich wie auch Schillers *Wallenstein* scheint *Judith* Freud eine Art Matrix geboten zu haben, an der er sich bei der Formulierung seiner Massenpsychologie orientiert. Hebbel gibt nicht nur eine Darstellung der Panik, die einen Aspekt von Freuds Theorie der libidinösen Bindungen im Heer beinhaltet (»mit der Bindung an den Führer schwinden – in der Regel – auch die gegenseitigen Bindungen der Massenindividuen«, wie Freud sagt), und es tritt nicht nur ein Feldherr auf, der, wie es Freud zufolge allgemein gilt, von den Untergebenen als Held wahrgenommen wird. Sondern noch dazu behandelt *Judith* den Gegensatz zwischen Heer und Kirche, wobei die Differenz zwischen den Massen bereits wie später bei Freud in einer unterschiedlichen literarischen Stilisierung der Anführer gesehen wird (der epische Held Holofernes vs. die tragische Heldin Judith). Schließlich nimmt Hebbel sogar Freuds Genealogie der Kirche vorweg, indem er die neue Massenformation durch den Mord am heldenhaften Anführer und das tragische Selbstopfer des Mörders (bzw. in dem Fall der Mörderin) entstehen lässt.

Freud trägt seine entsprechende Herleitung erstmals in *Totem und Tabu* vor, doch findet *Judith* dort (anders als vier Jahre später in *Das Tabu der*

Virginität) keine Erwähnung. Deshalb lässt sich nicht entscheiden, ob Freud sich schon bei der ersten Formulierung seiner phylogenetischen Konstruktion an Hebbel orientiert. Klar ist aber, dass Freud das Stück schon früh gekannt hat. Die erste Berührung kann durch einen Jugendbrief an Eduard Silberstein auf März 1875 datiert werden. Der knapp 19-jährige Freud berichtet darin von der Lektüre sämtlicher Dramen Hebbels, wobei *Judith* seine besondere Aufmerksamkeit erregt.[383] Von dem, was Freud hier zu sagen hat, deutet zwar nichts auf die Theorien voraus, die er viele Jahre später entwickeln wird, doch scheint es, dass das Stück auf ihn zeitlebens eine beträchtliche Faszination ausgeübt hat, woraus zu einem bestimmten Zeitpunkt eine vertiefte Auseinandersetzung resultierte.

Betrifft Freuds Nähe zu Hebbel besonders die genealogische Herleitung der Kirche aus dem Heer sowie die Annahme, dass literarischen Heldengestalten bei der Formation der Gesellschaft eine zentrale Funktion zukommt, machen sich jedoch auch beträchtliche Differenzen bemerkbar. In *Das Tabu der Virginität* deutet der Hinweis auf die im Stück enthaltenen magischen Tabu-Vorstellungen an, dass Freud Hebbel durchaus kritisch gegenübersteht. Konkret richten sich Freuds Einwände gegen die beiden Änderungen, die Hebbel an dem apokryphen Text vornimmt, indem er Judith zur Jungfrau macht, die von Holofernes vergewaltigt wird.

Der Einwand ist auch im Kontext von *Massenpsychologie und Ich-Analyse* bedeutsam, denn er betrifft die Strategie, mit welcher der Feldherr und sein Heer besiegt werden. Weil für Hebbel Judiths ›falsche‹ sexuelle Motivation und die daraus resultierenden Selbstbestrafung entscheidend sind, geht bei ihm aus dem Kampf gegen den als epischer Heros wahrgenommenen Feldherrn notwendig eine neuartige, als tragischer Held stilisierte Führerfigur hervor. Diese Alternative lehnt Freud, wie er schon in *Totem und Tabu* deutlich macht, als falsch ab; er rechnet das Epos und die Tragödie zur Seite der Krankheit und erachtet die beiden entsprechenden Formen der Gemeinschaft, das Heer und die Kirche, als psychopathisch. Dazu kommt in *Massenpsychologie und Ich-Analyse* wie im vorherigen Kapitel dargestellt das neue Argument, dass der Triumph der Kirche über das Heer keine stabile Errungenschaft darstellt, sondern immer wieder für eine kurze Zeit rückgängig gemacht werden kann (phylogenetische Regression). Aus diesem Blickwinkel muss es als fragwürdig erscheinen, wenn Hebbel den alten Sieg der Kirche über das Heer im 19. Jahrhundert noch einmal zu inszenieren und damit in gewisser Weise auch zu re-aktualisieren versucht.

***

Dass Freud zu Hebbel gleichzeitig in intimer Nähe und unüberbrückbarer Differenz stand, macht sich darüber hinaus an der Frage nach dem Verhältnis von tragischer Schuld und Erbsünde bemerkbar. Da beide Autoren Christus als zum tragischen Helden stilisierten Anführer verstehen, erstaunt es nicht, dass auch beide eine Kontinuität zwischen der *hamartia* und der von Christus auf sich genommenen Erbsünde diagnostizieren. Freud vertritt in *Totem und Tabu* – wie oben, im Kapitel 2.1. ausgeführt – die Ansicht, dass das Konzept der Erbsünde bei Augustin aus einem bestimmten – und nicht zuletzt an Sophokles' *Ödipus* orientierten – Verständnis der aristotelischen *hamartia* hervorging. Vergleichbar argumentiert Hebbel in einen kurzen Text, den er 1843 – drei Jahre nach *Judith* – unter dem Titel *Wort über das Drama* veröffentlicht. Hier definiert er die tragische Schuld als »Maßlosigkeit«, um dann daraus die Erbsünde abzuleiten.

> »In der Maßlosigkeit liegt die Schuld, zugleich aber auch, da das Vereinzelte nur darum maßlos ist, weil es, als unvollkommen, keinen Anspruch auf Dauer hat und deshalb auf seine eigene Zerstörung hinarbeiten muss, die Versöhnung, soweit im Kreise der Kunst danach gefragt werden kann. Diese Schuld ist eine uranfängliche, von dem Begriff des Menschen nicht zu trennende und kaum in sein Bewusstsein fallende, sie ist mit dem Leben selbst gesetzt. Sie zieht sich als dunkelster Faden durch die Überlieferungen aller Völker hindurch, und die Erbsünde selbst ist nichts weiter, als eine aus ihr abgeleitete, christlich modifizierte Konsequenz.«[384]

Während Hebbel damit Freuds These aus *Totem und Tabu* im Ansatz vorwegzunehmen scheint, liegt ein großer Unterschied darin, dass Freud in der christlichen Modifikation gerade keine quasi-organische Ableitung aus der *hamartia* sieht. Wie im Kapitel 3 dargelegt, nimmt Augustin Freud zufolge vielmehr eine bestimmte Interpretation der tragischen Schuld vor, womit eine andere mögliche Lesart ausgeschlossen wird. Deshalb ist Hebbels Sichtweise von einem Freud'schen Standpunkt aus als nachträgliche Verzerrung der historischen Entwicklung zu bewerten. Wenn Hebbel zwischen der tragischen Schuld und der Erbsünde eine bruchlose Kontinuität sieht, so handelt es sich um eine Rückprojektion des späteren Verständnisses auf die frühere Zeit. Nur von einem christlichen Standpunkt aus kann es scheinen, dass die tragische Schuld »von dem Begriff des Menschen nicht zu trennen« und »mit dem Leben selbst gesetzt« sei; nur daraus resultiert die ›pantragische‹ Weltsicht Hebbels. Für Freud hingegen ist die tragische Verfehlung im antiken Sinne – bei Sophokles und Aristoteles – gerade nicht unausweichlich, sondern es handelt sich um einen konkreten Fehler, der sich durchaus umgehen lässt und der jederzeit ›ungeschehen‹ gemacht werden kann.

4.3. *Judith und Holofernes*: Israels Jubel

Angesichts von Freuds enger, doch höchst kritischer Auseinandersetzung mit Hebbel scheint es bezeichnend, dass er in *Massenpsychologie und Ich-Analyse* auf Nestroys »Parodie des Hebbelschen Dramas« eingeht.[385] Gibt es Berührungspunkte zwischen Freuds Kritik an Hebbel und Nestroys Parodie? Vorauszuschicken ist, dass Nestroy-Zitate für Freud oft schnell zur Hand waren, wobei er damit häufig eigene Standpunkte umschreibt, so dass sich eine gewisse Sympathie für die satirischen Pointen des Wiener Theaterautors bemerkbar macht. Beispielsweise erklärt Freud einmal in einem Brief an Fließ, er könne bei einer von dessen neuen Entdeckungen »nur nach Nestroys Wort den ›Vetter einer welthistorischen Begebenheit‹ von ferne« spielen.[386] Später, als die Distanz zum Berliner Freund unüberbrückbar geworden ist, erklärt er, es tue ihm leid, »den einzigen Publikum, wie unser Nestroy sagt, zu verlieren«.[387] Ein andermal – mehr als zwanzig Jahre danach – schreibt Freud an Abraham, er habe keine große Lust, den nächsten psychoanalytischen Kongress zu planen: »[...] in einem Winkel meines Herzens, um mit unserem Nestroy zu reden, regt sich selbst der Wunsch, sich die ganze Plage des Kongresses zu ersparen.«[388]

Auch in Freuds Schriften findet sich eine Reihe von expliziten Nestroy-Zitaten – wenn auch nicht so viele wie beispielsweise von Schiller. Unter den acht Nennungen (davon zwei Zitate doppelt), die das Register der *Gesammelten Werke* verzeichnet, scheinen vor allem zwei eine gewisse Nähe der Psychoanalyse zu Nestroy anzudeuten. In der 22. der *Vorlesungen zur Einführung in die Psychoanalyse* (1917) führt Freud den »Einfluss der Ichentwicklung auf die [...] Verursachung der Neurosen« an einem Beispiel aus, »das zwar durchaus erfunden ist, aber sich in keinem Punkte von der Wahrscheinlichkeit entfernt«.[389] Obwohl es Freuds eigenes Beispiel zu sein scheint, nennt er es »in Anlehnung an den Titel einer Nestroyschen Posse ›Zu ebener Erde und im ersten Stock‹«,[390] womit er andeutet, dass sich Nestroys Stück als eine aus psychoanalytischer Sicht durchaus treffende Darstellung von Neurosenbildung lesen lässt. 1926 zitiert Freud in *Die Frage der Laienanalyse* kurz den »Ausspruch unseres großen Satirikers Nestroy [...]: Ein jeder Fortschritt ist immer nur halb so groß, als er zuerst ausschaut!«,[391] und als er den Satz in *Die endliche und die unendliche Analyse* (1937) wieder aufnimmt, entwickelt er davon ausgehend eine längere Argumentation zu den »angeblich überwundenen Irr- und Aberglauben der Menschheit«, die »heute« in Resten »fortleben«: »in den tieferen Schichten der Kulturvölker oder selbst in den obersten Schichten der Kulturgesellschaft«.[392]

Diese Verweise werfen ein weiteres Mal die im Verlauf der Untersuchung verschiedentlich angesprochene Frage auf, inwiefern Freuds Zitate eine vertiefte Auseinandersetzung mit den literarischen Werken oder gar eine eigentliche Instrumentalisierung der Dichtung für die Psychoanalyse anzeigen.[393] Es ist nicht auszuschließen, dass es sich in einigen Fällen um bloße Bildungszitate handelt, denn manche von Nestroys Sätzen dürften zu Freuds Zeit – und gerade in Wien – geflügelte Worte gewesen sein. So scheint etwa das Fortschritts-Zitat nicht aus einem Stück zu stammen, sondern als Bonmot kursiert zu haben, das dem Dichter zugeschrieben wurde. Und beim *Judith und Holofernes*-Verweis in *Massenpsychologie und Ich-Analyse* zeigt eine Reihe von Ungenauigkeiten, dass Freud ein weiteres Mal nicht zur Quelle griff, sondern aus dem Gedächtnis zitierte. Bei Nestroy heißt es nicht, wie Freud sagt, »der Feldherr«, sondern »unser Feldherr hat den Kopf verlor'n«, und es schreit auch nicht »ein Krieger«, sondern Achior, Holofernes' Kämmerer, berichtet, dass »alle« Soldaten in Panik durcheinander rufen: »Alle laufen s' mit dem Schreckensruf ›unser Feldherr hat den Kopf verlor'n!‹«[394] Deshalb ist auch Freuds Darstellung falsch, dass die Soldaten fliehen, *nachdem* der Satz geäußert wurde. Vielmehr rufen die Soldaten selbst, während sie die Flucht ergreifen.

***

Obwohl Freuds Verweis auf *Judith und Holofernes* durch die ungenaue Zitierweise als flüchtig erscheint, findet sich in der Passage jedoch auch ein Anhaltspunkt, der erkenntlich macht, dass es sich um eine inhaltlich substanzielle Bezugnahme handelt. Freud erläutert, dass die Panik durch den »Verlust des Führers in irgendeinem Sinne, das irrewerden an ihm« ausgelöst werde.[395] Demnach ist nicht so sehr der Tod des Feldherrn ausschlaggebend, sondern der Verlust kann »in irgendeinem Sinne« stattfinden, und genau diese Besonderheit findet sich im Stück von Nestroy. Dort wird Holofernes nicht ermordet, sondern in einer verblüffenden Travestie-Szene erreicht der als Judith verkleidete Joab, dass die Soldaten am Anführer »irrewerden«.

Die Szene beginnt beim Abendessen, zu dem Holofernes den geheimnisvollen Gast, der sich als Judith ausgibt, einlädt. Im Verlauf der Unterhaltung wird der Feldherr – aufgrund von Joabs Verkleidung wohl nicht zufällig – misstrauisch. Er weist den Kämmerer Achior an, eine Vorsichtsmaßnahme zu treffen, die, wie er andeutet, bereits in anderen Fällen erfolgreich war: Ein Pappkopf von Holofernes wird im Bett platziert, und als der Feldherr später vortäuscht, sich ins Schlafzelt zurückzuziehen, versteckt er sich hinter einem Vorhang. Joab, der den Trick nicht bemerkt, schleicht ins Schlafzelt, und kehrt in der Überzeugung zurück, er habe den Feldherrn enthauptet. Triumphierend präsentiert er den Pappkopf, als wäre es der richtige, den vor dem Zelt stehenden Soldaten: »Seht Assirier! hir halt' ich ihn beym Schopf,/ Ihr habt einen Feldherrn ohne Kopf!«[396] Nun tritt Holofernes hinter dem Vorhang hervor und stürzt sich gemeinsam mit Achior auf Joab. Doch als der Feldherr seine Regimenter ruft, um den Attentäter verhaften zu lassen, ignorieren die Soldaten den Befehl und laufen in Panik auseinander.

> »Holofernes [...] *(Ruft.)* Herein! ein Quarrée von Vier Regimentern!
> Achior. Herr, nicht ein einzig's is da. Alle laufen s' mit dem Schreckensruf ›unser Feldherr hat den Kopf verlor'n!‹
> Judith (Joab) *(triumphierend)*. Ha, auch der falsche Kopf hat die rechte Wirkung gethan!«[397]

Wie ist die verblüffende Wendung zu verstehen? Wie konnte der »falsche Kopf« die »rechte Wirkung« tun? Hier ist Freuds Erklärung mit dem »irrewerden« aufschlussreich. Obwohl er nicht weiter ausführt, was er damit genau meint, macht die Formulierung deutlich, dass die Panik nicht etwa aus der Annahme der Soldaten resultiert, dass der Feldherr gestorben sei, sondern aus einem gestörten Verhältnis zu ihm. Anhand von Nestroys Stück lässt sich das so verstehen, dass es für die Soldaten äußerst verwirrend sein muss, wenn eine Frau vor Holofernes' Zelt tritt und einen Pappkopf von ihm in die Höhe hält. Aufgrund der komischen und unverständlichen Szene scheinen sie zum Schluss zu kommen, dass Holofernes »den Kopf verloren« habe – in dem Sinne, dass er nicht mehr weiß, wie sich ein Feldherr standesgemäß zu verhalten hat. Sobald die Soldaten dieser Ansicht sind, hat Holofernes die Macht über sie verloren; der Zusammenhalt im Heer ist gebrochen.

Die Änderungen, die Nestroy gegenüber Hebbels Szenario vornimmt, haben zur Folge, dass nun das Phänomen der Panik anders zu verstehen ist. Zwar weist bereits die Darstellung in Hebbels *Judith* (»Nun Holofernes kopflos ist, sind sies alle«) darauf hin, dass, wie Freud sagt, »mit der Bindung an den Führer [...] die gegenseitigen Bindungen der Massenindividuen« schwinden. Aber was Nestroy dem hinzufügt, ist eine Unterscheidung zwischen der Person des Feldherrn und der Wahrnehmung seiner Rolle durch die Soldaten. Um die Bindungen im Heer aufzulösen, muss der Feldherr nicht getötet werden, sondern es genügt, das heldenhafte Bild zu zerstören, das sich die Untergebenen von ihm machen. Daraus lässt sich der Rückschluss ziehen, dass die Bindung der Soldaten *nur zu einem bestimmten Bild des Anführers bestand*. Nicht die Person des Feldherrn ist die Ursache für die massenpsychologischen Beziehungen im Heer, sondern eine bestimmte Vorstellung, die sich die Soldaten von ihm machen.[398]

Damit liegt in Nestroys Stück jene Theorie der Idealbildung im Ansatz vor, die später das Zentrum von Freuds Massenpsychologie bildet. Ebenso kann man sagen, dass Nestroys Joab eine Strategie zur Bekämpfung des Heeres vorführt, die auf der Höhe der psychoanalytischen Theorie steht. Wenn man, wie Freud es tut, die massenpsychologischen Bindungen im Heer auf die Idealbildung zurückführt, folgt daraus, dass das Heer besiegt ist, sobald die Person des Feldherrn vom heldenhaften Ideal-Bild getrennt erscheint. So gesehen ist Nestroys Stück das heimliche Zentrum von *Massenpsychologie und Ich-Analyse.* Auch wenn Freud dies nicht offen ausspricht, lässt sich der Verweis als eine Anleitung lesen, wie ein Heer vom psychoanalytischen Standpunkt aus zu bekämpfen wäre.

***

Um Joabs Taktik noch etwas genauer zu erläutern, eignet sich weiter der Vergleich mit Hebbels *Judith.* Insbesondere fällt auf, dass Nestroy die beiden Neuerungen wieder rückgängig macht, die Hebbel – wie im vorherigen Kapitel erläutert – in die Stofftradition einführt: Es gibt in *Judith und Holofernes* weder die tapfere Jungfrau noch die Vergewaltigung. Folglich wird der Kampf gegen Holofernes nicht – wie bei Hebbel – aus der ›falschen Motivation‹ der persönlichen Rache geführt, so dass Joab auch nicht die Position des gestürzten Feldherrn besetzt. Während Hebbels Judith für einen kurzen Moment selbst zur Heldin wird, erscheint Joab im Moment seines Triumphs mindestens ebenso kopflos und irr wie der entmachtete Holofernes. Er muss auf die Soldaten höchst peinlich und un-heroisch wirken, als er in der Meinung, den Feldherrn enthauptet zu haben, den Pappkopf hochhält.

Dieser Unterschied ist von Freuds Standpunkt gesehen ebenso bedeutsam wie die Tatsache, dass Holofernes nicht getötet wird. Denn selbst wenn kein Mord stattfindet, wäre es dabei doch denkbar, dass Joab anschließend Holofernes' Position für sich besetzen würde. Er könnte durchaus selbst das neue Ideal verkörpern. Da dies aber gerade nicht geschieht, weil Joab im entscheidenden Moment ebenso weit vom idealisierten Bild entfernt ist wie Holofernes, hat er anschließend keinen Anlass, sich für seine Tat zu bestrafen. Anders als Hebbels Judith wird Joab nicht zum tragischen Helden.

Im Vergleich zwischen Hebbel und Nestroy macht sich daher eine Serie von Unterschieden bemerkbar, die jeweils auseinander hervorgehen. Während sich bei Hebbel aus den neuen Momenten der Jungfräulichkeit und der Vergewaltigung die ›falsche Motivation‹ von Judith ergibt, daraus ihr temporärer Heldenstatus und zuletzt die tragische Bestrafung, fehlen bei Nestroy alle diese Aspekte. Dies zeigt, dass beide Autoren mit derselben

Logik operieren. Nestroy liefert geradezu das Negativ zur Hebbel'schen Poetik, in dem er die dramaturgischen Momente, die bei diesem kausal miteinander verbunden sind, eines nach dem anderen verwirft.

Der letzte Punkt, in dem sich Nestroy von Hebbel abgrenzt, betrifft die Konsequenzen, welche die befreiten Hebräer/Bethulier aus dem Sieg über Holofernes ziehen. Während Hebbel den schweren Ernst von Judith zelebriert, die sich in die Rolle des tragischen Opfers versetzt und beansprucht, ihr Volk für immer verwandelt zu haben – »Werdet heilig und rein, dann kann ich [meine Tat] verantworten!« – nimmt sich das Ende bei Nestroy leicht und fröhlich aus. »Hörst du den Trubel? Das is Israels Jubel.«[399] Zudem kontrastiert Nestroys Nennung von Israel hier Hebbels Begriff der Kirche.

Der Unterschied zwischen den beiden Massen, die jeweils aus dem Kampf gegen das Heer resultieren, lässt sich auch in Freuds psychologischen Begriffen beschreiben. Judith definiert sich in direkter Verneinung des heldenhaften Bildes, das sie zuvor für einen kurzen Moment selbst besetzt hatte, weshalb sie – in Freuds Begriffen – die dichterische Phantasie zwar nicht mehr – wie der epische Heros – realisiert, aber – wie der tragische Held – als solche bestehen lässt. Es geht bei Hebbel gerade darum, sich stets vor Augen zu halten, dass das Ichideal nicht verkörpert (die Phantasie nicht realisiert) werden darf. Joab hingegen besetzt in keinem Moment das idealisierte Bild, so dass er sich auch nicht in Abgrenzung zu ihm definiert. Für ihn kommen deshalb Ichideal bzw. Phantasie überhaupt nicht in Betracht. Dasselbe gilt schließlich für das jubelnde Volk Israel, das eine neuartige Masse darstellt, in deren psychologischer Organisation die Helden-Phantasie bzw. das Ichideal keine Rolle mehr spielen. Dies lässt sich auf die Freud'sche *katharsis* beziehen, wie sie im 3. Kapitel dargestellt wurde. Die neuartige Masse erreicht jene Überwindung der Phantasie, die Freud ab dem Herbst 1897 mit seinem modifizierten Verständnis der *katharsis* anstrebt. Zwar kann man in Nestroys Stück nicht von einer eigentlichen Auflösung der Phantasie im Sinne Freuds sprechen, da die Logik der Phantasie nicht – wie es gemäß Hölderlins Lesart in Sophokles' Stück geschieht – thematisiert und ›ungeschehen‹ gemacht wird. Doch die Auswirkung stimmt überein: Insofern die Phantasie für das jubelnde Israel nicht mehr in Betracht kommt, stellt es jene Gesellschaftsformation dar, die Freuds phylogenetischer Konstruktion gemäß für die jederzeit offene Zukunft zu erwarten ist.

Vor diesem Hintergrund kann Freuds Formulierung, Nestroy biete eine »Parodie des Hebbelschen Dramas«, präzisiert werden. Die Parodie bedeutet in dem Fall nicht nur, dass die Vorlage ins Lächerliche gezerrt wird, sondern es geht um eine eigentliche Widerlegung; um eine Ersetzung der Hebbel'schen Poetik durch eine neue. Beide Stücke schildern denselben Kampf gegen den in Gestalt des Feldherrn wiedergekehrten Tyrannen/Urvater, doch Nestroy bietet einen alternativen Handlungsverlauf und eine alternative Lösung des Konflikts an.[400]

***

Im Kontext der Frage, wie Freud auf dem Feld der Dichtung die Grenze zwischen Krankheit und Heilung zieht, ist es aufschlussreich, *Judith und Holofernes* genretheoretisch zu betrachten. Die Bezeichnung im Untertitel lautet »Travestie«, womit Nestroy sich auf jene klassische Form der Komödie bezieht, welche sich gegen die Tragödie richtet, um sie in einer Umgestaltung bzw. Verhüllung durch ein neues Szenario zu ersetzen.[401] Dies erinnert an die Stilisierung, mit der Judith sich in Hebbels Stück dem Volk wie erläutert als tragische Heldin präsentiert. Im Vergleich dazu stellt die Selbst-Stilisierung, die Nestroys Held vornimmt, eine explizite Travestie dar: Er verkleidet sich als Judith, um ins Lager von Holofernes zu gehen, wo er in der entscheidenden Szene mit dem Pappkopf in der Hand vor dem Publikum der verdutzten Soldaten auftritt. Dies scheint Nestroys Antwort auf die Tragödie zu sein, die Hebbels Judith für ihr Volk spielt.[402]

Jedoch konnte Nestroy für Joabs Travestie auch einen Anknüpfungspunkt im Stück von Hebbel finden. Dieser zeichnet die Hebräer (mit Ausnahme von Judith) deutlich negativ, wobei er besonders ihre Unfähigkeit betont, sich gegen Holofernes militärisch zur Wehr zu setzen und in diesem Zusammenhang mit dem Stereotyp der »Verweiblichung« operiert.[403] So prahlt Holofernes vor Judith, die »Männer« ihres Volkes wünschten sich »Weiberkleider«, sobald sie nur seinen Namen hörten.[404] Judiths bestätigende Antwort, »Da rief ich Pfui aus und verhüllte mein Angesicht, sobald ich einen Mann erblickte«,[405] ist nicht bloß strategische Verstellung, denn bereits in einer früheren Szene beklagt sie gegenüber Ephraim, dessen Heiratsantrag sie zurückweist, die »Feigheit [...] deines ganzen Geschlechts«.[406] Somit sind gewisse ›Travestie‹-Gestalten bereits in Hebbels Stück enthalten, wobei sie als Gegenbilder zur tragischen Heldin Judith präsentiert werden. Man könnte sagen, dass Hebbel auf der Ebene der literarischen Stilisierung seiner Charaktere die Tragödie und die Travestie einander gegenüberstellt.

Deshalb ist das Verhältnis von Tragödie und Travestie in der Konstellation Hebbel vs. Nestroy komplizierter als in der antiken Tradition. Nestroy ›travestiert‹ nicht einfach Hebbels tragische Heldin, sondern beide Autoren operieren mit dem antiken Genre-Gegensatz – wobei Nestroy Hebbels Sichtweise umkehrt. Bevorzugt dieser die tragische Heldin eindeutig gegenüber den Travestie-Gestalten, rückt Nestroy letztere in den Vordergrund. Er macht deutlich, dass gerade die von Hebbel verachtete literarische Stilisierung eine vorteilhafte Strategie darstellt, wenn es darum geht, den als epischen Helden wahrgenommenen Feldherrn zu bekämpfen. Ausgerechnet dem militärisch unfähigen Juden, der sich zur Tarnung »Weiberkleider« anzieht, gelingt es, Holofernes in besonders raffinierter und effizienter Weise zu besiegen.[407]

Die Umwertung, die Nestroy gegenüber Hebbel vornimmt, erscheint noch unter einem zusätzlichen Gesichtspunkt, wenn man die Auftritte des Volkes mit beachtet. Auch hier überspitzt Nestroy die negative Darstellung Hebbels. Er zeigt die Bethulier als unfähig, sich militärisch gegen Holofernes zur Wehr zu setzen, weil sie lieber an ihre Geschäfte denken.

> »Hosea. Da können wir machen a Geschäft. Schiessen wir zusamm.
> Ammon. Zusammschiessen? den Holofernes und sein' Armee?
> Hosea. Was Holofernes! Wir schiessen zusamm unser Geld und kaufen Alles auf, was is Essbares in der Stadt; wenn dann wird kommen die Hungersnoth, profitieren wir 300 percent.
> Ammon. Da verhungern wir dann als reiche Leut'.«[408]

Entsprechend wird die Aufstellung einer Armee in Bethulien zur Farce, wie die nächste Szene zeigt. Assad tritt zu Hosea und Ammon hinzu und berichtet, dass er als Korporal eingeteilt worden sei. Deshalb werde er sich jetzt einen Säbel kaufen.

> »Ammon. Assad, du wirst opfern dein Leben, lass ab von der Kämpferey.
> Assad. Wer sagt denn, dass werd' ich kämpfen? Der Sabl gehört zum Exerciren.
> Hosea. Exerciren, und versäumen die Börs' ? Schreckliche Zeiten, dass hab' ich müssen das erleben!
> Assad. Ohne Ausnahm, exercieren muss All's, sonst läuft Einer dahin, der Andere dorthin, so aber, wenn wird kommen die Hungersnoth, dann verhungert die eine Colonne halb links, die andere halb rechts.«[409]

Wie die Nestroy-Forschung erläutert, enthalten diese und ähnliche Passagen antisemitische Polemiken, die im zeitgenössischen Wien populär waren. Nachdem die kaisertreuen Truppen von General Windischgrätz im Oktober 1848 die Stadt eroberten und die März-Revolution niederschlugen, wurde im Zuge der Restauration eine neue Verfassung erarbeitet. Dabei trat eine lautstarke Fraktion dafür ein, den Juden die vollständige bürgerliche Gleichstellung wieder abzuerkennen, die sie nach der Revolution erstmals erhalten hatten. Neben einer angeblichen ökonomischen Vormachtstellung der Juden wurde in Witzen, Karikaturen etc. insbesondere die angebliche militärische Unfähigkeit kritisiert, wobei das schon länger bekannte antisemitische Stereotyp nun im Zusammenhang mit der Niederlage der von Windischgrätz besiegten Wiener Truppen erschien. Dies implizierte, dass die gescheiterte Revolution in erster Linie von Juden ausgelöst worden sei,[410] und darauf bezieht sich Nestroy, indem er den Konflikt zwischen den Revolutions- und den kaisertreuen Truppen als jenen zwischen den Bethuliern und Holofernes' Armee zeigt. (Die Uraufführung des Stücks, mit Nestroy selbst als Joab, fand 1849 am Jahrestag der unterdessen niedergeschlagenen Revolution statt.) Doch da bei Nestroy, entgegen der Realität, die revolutionäre Seite siegt, erfährt die populäre Darstellung eine Umwertung.[411] Wenn die Bethulier gerade dadurch gewinnen, dass sie allesamt als militärischer Versager auftreten, wertet Nestroy jene Verhaltensweisen ins Positive um, die gemäß den antisemitischen Vorurteilen seiner Zeitgenossen ebenso wie gemäß Hebbels Stereotypisierung des ›verweiblichten Mannes‹ als besonders jüdisch gelten.

***

Das Thema der negativen Stereotypisierung, das in *Massenpsychologie und Ich-Analyse* im Kontext des Nestroy-Zitats einen verdeckten Hintergrund bildet, hat Freud viele Jahre zuvor in seinen Ausführungen zum jüdischen Witz in *Der Witz und seine Beziehung zum Unbewussten* (1905) eingehend behandelt. Ein Beispiel, das Freud dort diskutiert, betrifft das bei Nestroy zentrale Motiv der angeblichen militärischen Unfähigkeit der Juden:

> »Itzig ist zur Artillerie assentiert worden. Er ist offenbar ein intelligenter Bursche, aber ungefügig und ohne Interesse für den Dienst. Einer seiner Vorgesetzten, der ihm wohlgesinnt ist, nimmt ihn beiseite und sagt zu ihm: ›Itzig, du taugst nicht zu uns. Ich will dir einen Rat geben: Kauf dir eine Kanon und mach dich selbständig.‹«[412]

Freud erzählt das Beispiel neben vielen anderen im ersten Kapitel des Buches. Hier untersucht er die technischen Verfahren der Witze, ohne einen inhaltlichen Kommentar abzugeben. Erst im zweiten Kapitel bestimmt Freud den Zweck, den die Witz-Technik verfolgt: Sie dient dazu, auf indirektem Weg Ansichten zu äußern, die durch eine gesellschaftliche Zensur unterdrückt sind. Der Witz »ermöglicht die Befriedigung eines Triebes [...] gegen ein im Wege stehendes Hindernis«.[413] Zu den Tendenzen, die sich derart Bahn brechen, zählt Freud 1) die Entblößung im obszönen Witz, der sich gegen die Frauen richtet, 2) die Aggressivität gegen gesellschaftliche Minderheiten und Außenseiter im feindseligen Witz und 3) den Zynismus, der sich gegen Institutionen wendet.[414] In der letzten Kategorie bilden die Judenwitze eine gewichtige Gruppe. Sie unterscheiden sich von anderen zynischen Witzen dadurch, dass die »beabsichtigte Kritik der Auflehnung sich gegen die eigene Person richtet, vorsichtiger ausgedrückt, eine Person, an der die eigene Anteil hat, eine Sammelperson also, das eigene Volk«.[415] Deshalb geht es in diesen Witzen – anders als in feindseligen Darstellungen der Juden – nicht nur um eine komische Wirkung auf die Fremden, sondern noch um etwas anderes: Die Juden »kennen ihre wirklichen Fehler wie deren Zusammenhang mit ihren Vorzügen«.[416]

Wie der Zusammenhang von Fehler und Vorzügen genau funktioniert, geht aus einigen Beispielen hervor, die Freud erläutert. Besonders aufschlussreich sind die Witze über jene Schnorrer, die gegenüber ihren Almosengebern unverhältnismäßig scheinende Forderungen stellen. Hier spielen, wie Freud ausführt, einerseits »die heiligen Vorschriften der Juden« eine Rolle, die dem Schnorrer »fast das Recht« geben, »das Geld des Reichen in Gedanken wie eigenes« zu behandeln.[417] Dem steht andererseits die »gemeine, bürgerliche Auffassung«[418] entgegen, der gemäß das Almosen derart zu bemessen ist, dass die durch den Reichtum etablierte Hierarchie bestehen bleibt. Dies lässt sich so verstehen, dass Freud den Vorzug in den jüdischen Vorschriften sieht – in diesem Fall in der Verpflichtung zum Almosen –, während sich der Fehler ergibt, sobald die Vorschriften im Rahmen einer von der »bürgerliche[n] Auffassung« geprägten Gesellschaft befolgt werden: Wer Almosen für eine bedingungslose Pflicht hält, gilt als zweifelhaftes Mitglied des Bürgertums. Vergleichbar scheint der Zusammenhang eines Vorzugs mit einem Fehler auch in den Militärwitzen zu funktionieren. Auch hier tritt ein Konflikt von bürgerlichen mit theologischen Auffassungen des Judentums zutage. Was in der bürgerlichen Gesellschaft als militärische Unfähigkeit und Feigheit wahrgenommen wird, wäre hier das im mosaischen Gesetz enthaltene Gebot, nicht zu töten.

Geht man von Freuds Analyse der jüdischen Witze aus, lässt sich die Strategie der Umwertung in *Judith und Holofernes* noch genauer beschreiben. Man könnte sagen, dass durch die Wendung am Ende des Stücks die angebliche Eigentümlichkeit der Juden, die für den Blick der Fremden komisch wirkt, als ein Fehler erkenntlich gemacht wird, der in Zusammenhang mit einem Vorzug steht. Aus der Perspektive des *Witz*-Buchs erweist sich dies als eine ambivalente Strategie: Einerseits besteht die Gefahr, dass die Stereotypen bestärkt werden.[419] Andererseits legt es Freuds Theorie nahe, dass antisemitische Vorurteile wie das der militärischen Unfähigkeit – bzw. ›Verweiblichung‹ – nicht einfach auf frei erfundenen Charakterisierungen beruhen, sondern auf einer negativen Umwertung von jüdischen Gesetzesvorschriften, so dass die angestrebte Umwertung effizienter erscheint als der Versuch, das Vorurteil einfach zurückzuweisen. Im Fall von *Judith und Holofernes* ist die ambivalente Strategie dabei zugleich mit der Form der Travestie verbunden, so dass der zynische Witz in der Konstellation Tragödie vs. Travestie ins Spiel kommt. Dies lässt sich auf Hebbel zurückführen, der den alten Genre-Gegensatz mit der antisemitischen Komik seiner Zeit verbunden hatte.

4.4. Ödipus und/oder Judith

Im Vergleich der drei Dramen aus dem 19. Jahrhundert, auf die sich Freud in *Massenpsychologie und Ich-Analyse* bezieht, tritt hervor, dass Nestroys *Judith und Holofernes* eine herausragende Bedeutung zukommt. Anders als in Schillers *Wallenstein* und Hebbels *Judith* entspricht bei Nestroy die Strategie, mit der das Heer bekämpft wird, exakt Freuds psychologischer Analyse dieser Massenformation. Es gibt hier eine enge Allianz zwischen der Psychoanalyse und der Dichtung, so dass Nestroys Stück von Freud aus gesehen nicht als psychopathisch zu beurteilen wäre. Aus dem Kampf gegen den Urvater/Feldherrn, der – wie die im Hintergrund stehende Vorlage Hebbels andeutet – als Verkörperung der epischen Heldenphantasie erscheint, geht eine neue Gesellschaftsform hervor, welche die Phantasie überwunden hat.

Wie bedeutsam dieser Ausgang vom psychoanalytischen Standpunkt aus erscheint, tritt noch deutlicher hervor, wenn man wiederum Freuds phylogenetische Konstruktion in Betracht zieht. In der historischen Abfolge der Gesellschaftsformen, die Freud in *Totem und Tabu* ebenso wie im Nachtrag »B.« von *Massenpsychologie und Ich-Analyse* skizziert, wird der tyrannische Urvater (dessen Herrschaft auf der dichterischen Stilisierung zum epischen Helden basiert) erst durch das Christentum überwunden, das im tragischen Heros einen neuartigen Anführer findet. Hingegen präsentiert die *Judith*-Geschichte in Nestroys Lesart eine Möglichkeit, den Urvater zu stürzen, *ohne den Weg über die Tragödie zu gehen* – anders gesagt, ohne die vom Urvater realisierte Phantasie im Bewusstsein zu halten. Dies ist besonders deshalb bemerkenswert, weil die *Judith*-Geschichte wie kurz erwähnt auf ca. 100 v. Chr. datiert wird und somit deutlich älter als das Christentum und insbesondere als Augustins Erbsünde-Lehre ist, die in Freuds phylogenetischer Konstruktion die entscheidende historische Marke darstellt.

Aufgrund dieser zeitlichen Konstellation wird es Freud durch einen direkten Rückgriff auf die *Judith*-Geschichte möglich, das Problem der bewussten Phantasie zu umgehen, das seinem Verständnis gemäß erst mit Augustin auftaucht. Es gibt deshalb zwei unterschiedliche kathartische Strategien der Psychoanalyse: So wie die modifizierte Lesart der *Ödipus*-Tragödie die psychoanalytische Antwort auf die bewusste Phantasie (bzw. die Gesellschaftsform der Kirche) darstellt, so liefert die Rückkehr zu *Judith* die psychoanalytische Antwort auf die Realisierung der Phantasie (bzw. die Gesellschaftsform des Heers). Und weil die Massenformationen, die seit dem Ersten Weltkrieg auftreten, Freud zufolge eine Regression auf das uralte phylogenetische Stadium vollziehen, macht es für ihn nun Sinn, die Strategie zu wechseln.

Ähnlich wie im Fall von *Ödipus* stellt sich aber auch bei *Judith* das Problem, dass das Potential des alten Textes erst aktualisiert werden kann, wenn konkurrierende Lesarten überwunden sind. Insbesondere geht es dabei um die Lesart von Hebbel, der den *Judith*-Stoff in Übereinstimmung mit dem christlich-tragischen Paradigma umgestaltet hatte, so dass die Geschichte gerade keine Alternative zur christlichen Überwindung (und nachträglichen Anerkennung) des Urvaters/Tyrannen mehr bietet. Deshalb ist Nestroys Stück für Freud nicht nur wichtig, um einen Rückweg zu *Judith* zu finden, sondern auch, um die tragisch-christliche Lesart des *Judith*-Buches zu widerlegen. Hier kommen die literarischen Strategien in Betracht, die Nestroy für seine Auseinandersetzung mit Hebbel verwendet, und die Travestie erhält als Antwort auf die Tragödie ihre große Bedeutung für die Psychoanalyse.

Schluss: Poetik und Hermeneutik in der Psychoanalyse

Weshalb erachtet Freud gewisse literarische Werke als Krankheitssymptome, während er andere für den psychoanalytischen Heilungsprozess instrumentalisiert? Für die Erörterung dieser Frage hat sich im Verlauf meiner Untersuchung Freuds Konzept der Phantasie als zentral erwiesen: die vermeintliche Erinnerung an eine verlorene Befriedigung auf dem Niveau des Höchsten Guts, die niemals stattfand und überhaupt unmöglich ist. Freud erachtet eine solche Phantasie, da es sich um eine falsche Erinnerung handelt, als psychopathisch, und er nimmt an, dass sie häufig ein poetisches Produkt sei; ein Erzeugnis der Dichtung. Dies ist der Grund, weshalb die Dichtung für Freud im Zusammenhang der Psychopathologie in Betracht kommt.

Dabei geht Freud vor allem von zwei literarischen Genres aus. Zu Beginn, im Brief an Fließ von Oktober 1897 und in der *Traumdeutung* (1900), beschäftigt er sich mit der Tragödie – mit *Ödipus* und *Hamlet*. Nachdem diese Auseinandersetzung in *Totem und Tabu* (1912/13) fortgeführt worden und zu einem vorläufigen Abschluss gekommen ist, rückt in *Massenpsychologie und Ich-Analyse* (1921) das Epos in den Vordergrund, wobei Freud teilweise an den kurzen Vortrag *Der Dichter und das Phantasieren* (1908) anschließt, in dem er erstmals epische Formen bespricht. Den Unterschied zwischen Epos und Tragödie sieht Freud darin, dass der epische Heros die Phantasie realisiert, während der tragische Held ihr bloß anhängt, nachdem ihm die Realisierung unmöglich geworden ist.

Kompliziert wird das Bild im Weiteren dadurch, dass die Tragödie nur gemäß einer bestimmten Lesart zur Produktion der Phantasie führt. Wie sich besonders anhand von *Ödipus* zeigen lässt, hängt die Erzeugung der Phantasie von einem bestimmten Verständnis der tragischen Verfehlung, der *hamartia*, ab. Daneben gibt es auch eine Deutung der *hamartia*, der gemäß in der *Ödipus*-Tragödie keine Phantasie erzeugt wird; ja, der gemäß die Phantasie gerade aufgelöst wird. Aus diesem Grund hält Freud im selben Moment, als er die Tragödie als Krankheit analysiert, auch an einem gewissen kathartischen Verfahren fest, welches er für die Psychoanalyse instrumentalisiert. Abhängig von der Lesart kann die *Ödipus*-Tragödie auch ein Mittel jener Heilung sein, welche die Psychoanalyse anstrebt.

Vor diesem Hintergrund kommen für Freud die kulturhistorischen Traditionen in Betracht, die mit den unterschiedlichen Lesarten der *Ödipus*-Tragödie verbunden sind. Insbesondere führt er in *Totem und Tabu* jene Lesart, der gemäß die Phantasie produziert wird, auf Augustins Konzept der *hamartia* (*peccatum originale*, Erbsünde) zurück, wie es in den *Confessiones* entwickelt ist. Der epochale Erfolg von Augustins Lehre bringt es Freud gemäß zudem mit sich, dass eine besondere Form der Phantasie, die Inzest-Phantasie, in der Kulturgeschichte einen zentralen Stellenwert erhält. Wenn Freud die Inzest-Phantasie als allgemeines Ereignis der frühen Kindheit diagnostiziert, lässt sich dies darauf zurückführen, dass in der augustinischen Lehre jedes Kleinkind die Erbsünde auf sich nehmen und die Erlösung durch Christus anerkennen muss. Und wenn Freud eine transgenerationelle Vererbung der Inzest-Phantasie postuliert, kann dies durch die Institutionalisierung und anhaltende Tradierung von Augustins Erbsünde-Lehre erklärt werden.

Diese phylogenetische Konstruktion Freuds beruht auf einem spezifischen Verständnis davon, wie sich die in den dichterischen Formen erzeugte Phantasie auf die Leserschaft oder das Publikum auswirkt. Ich habe vorgeschlagen, von einer Konstellation von Poetik und Massenpsychologie zu sprechen, weil Freud – und zwar schon seit dem Brief an Fließ – annimmt, dass die in der Dichtung erzeugte Phantasie unmittelbar auf Seiten der Leserschaft (bzw. der Dichter) als psychisches Produkt diagnostiziert werden kann. Im Fall der augustinischen Lehre versteht Freud die Konstellation sogar derart, dass der literarische Text, die *Confessiones*, der unmittelbare Auslöser – die kausale Ursache – für das Auftreten der Phantasie in der Psyche der Rezipienten darstellt.

Umgekehrt kann ein literarisches Werk, in dem die Phantasie aufgelöst wird, Freud zufolge den kathartischen Effekt erzeugen, dass die Phantasie auch auf Seiten der Leserschaft überwunden wird. Wie ein Zitat-Verweis in dem Aufsatz *Zur Geschichte der Psychoanalytischen Bewegung* andeutet, ist für Freud diesbezüglich *Nathan der Weise* exemplarisch. Allerdings erreicht Lessings Drama die kathartische Wirkung nur unter der Bedingung, dass das offene Ende des Stücks in einer bestimmten Art und Weise verstanden wird. Ebenso hängt bei *Ödipus* die kathartische Wirkung von der Lesart ab: Wenn die *hamartia* in diesem Stück anders verstanden wird als in der augustinischen Tradition, wird Freud zufolge auf Seiten des Publikums die Inzest-Phantasie auflösbar.

So kann sich die *Ödipus*-Poetik Freud zufolge in zweifacher Weise auf die Rezipienten auswirken. Dasselbe Konzept der *hamartia*, dessen augustinsche Rezeption für das Aufkommen und die Verbreitung der Inzest-Phantasie verantwortlich ist, kann, sobald es anders verstanden wird, genau diese Phantasie überwinden. Deshalb hat die psychoanalytische *katharsis* einerseits ›immer schon‹ stattgefunden (insofern die *Ödipus*-Tragödie sie ermöglicht), andererseits steht sie noch so lange aus, wie das andere Konzept der *hamartia* dominiert. Aufgrund dieser geschichtsphilosophischen Struktur und des besonderen Stellenwerts, welcher dabei der christlichen Kultur als einer potentiell von Anfang an überwundenen Zwischenphase der Menschheitsgeschichte zugesprochen wird, kann die Psychoanalyse meiner Ansicht nach als eine messianische Bewegung gelten.

Während die Freud'sche *katharsis* derart aus einer Re-Lektüre von Sophokles' *Ödipus* hervorgeht, in der ein gewissermaßen anti-tragisches Potential der Tragödie entfaltet werden soll, zeigt sich später in *Massenpsychologie und Ich-Analyse*, dass Freud noch ein weiteres literarisches Genre für die Psychoanalyse instrumentalisiert: die Travestie. Ein Verweis auf Nestroys *Judith und Holofernes* macht erkenntlich, dass Freud die Travestie dabei zum einen als parodistische Verhüllung und Umgestaltung der Tragödie versteht, während er ihr zum anderen die erfolgreiche Überwindung des Epos zuspricht, gegen welches sich auch die Tragödie richtet. Während die Tragödie (wie sie im Christentum gedeutet wird) die im Epos noch realisierte Inzest-Phantasie als bewusste beibehält, kommt in der Travestie die Phantasie zuletzt gar nicht mehr in Betracht.

Welche der beiden literarischen Strategien – alternative Lesart der Tragödie oder Travestie – als Mittel der psychoanalytischen Heilung zu bevorzugen ist, hängt Freuds Ansatz zufolge von der historischen Ausgangslage ab. Der Kampf um die Lesart der Tragödie steht in der christlichen Gesellschaft im Vordergrund, die bereits auf der Tragödie basiert. Da sich die Travestie hingegen dazu eignet, die epische, realisierte Phantasie zu brechen, kommt sie in einer Situation zum Einsatz, in welcher das Epos dominiert. Gemäß der Konstellation von Poetik und Massenpsychologie, die Freud auch in diesem Fall etabliert, entspricht dem Epos die Herrschaft eines dem Urvater vergleichbaren Tyrannen, dem die Massensubjekte zusprechen, die Phantasie realisiert zu haben, so dass sie ihn als ihr Ichideal verehren.

* * *

Weil sich meine Untersuchung auf die Genres der Tragödie, des Epos und der Travestie beschränkt, kann sie die gestellte Frage nach der Grenze, die Freud im Feld der Dichtung zwischen Krankheit und Heilung zieht, nicht umfassend beantworten. Insbesondere bleibt die Diskussion jener literarischen Texte außer Betracht, die Freud nach Einschätzung einer Anzahl bedeutender Kommentatoren – u. a. Adorno, Deleuze, Kristeva und Derrida – willkürlich umgedeutet und pathologisiert hat. Wie eingangs erwähnt, handelt es sich dabei in erster Linie um moderne literarische Formen, die seit der 2. Hälfte des 19. Jahrhunderts entwickelt werden. Auf diesen Aspekt des Themas soll zum Schluss kurz eingegangen werden – ohne den Anspruch zu erheben, dadurch die Lücke in der Darstellung zu schließen.

Gemäß der Argumentation, die sich am detailliertesten bei Deleuze (1972) und Derrida (1975) ausgearbeitet findet, besteht Freuds methodischer Fehler darin, dass er literarische Werke willkürlich einer hermeneutischen Interpretation unterwirft. In Texten, die sich aufgrund ihrer Verfasstheit einem hermeneutischen Zugriff entziehen, setzt Freud willkürlich einen phallischen Signifikanten als ›verschleierten‹ voraus, um damit die Interpretation von tieferen Sinnebenen in Gang zu setzen. Besonders kritikwürdig erscheint dabei, dass der tiefere Sinn jeweils auf nichts anderes als den mangelnden Phallus verweist. Konkret geht es dabei um den Signifikanten ›Ödipus‹ sowie um einen *ödipalen* tieferen Sinn.

Diese Kritik lässt sich insofern mit den von mir diskutierten Beispielen in Zusammenhang bringen, als sich Freud im Epos und in der Tragödie jeweils in erster Linie für die *ödipale* Phantasie interessiert. So gesehen kann das Subjekt der Phantasie, der ödipale Held, zugleich als der phallische Signifikant der von Deleuze und Derrida kritisierten psychoanalytischen Hermeneutik verstanden werden. Wenn Freud zufolge im Epos und in der Tragödie die Inzest-Phantasie – in unterschiedlichen Modi – präsent ist, so gilt dies auch für den phallischen Signifikanten.

Dies kann einerseits erklären, weshalb Freuds Auseinandersetzung mit Epos, Tragödie und den damit verbundenen Formen jenseits der Hermeneutik stattfindet; im Bereich der Poetik. Der Grund dafür ist, dass das Epos und die Tragödie keine Interpretation im Sinne der Hermeneutik verlangen, da sie mit einer vollen, ›phallischen‹ Bedeutung operieren. Andererseits erlaubt es die Parallelisierung von ödipaler Phantasie und phallischem Signifikanten, einen Zusammenhang zwischen der *Verschleierung* des Phallus (aus hermeneutischem Blickwinkel) und der *Verdrängung* der Phantasie (gemäß der Poetik) herzustellen. Die Freud'sche Hermeneutik beschränkt sich demnach auf Texte, in denen die Phantasie verdrängt ist (was gemäß Freuds phylogenetischer Konstruktion aus *Totem und Tabu* besonders für die Neuzeit gilt).

So gesehen wird es möglich, den Hermeneutik-Vorwurf von Deleuze und Derrida genauer einzuschätzen. Wenn sie die Freud'sche Interpretation als willkürliche Pathologisierung beurteilen, so liegt dies in erster Linie daran, dass sie ein anderes Konzept des literarischen Textes vertreten als Freud. Deleuze und Derrida erachten den literarischen Text, der vor dem hermeneutischen Zugriff durch die Psychoanalyse geschützt werden soll, in einem allgemeinen Sinne als konstitutiv vieldeutig, weshalb der Nachweis eines verschleierten phallischen Signifikanten nur eine willkürliche Fehl-Interpretation darstellen kann. Freud hingegen nimmt an, dass der phallische Signifikant von den Autoren der neuzeitlichen, literarischen Werke selbst gezielt als ›verschleierter‹ vorausgesetzt wird. Er geht von einer historisch spezifischen Literatursprache aus, für welche die Verdrängung der Phantasie (bzw. die Verschleierung des phallischen Signifikanten) charakteristisch ist. Freuds Anspruch lautet deshalb nicht, einen verborgenen ›tieferen Sinn‹ aufzufinden, sondern er geht im Gegenteil von der Beobachtung aus, dass gewisse literarische Erzeugnisse gezielt im Hinblick auf einen ödipalen ›tieferen Sinn‹ hin verfasst wurden.

***

Zwei Bemerkungen zum Schluss: 1) Mit dem hier skizzierten Verständnis einer psychoanalytischen Hermeneutik schließe ich unter den Freud-Kommentatoren an Bloom und Jameson an. Bloom sieht den psychoanalytischen Ansatz durch das Bemühen charakterisiert, »alle sprachlichen Elemente in einem literarischen Text wieder in Geschichte [...] rückzuführen«, und dies unterscheidet er von der Dekonstruktion. »Dekonstruktivistische Lektüren räumen auf mit Illusionen in Texten, die ganz bestimmte Illusionen zulassen; aber was sind Illusionen in Texten, die sich ganz der Wiedergewinnung von Bedeutung verschreiben?«[420] Was der Dekonstruktion im Unterschied zur Psychoanalyse entgeht, ist demnach der Umstand, dass gewisse literarische Texte bereits im Hinblick auf eine hermeneutische Interpretation des tieferen Sinns (auf eine »Wiedergewinnung von Bedeutung«) verfasst sind.

Weiter ausformuliert wird diese Sichtweise bei Jameson. Er spricht von einer allegorischen Operation bzw. Symbolisierung, welche den von Freud analysierten Zeichensystemen zugrunde liege, und dies erklärt er mit der Herrschaft einer Zensur:

> »Der psychoanalytische Nachweis der sexuellen Dimension augenscheinlich nicht sexuellen bewussten Erfahrens und Verhaltens ist überhaupt nur dann möglich, wenn das sexuelle ›Dispositiv‹ bzw. der sexuelle Apparat kraft eines Prozesses der Isolierung, Autonomisierung und Spezialisierung zu einem *unabhängigen Zeichensystem* geworden ist [...] Seine symbolischen Möglichkeiten bedingen seinen vorherigen *Ausschluss* aus dem Gesellschaftlichen.«[421]

Die Autoren selbst sind es demnach, die sich – unter den Bedingungen einer gesellschaftlichen Zensur – eines Zeichensystems bedienen, um das tabuisierte Thema indirekt anzusprechen. Darin sieht Jameson die historische ›Entstehungsbedingung‹ der Psychoanalyse: Die Literatursprache muss bereits – von Seiten der Autoren – auf einen tiefern ödipalen Sinn hin verfasst sein, bevor Freud sie entziffern kann.

2) Meines Erachtens kommt eine so konzipierte psychoanalytische Hermeneutik einer anderen bedeutenden Theorie neuzeitlicher Literatursprache nahe: jener, die Auerbach seit Ende der 1930er Jahre entwickelt. Auerbach nimmt an, dass die neuzeitliche Literatursprache auf der Grundlage jener Rhetorik entstanden sei, welche für die patristische Hermeneutik prägend gewesen war. Diese These formuliert er erstmals in der *Figura*-Studie (1939), wo er die Vermutung äußert, dass jene Figuren, welche die Patristik im *sensus allegoricus* entziffert hatte, in den europäischen Literaturen seit Dante zur »Figuraldarstellung« einer neuen, geschichtlichen Realität verwendet wurden.[422] Später führt Auerbach diesen Ansatz in *Mimesis* (1946) sowie in *Literatursprache und Publikum in der lateinischen Spätantike und im Mittelalter* (1958) weiter aus.[423]

Allerdings gibt es zwischen der psychoanalytischen Hermeneutik und Auerbachs Theorie der Literatursprache auch eine gewichtige Differenz. Freud modifiziert das Modell der patristischen Hermeneutik, indem er den Signifikanten nicht wie üblich im göttlichen *verbum* ›Jesus Christus‹ verortet,[424] sondern in ›Ödipus‹. Damit rückt ein weiteres Mal die im Verlauf meiner Studie verschiedentlich aufgetauchte Frage der Säkularisierung in den Blick. Freuds Auseinandersetzung mit der Dichtung scheint von diesem Problem nicht zu trennen zu sein. Seine gezielte Erforschung würde eine eigene, eingehende Untersuchung verlangen.

Anmerkungen

1 Ellis 2005, 122.
2 Ebd., 136.
3 Für den »Namen des Vaters« und seinen »signifikanten Wert« vgl. Lacan 1981 (*Die Psychosen*), 372–373. Zu Freud vgl. *GW* II/III, 355–409 für die Symbole (z.B. Schiff: 357, Fisch: 362, Schwimmen: 400) sowie 170–194 bzw. 555–578 für die ›Reste‹ des ›Tageslebens‹.
4 Adorno 1970, 17–18; Deleuze & Guattari 1972, 71–87, 168–176.
5 Derrida 1975, 262.
6 Ellis 2005, 134.
7 Lacan 1986, 293–308; Starobinski 1967.
8 Die literarische Technik von *Lunar Park* lässt sich so gesehen als »post-modernistisch« im Sinne Jamesons (1984) beschreiben: Durch die Parodie wird die historische Distanz zum Zitierten hervorgehoben.
9 Trilling 1947, 689. Wichtig ist in diesem Zusammenhang auch Benveniste 1956, der besonders auf Freuds Untersuchung von Metaphern und Metonymien hinwies.
10 Die Zitate der Reihe nach: Ricœur 1965, 568; Felman 1977, 207; Brooks 1977.
11 Vgl. dazu eine Reihe von Überblicksdarstellungen zur psychoanalytischen Literaturwissenschaft – Wright 1984, Schönau 1991, Assoun 1996, de Berg 2003 – sowie unter den neueren Beiträgen auch Wright 1999, Rohrwasser 2005, Kurz 2008.
12 Bersani 2006, 170, mit Rückbezug u.a. auf Bersani 1990, 33–35; Borch-Jacobsen & Shamdasani 2006, 327–331.
13 Weber 1999 bzw. 2004; Reinhard-Lupton 2005.
14 Kofman 1970, 10.
15 Adorno 1970, 17, und vgl. Freuds Studie *Eine Kindheitserinnerung des Leonardo da Vinci* (1911), in: *GW* VIII, 127–211. Zu Baudelaire äußert sich Freud nicht; Adorno bezieht sich stattdessen, wie er erwähnt, auf René Laforgues Buch *L'échec de Baudelaire. Étude psychanalytique* (1931).
16 Für Freuds Theorie des Masochismus vgl. *Das ökonomische Problem des Masochismus* (1924), in: *GW* XIII, 369–383, bes. 382. Allerdings bezieht sich Freud nicht auf Sacher-Masoch, sondern auf die zeitgenössische Diskussion in der Medizin, aber Deleuze nimmt offenbar an, dass das Thema untrennbar mit den Romanen verbunden sei, so dass jede Theorie des Masochismus eine Lektüre von Sacher-Masoch beinhalte.
17 Deleuze 1967, 239.
18 1911, zwei Jahre nach der Veröffentlichung von Schrebers Buch, erschien Freuds Studie dazu, *Psychoanalytische Bemerkungen über einen autobiographisch beschriebenen Fall von Paranoia* (*GW* VIII, 239–320). Bereits indem Deleuze von Schizophrenie spricht, wendet er sich gegen Freud, denn dieser hatte den Schizophrenie-Begriff Bleulers anhand von Schreber gerade zurückzuweisen und durch das psychoanalytische Konzept der Paranoia zu ersetzen versucht (vgl. ebd., 312–313).
19 Deleuze & Guattari 1972, 77.
20 Lacan 1958, 126 bzw. 128.
21 Deleuze & Guattari 1972, 68.
22 Kristeva 1974, 111.
23 Vgl. *GW* II/III, 247–251.
24 Vgl. den zuerst als Aufsatz veröffentlichten Auszug aus dem Seminar, Lacan 1955.
25 Derrida 1975, 200. – In anderen Texten schätzt Derrida die Psychoanalyse positiver ein, ja, er sieht Freud sogar in einer gewissen Nähe zur Dekonstruktion (vgl. Derrida

1967, 1995, 1996, 2000). Doch diese Nähe kommt um den Preis einer Ausklammerung des Ödipuskomplexes zustande, wohingegen Freud'sche Konzepte wie die Bahnung, die Erinnerungsspur und das Archiv in den Vordergrund gerückt werden.

26 Derrida 1975, 217.

27 Lacan 1986, 385.

28 Starobinski 1967, 135–136.

29 Vgl. für die Literaturangaben, Kapitel 1.1, S. 24 und bes. Fußnote 59.

30 McGrath 1986, 197–205.

31 Ronell 1986, 170.

32 Starobinski 1987.

33 Bloom 1994, 349 (Übers. T. W.). – Für weitere Literatur zu Shakespeares Rolle im Werk Freuds vgl. Kapitel 1.2, S. 36–37.

34 Die berühmtesten Kritiken von Freuds *Sandmann*-Lektüre (in *Das Unheimliche*, 1919, vgl. *GW* XII, 227–268) stammen von Cixous 1976 und Hertz 1979. Vgl. zudem Masschelein 2003 zur Rezeptionsgeschichte sowie zuletzt Kremer 2008. Der Dostojewski-Aufsatz (1928, vgl. *GW* XIV, 397–418) wird seltener kommentiert und ist wegen der dominierenden biographischen Perspektive – der Dichter als Kranker – noch leichter zu kritisieren (vgl. Rice 1993, 177–200; Wagner 2003, Ronell 2007). Im Vergleich dazu werden Freuds Essays über Michelangelos' Moses-Statue (1914, vgl. *GW* X, 171–201) und über Jensens *Gradiva*-Novelle (1907, vgl. *GW* VII, 29–125) positiver eingeschätzt (vgl. u. a. Weigel 1996 bzw. 2004, Cavell 2004, Wübben 2008).

35 Brückner 1975.

36 Das Problem zeigt sich zuletzt u. a. bei Meisel 2007, Rattner & Danzer 2006, 29–46 sowie phasenweise bei Frankland 2000. Vgl. auch die Bemerkung von Anz 2008 (»Einführung«), 7, der u. a. auf den Versuch von Schönau 1968 verweist, bei den literarischen Elementen und Zitaten in Freuds Texten zwischen ›rhetorischer Form‹ und ›Denkstruktur‹ zu unterscheiden. In diesem Zusammenhang ist zudem das Thema des Bildungszitats relevant; vgl. dazu unten, Kap. 1.1.

37 Zur *katabasis* vgl. besonders den Hinweis von Traverso 2000, 98–101, dass Freud als Motto der *Traumdeutung* zuerst Verse aus der »Zueignung« des *Faust* verwenden wollte – »und manche liebe Schatten steigen auf [...]«. Erinnert dies bei Goethe an die Schatten aus der Unterwelt in Vergils *Aeneis*, aus welcher Freud zuletzt das Motto wählt, zeichnet sich gemäß Traverso eine Traditionslinie ab, in der als weiteres Bindeglied Dantes *Divina Commedia* in den Blick rückt, welche die Reise des Helden in die Unterwelt bereits mit dem Thema des Traums verbunden hatte. – Vgl. zudem Nobus 2006 zu Freuds Bezugnahme auf die *katabasis*-Szene der *Odyssee*.

38 Für einen solchen Begriff des literarischen ›Wissens‹, an dem die Psychoanalyse teilhabe, vgl. Hörisch 2008. Zu Goethe vgl. zuletzt den Hinweis von Frankland 2000, 55–62 auf die wichtige Rolle in *Das Unbehagen in der Kultur* (1930) sowie allgemeiner Prawer 2007. Zu Heine vgl. Gilman 1991, Levine 1994, 43–70, sowie die Beiträge eines Berliner Symposiums im Mai 2006 (zur Veröffentlichung angekündigt unter dem Titel *Heine und Freud. Die Enden der Literatur und die Anfänge der Kulturwissenschaft*, hg. v. Sigrid Weigel, Berlin 2010).

39 Für einen derart doppelten Begriff der antiken bzw. modernen ›Klassik‹ vgl. Fuhrmann 1999, 46.

40 Vgl. zum *pharmakon* Derrida 1968.

41 Lüdemann 1994, 31.

42 Weissberg 2008.

43 *BF*, 293.

44 Ebd., 293–294 (Hervorh. T. W.).

45 Gemäß dem Kommentar von Jeffrey M. Masson »erwähnt« Freud hier zum ersten Mal »den Ödipuskomplex als solchen« (ebd., 294).

46 Ebd., 284.

47 Bereits zu diesem frühen Zeitpunkt ist Freuds Argumentation bezüglich der Geschlechterdifferenz symmetrisch. Während er in der Praxis mehrheitlich Hysteriker*innen* be-

handelte und der Phantasie vom Inzest mit dem Vater begegnete, wechselt Freud mit dem *Ödipus*-Brief die Perspektive; jetzt geht es um das männliche Kind und den Inzest mit der Mutter. Im Detail ausgearbeitet wird die Geschlechter-Symmetrie, die den Ödipuskomplex charakterisiert, 1923 in *Das Ich und das Es*.

48 Vgl. u.a. Anzieu 1959, Krüll 1979, Schorske 1980, McGrath 1986, Sprengnether 2000.

49 Lacan 1986, 293.

50 Starobinski 1967, 112.

51 Ebd., 138.

52 Ebd.

53 Ebd.

54 *Poet*, 1452a, 29–30.

55 Ebd., 1452b, 3.

56 *OT*, 1167.

57 Ebd., 1171.

58 Starobinski 1967, 112.

59 Auch bei Green 1969 und Chase 1986, die Starobinskis Lektüre zustimmen, bleibt die Diskrepanz bestehen, zuletzt ebenso bei Reinhard Lupton 2005, 90–91 und Bowlby 2007, 14–27. Mit einem anderen Ansatz versuchen Lacoue-Labarthe 1973 und Felman 1983 das Problem zu vermeiden: Sie verstehen das Unbewusste, das in der tragischen ebenso wie in der psychoanalytischen *anagnorisis* zum Bewusstsein komme, als den Todestrieb. Dieser existentialistische Ansatz wirkt seither etwa bei Weber 1999, Mikics 2005 und Wohl 2008 nach, ist aber von Freuds *Ödipus*-Brief relativ weit entfernt, da es hier explizit um den Inzest-Wunsch geht.

60 Vernant 1967. – Vgl. seither auch Bloom 1996, 5: »Ödipus hatte kein Begehren, seinen Vater zu töten und seine Mutter zu heiraten, weder bewusst noch ›unbewusst‹.« (Übers. T.W.)

61 Vgl. u.a. Burkert 1991, Nussbaum 1994, Bollack 2006. Einen Überblick der früheren Debatte in Frankreich gibt Giovannangeli 2002.

62 Vgl. Winter 1999, Armstrong 1999 bzw. 2005.

63 Vgl. zu Begriff und Geschichte des Bildungszitats Frühwald 1990; sowie zur Sozialgeschichte des Bildungsbürgertums Conze/Kocka 1985, Koselleck 1990. Vgl. auch zum Zusammenhang von jüdischer Assimilation und Bildungsideal Mosse 1990, Volkov 2001.

64 Zum neuhumanistischen Gymnasium und Freuds Ausbildung, vgl. Le Rider 2002, 45–69.

65 Vgl. den Brief, in dem Freud am 16. Juni 1873 Emil Fluss von der Prüfung berichtet (Freud 1960, 6), sowie Jones 1953, Bd. 1, 22.

66 Zum *Poetik*-Exemplar, das in Freuds Bibliothek erhalten geblieben ist, vgl. Mitchell-Boyask 1994; zu Freuds persönlicher Bekanntschaft mit Gomperz vgl. Le Rider 2002, 113–115. Gomperz' mehrbändiges Werk *Griechische Denker* (1893–1902) erwähnt Freud 1906 lobend in seiner »Antwort auf eine Rundfrage *Vom Lesen und von guten Büchern*« (*NB*, 663).

67 *BF*, 285.

68 Ebd., 310.

69 Für einen Überblick vgl. Laplanche & Pontalis 1964, die Freuds Phantasie-Begriff allerdings vom Inzest-Thema lösen und verallgemeinern. Entsprechend gehen sie nicht auf die Briefpassage über *Ödipus* ein. – Später wird die herausragende Bedeutung der Phantasie in der Psychoanalyse von Anna Freud bekräftigt. In der von Masson Anfang der 80er Jahre ausgelösten Debatte darüber, ob Freud die alte Theorie der Hysterie zu Recht aufgegeben habe, erklärt sie kategorisch, wer den Phantasie-Begriff ablehne, verlasse den Rahmen der Psychoanalyse (vgl. Spence 1994, 17).

70 Vgl. z.B. das »Manuskript N«, eine Beilage zum Brief vom 31. Mai 1897 (*BF*, 267–268).

71 *NB*, 412.

72 Ebd., 411.

73 Ebd., 410.

74 Ebd., 412.

75 Ebd.

76 Ebd.

77 Ebd., 420.

78 Ebd.

79 Sowohl die Definition der Phantasie als psychischer Abdruck eines einst wahrgenommenen Objekts als auch die Erörterung des Problems, dass die Phantasie nicht immer von einer Wahrnehmung unterschieden werden kann, finden sich bereits in Aristoteles' Schrift *Psyche* (bzw. *De Anima*): »Manchmal, wenn in unserer Psyche solche Stimulationen von einer früheren Wahrnehmung *[aisthesis]* auftreten, wissen wir nicht, ob dies durch die Wahrnehmung begründet ist.« (451a) – Dass Freud sich zu dieser Zeit mit der *Psyche* beschäftigt hatte, geht aus einem Zitat zu Beginn der *Traumdeutung* (*GW* II/III, 3) hervor.

80 *BF*, 284. Die Verbindung zwischen dem *Entwurf einer Psychologie* und Freuds neuem Verständnis der Hysterie lässt sich zudem durch den Begriff des Realitätszeichens bestätigen. Wie Freud am 21. September 1897 an Fließ schreibt, verwechseln die Hysterikerinnen deshalb Phantasie und Erinnerung, weil »es im Unbewussten ein Realitätszeichen nicht gibt« (ebd.).

81 Freud stützt sich demnach auf das traditionelle Verständnis der Hysterie als einer »Krankheit der Einbildungskraft« (Gilman 1993 *[Hysteria beyond Freud]*, 359). Gemäß der im späteren Mittelalter geläufigen Erklärung werden die Hysterikerinnen vom Teufel getäuscht, der in einer Halluzination »das lediglich Repräsentierte als wirklich präsent« erscheinen lässt (Bronfen 1998, 118).

82 Auch diese Variante diskutiert Aristoteles in der *Psyche*: »Wir zweifeln, ob es Erinnerung *[mnéme]* ist oder nicht.« (*Psy*, 451a)

83 *OT*, 1182–1186 (Hervorh. T.W.).

84 *Poet*, 1452a, 33.

85 Vgl. dazu auch die Bemerkung von Alain Badiou: »Die Psychoanalyse ist aristotelisch, absolut klassisch. […] Kunst wird hier als etwas verstanden, das dazu führt, dass das Objekt des Begehrens, welches nicht symbolisierbar ist, am eigentlichen Höhepunkt einer Symbolisierung in Form eines Entziehens in Erscheinung tritt.« (Badiou 1994, 14)

86 *Pol*, 2.359a.

87 Ebd., 2.359c. Glaukon sagt dies von Gyges, dessen Name mit der Begriffsgeschichte von *tyrannis* eng verknüpft ist; bereits in jenem Gedicht von Archilochus (Mitte des 7. Jahrhunderts v. Chr.), das als erster Beleg für *tyrannis* gilt, ist Gyges das Beispiel. Vgl. dazu Parker 1998, 150, sowie zum weiteren historischen Kontext von Glaukons Definition, Mc Glew 1993, 26–33 und Budelmann 2000, 216–217.

88 Wie nahe Freud der Idee nach der *Politeia* steht, zeigt sich zudem daran, dass gemäß Sokrates die gesetzwidrigen Begierden, die der Tyrann befriedigt, »jedem Menschen angeboren« (*Pol*, 9.571b) sind und besonders »im Schlaf wach werden« (ebd., 9.571c): »Er trägt keine Bedenken, in Gedanken seiner Mutter beiwohnen zu wollen oder sonst irgendeinem Menschen, einem Gott oder einem Tier; er befleckt sich mit jedem Mord und enthält sich keiner Speise« (ebd., 9.571c-d). – Vgl. auch das Statement Werner Jaegers, Platon sei »der Vater der Psychoanalyse« (zit. Gigon 1991, 506).

89 Vgl. dazu auch den Hinweis bei Pfaller 2006, 38 auf Freuds Interesse für die »affektiven Wirkungen« (2006, 38) der Tragödie, das sich in dem Aufsatz *Psychopathische Personen auf der Bühne* (1905/6) bemerkbar macht. In beiden Fällen berücksichtigt Freud allerdings bloß die Resonanz des Stücks beim Massenpublikum, während er die subjektive Wahrnehmung der einzelnen Hörer ignoriert. Deshalb unterscheidet Pfaller 2000, 64 die Psychoanalyse dadurch von den traditionellen Ästhetiken des ›Schönen‹ oder ›Erhabenen‹, dass sie keine ›Urteilskraft‹ thematisiert, sondern nur auf die »Anwesenheit« des Subjekts bei der Präsentation des Kunstwerks achtet. Vgl. auch Zizek 1991, 50 zum »objektiven« Genuss des Kunstwerks sowie Lacans Aristoteles-Kommentar im *Seminar VII*: »Wenn Sie abends im Theater sind, denken Sie an ihre kleinen Geschäfte […] – geben wir Ihnen also nicht zuviel Kredit. Die Last Ihrer Emotionen wird in einer gesunden Disposition der Szene übernommen. Der Chor übernimmt sie.« (Lacan 1986, 303)

[90] Vgl. die Zusammenstellung bei Schadewaldt-Meyer 1973. Einen guten Überblick über das späte Mittelalter und die frühe Neuzeit gibt bereits Leopold Constans in seinem Buch *La Légende d'Œdipe* (1881), das in Freuds Bibliothek erhalten und mit vielen Anstreichungen versehen ist (vgl. dazu Mitchell-Boyask 1994).

[91] Rudnytsky 1987, 97.

[92] Vgl. zum Folgenden Armstrong 1999.

[93] Vgl. Jones 1953, Bd. 1, 177.

[94] Vgl. zum Folgenden Flashar 1991, 82–109.

[95] Ebd., 103.

[96] Ebd., 110.

[97] *Pol*, 8.579e.

[98] Ebd., 8.568b.

[99] *BF*, 293.

[100] *BF*, 293–294 (Hervorh. T. W.).

[101] Weil die Formulierung paradox ist, könnte die Vermutung aufkommen, es handle sich um eine dem Brief-Genre geschuldete Ungenauigkeit, doch dieser Eindruck wird in Freuds späteren Schriften zerstreut. Immer wieder kommt er auf das Konzept des »unbewussten Schuldbewusstseins« zurück, so z. B. 1907 in *Zwangshandlungen und Religionsübungen* (*GW* VII, 135), 1913 in *Das Unbewusste* (*GW* X, 276) und 1930 in *Das Unbehagen in der Kultur* (*GW* XIV, 494).

[102] Starobinski 1967, 122.

[103] Schon Hegel unterscheidet Hamlet als modernes, »innerliches« Subjekt vom antiken Heros als Mann der äußerlichen Tat (vgl. Hegel 1820, Bd. 2, 207–208). Auch nach Freud wird die Differenz gelegentlich thematisiert, etwa von Auerbach, der bei Shakespeare den literarischen »Charakter« entstehen sieht (Auerbach 1946, 303–304), oder von Steiner, der den »Tod der Tragödie« untersucht (Steiner 1961).

[104] Reinhard & Reinhard Lupton 1993. Hamlet wird im Stück zweimal als Melancholiker bezeichnet. Einmal spricht er selbst von »my weakness and my melancholy« (*Ham*, 2.2.596 [»meine Schwäche und Melancholie«]), einmal erklärt Claudius, »there's something in his soul/ O'er which his melancholy sits on brood« (ebd., 3.1.163–164 [»Es ist etwas in seiner Seele, auf dem seine Schwermut brütend sitzt«]). In der Forschung wird dies teilweise auf Brights *A Treatise of Melancholie* (1586) zurückgeführt, doch scheint das Konzept damals allgemein bekannt gewesen zu sein (Welsh 2001, 52–53). Trevor 2004, 66–67 betont, dass die Melancholie als »Gelehrtenkrankheit« in der öffentlichen Meinung des 16. Jahrhunderts an Ansehen gewann, nachdem sie zuvor als moralisch verwerflich beurteilt worden war. Vgl. auch Benjamin 1928, 317–335.

[105] Vgl. Lukacher 1994. Hamlets von Freud zitierte Klage über das Gewissen und die Feigheit erinnert daran, dass das Gewissen um 1600 sowohl ein Streitthema unter Gelehrten als auch ein popularisiertes Konzept war. Vgl. zur Theologie- und Kulturgeschichte u. a. Leites 1988, Gallagher 1991, Braun & Vallance 2004. Für Shakespeare vgl. neben Lukacher auch Wilks 1991.

[106] Bloom 1994, 352 (Übers. T. W.). – Weil Bloom auch in anderen Stücken Shakespeares eine Reihe von Freuds psychologischen Konzepten vorweggenommen sieht, hält er die Psychoanalyse allgemein für »Shakespeare in Prosa-Form« (ebd., 345 [Übers. T. W.]).

[107] *Ham,* 1.5.23 (»Wenn du deinen teuren Vater je geliebt hast …«).

[108] Reinhard & Reinhard Lupton 1993, 15; Lukacher 1994, 66; Bloom 1998, 85 (alle Übers. T. W.). – Mit diesem Urteil geht zudem eine auffällige Umwertung von Hamlets Verhalten einher. Während Freud den Prinzen als psychopathisch beurteilt, lässt sich bei den erwähnten Autoren eine Identifizierung mit einer Art Hamlet'scher Ethik beobachten, die sich als eine Ethik der Trauer, des Gewissens, der spirituellen Verzweiflung etc. präsentiert.

[109] So Freuds Formulierung in einem Brief an Oskar Pfister vom Februar 1929 (Freud & Pfister 1963, 139). Sein Verständnis des Stücks unterliegt im Lauf der Jahrzehnte nur kleinen Modifikationen. In der *Traumdeutung* weist er, wie Starobinski 1967, 118 betont, erstmals darauf hin, dass »das Drama unmittelbar nach dem Tode von Shakespeares

Vater (1601)« (*GW* II/III, 272) geschrieben worden sei. Doch wie Gay 1991, 37–38 beobachtet, fällt der biographische Kontext wieder weg, als Freud sich Mitte der 20er Jahre der Ansicht Thomas Looneys anschließt, dass Shakespeare nicht der ›Mann aus Stratford‹, sondern der siebzehnte Earl of Oxford gewesen sei.

110 In letzter Zeit hat das Thema nicht mehr viel Beachtung gefunden. Eine Ausnahme ist Armstrong 2001, 44–45, der ebenfalls für einen starken Einfluss Shakespeares in der Psychoanalyse votiert (besonders was das Verständnis von sprachlichen und psychologischen Mechanismen betrifft), ohne dabei den Ödipuskomplex in Betracht zu ziehen. Vgl. zudem den Forschungsüberblick von Vine 2005.

111 *Ham*, 3.1.83 (»So macht Gewissen Feige aus uns allen«).

112 Ebd., 2.2.524 (»Behandelt jedermann, wie er's verdient, und wer entrinnt der Peitsche?«).

113 *BF*, 294.

114 *Ham*, 5.2.324–325 (»denn dieser grause Scherge, der Tod, ist unerbittlich im Verhaften«).

115 Ebd., 5.2.324–326 (»hätt' ich nur Zeit [...] oh, ich könnt' euch sagen ... doch mag es hingehn«).

116 Ebd., 5.2.346 (»Der Rest ist Schweigen«).

117 Lacan 1981 ff., Bd. 2, 15.

118 Ebd., Bd. 3, 44.

119 *GW* II/III, 272.

120 Ebd., 271. – Merkwürdig an dem Spiegelverhältnis ist allerdings, dass dieselben Vergehen für Hamlet und Claudius nicht dasselbe bedeuten. Nur für Hamlet geht es um den Mord am *Vater* und den Inzest mit der *Mutter* (als inzestuös gilt Claudius' Heirat mit der Schwägerin gemäß dem Zeitverständnis ebenfalls, vgl. den Geist über Claudius: *»that incestuous, that adulterate beast«* – *Ham*, 1.5.41 [»jenes blutschänderisch, jenes ehebrecherische Tier«]). Die Differenz ist aber für Freud insofern nicht entscheidend, als er sich in erster Linie für die Perspektive Hamlets interessiert. – Um das Argument noch detaillierter auszuarbeiten, müsste man wieder die Diskussion der *tyrannis* in Betracht ziehen, die im Brief an Fließ im Hintergrund steht, denn Claudius, der die Phantasie »realisiert«, stellt als Usurpator eine Wiederkehr des antiken Tyrannen dar. Vgl. dazu Benjamin 1928, 245, sowie den Hinweis bei Haverkamp 2001, 30 auf den Namen Claudius, der auf »Tacitus' Geschichte des claudischen Kaiserhauses unter Nero« zurückzuführen ist.

121 *NB*, 660.

122 Ebd., 660 (Hervorh. T.W.).

123 *Ham*, 2.2.601 (»Schlinge, in die ich sein Gewissen zwinge«).

124 So Bloom 1994, 350 (Übers. T.W.).

125 Vgl. Foakes 1993.

126 Vgl. Pfister 1991.

127 Bloom 1994, 357 (Übers. T.W.).

128 *GW* II/III, 271.

129 *GW* IX, 187.

130 Ebd. – Zur *hamartia*-Debatte vgl. den Überblick bei Lurje 2004, 78–137, der auch erwähnt, dass nach Lessing und besonders in Folge von Schelling die Frage der Schuld gegenüber jener des Schicksals in den Hintergrund rückt (ebd., 226–232).

131 *GW* IX, 188.

132 Ebd. – Freuds kurz zuvor gemachte und scheinbar widersprüchliche Bemerkung, wonach der tragische Held der »Urvater« (ebd., 187) sei (und nicht dessen Mörder), lässt sich dadurch erklären, dass ein alleiniger Mörder des Urvaters durch seine Tat die Position des Ermordeten einnimmt. Der alleinige Mörder des Urvaters ist immer selbst ein Urvater.

133 Girard 1972, 303.

134 Vgl. weiter Lurje 2004.

135 Wilamowitz-Möllendorf 1899, 55. – Wilamowitz spricht dabei aber nicht von einem Sündenbock, sondern er geht von einer paradoxen, schuldlosen Schuld aus, die zur *con-*

dition humaine gehöre. Dies weist in Richtung der späteren existentialistischen Lesarten voraus, wie sie sich u.a. bei Reinhardt 1933, 105–144 und Jaeger 1936, 343–364 finden. In Übereinstimmung mit Freud steht hingegen Harshberger 1965, der in Sophokles' Text Hinweise darauf findet, dass der Chor Laios ermordet habe.

136 *GW* IX, 188.

137 Ich folge in dieser Einschätzung Le Rider 2002, 156.

138 *GW* IX, 189.

139 Vgl. auch die Bemerkung von Laplanche/Pontalis 1967, 355, wonach sich der »fundamentale Charakter« des Ödipuskomplexes »in der Hypothese über den Mord am Urvater [...] bestätigt findet«.

140 Grubrich-Simitis 1985, 103–113, Gilman 1993 (*Freud, Race and Gender*), 70–71.

141 Assmann 1997, 233.

142 Santner 1999, 17 bzw. 37 (Übers. T.W.). – Vgl. kürzlich auch Laplanche 2007, 294, der für Freuds Phylogenese einen Einfluss der biologischen Vererbungs-Theorien von Darwin oder Lamarck ausschließt und stattdessen von einem »kollektiven Gedächtnis« spricht, welches die »individuellen Gedächtnisse imprägniert« (Übers. T.W.).

143 *GW* IX, 182. – Vgl. dazu auch Lacan 1986, 176: »In der Funktion des Todes Gottes wird der Vatermord, der ihn auf die direkteste Weise repräsentiert, von Freud als ein moderner Mythos eingeführt.«

144 Zum »eigenartigen Christozentrismus« von *Totem und Tabu* vgl. weiter Lacan 1986, 213.

145 *GW* IX, 181.

146 Ebd., 182.

147 Den christlichen Anspruch, den Zirkel der ›heidnischen‹ Opfergewalt zu durchbrechen, hebt in der Folge Freuds besonders Girard hervor. Vgl. z.B. Girard & Palaver 2001, 769–770. Vgl. ebenso Zizek 2001, 27.

148 *GW* IX, 185–186.

149 Wie schon im *Ödipus*-Kommentar spielt für die Definition des Befriedigungsszenarios auch in *Totem und Tabu* der platonische Diskurs über die *tyrannis* eine Rolle; etwa, wenn Freud den Urvater als »tyrannischen Vater« (*GW* IX, 172) bezeichnet. – Ein Unterschied liegt darin, dass der Verzicht der Brüder nicht die leibliche Mutter betrifft, doch weil unter der Herrschaft des Urvaters, der alle Frauen für sich beansprucht, jede in der *sozialen Funktion* einer »Mutter« erscheint, lässt sich das anschließend produzierte Phantasie-Objekt als kollektive Mutter bezeichnen. (Vgl. dazu Freuds Gleichsetzung von Exogamie und »Inzestvermeidung« [*GW* IX, 13]; dies bedeutet, dass unter der Herrschaft des Urvaters jegliche (Hetero-)Sexualität als inzestuös definiert ist.)

150 Dies ließe sich dadurch erklären, dass Freud nicht auf die psychologische Dimension der geschilderten Vorgänge eingeht. Vgl. in diesem Zusammenhang auch seinen Hinweis auf die »mit äusserster Verkürzung geführte Untersuchung« (*GW* IX, 188).

151 Vgl. nochmals die eingangs erwähnte Formulierung Santners von der im »symbolischen System« verborgenen »Phantasie traumatischer und transgressiver Anfänge«. Dieses Argument ist also nicht erst im *Moses*-Buch entwickelt, wo Santner es hervorhebt, sondern bereits in *Totem und Tabu*.

152 Der Effekt der falschen Erinnerung lässt sich so verstehen, dass die Brüder den tyrannischen Urvater deshalb auch nach seinem Tod verehren, weil sie seine Position – von der aus das Tabu erlassen werden konnte – fälschlicherweise mit dem Zugang zum Höchsten Gut assoziieren.

153 *GW* IX, 185.

154 Lacan 1986, 216. – Den ›Tod Gottes‹ auf Hegel zu datieren, kann in der Philosophiegeschichte als *common sense* gelten. Vgl. z.B. Nancy 1997, der auf den Pascal-Kommentar am Ende von Hegels Aufsatz *Glauben und Wissen* (1802) hinweist. Bereits Heine, selbst Hörer in Hegels Vorlesungen, hatte das »Schulgeheimnis ausgeplaudert«, dass »unsere modernsten Philosophen den vollständigsten Atheismus als das letzte Wort ihrer deutschen Philosophie proklamierten« (Heine 1854, 466).

155 Ricœur 1969, 347.
156 Ebd.
157 Zur Datierung der Erbsünde-Lehre vgl. z.B. Ricœur 1960, 151: »Augustinus ist für die klassische Fassung des Begriffs der Ursünde verantwortlich.« Vgl. auch den Hinweis bei Mathewes 2001, 73, dass der Begriff *peccatum originale* zwar schon bei Cyprian und Tertullian erscheint, jedoch erst bei Augustin zu einer systematischen Lehre entwickelt wird. Zur Chronologie in den Schriften Augustins vgl. Wiley 2002, 58, zur Übernahme der Lehre in den Kanon, ebd., 72.
158 Rudnytsky 1994, 129 (Übers. T.W.).
159 *GW* V, 190. Der Satz »Zwischen Urin und Fäkalien werden wir geboren« gilt als sprichwörtlich, doch ist die lange angenommene augustinische Herkunft unterdessen widerlegt worden. Vgl. http://www.sprichwoerter.net/content/view/2153/80/ (Zugriff am 22.3.2009).
160 *GW* XII, 175.
161 *PWPV* III, 298.
162 Ebd., 305.
163 Vgl. z.B. einen Brief an Abraham vom 29. Oktober 1911, in dem Freud schreibt, er habe »mancherlei Interessantes über die Totemtiere herausgebracht«, und werde davon berichten, »wenn es vollständiger ist« (Freud & Abraham 1965, 112).
164 Vgl. dazu Ratmoko 2006, 71, der auch erwähnt, dass die terminologische »Koinzidenz in der theologischen Sündelehre, der Hamartiologie, Jahrhunderte lang überlebte« (Übers. T.W.).
165 *Conf*, 8.5.
166 Ebd., 8.10.
167 Vgl. auch den Hinweis bei Rist 1994, 317, dass Augustin die Erbsünde – im Unterschied etwa zu Tertullian – nicht traduktionistisch oder kreationistisch erklärt, sondern darin »eine Sünde der Seele, d.h., Stolz oder selbst-gewollte Apostasie von Gott« (Übers. T.W.) sieht.
168 Wiley 2002, 63.
169 *Conf*, 7.9.
170 Ebd., 7.12.
171 Ebd., 7.16.
172 Vgl. dazu auch Cary 2003, 118, der den verkehrten Willen als »moral evil« versteht.
173 Auch das Dogma des Zölibats wurde aus Augustins Erbsünde-Lehre abgeleitet und kurz nach dieser, im Jahr 419, kanonisiert. Vgl. Cochini 1981, 3–4, der zudem erwähnt, dass die allererste Formulierung des Zölibats für das Jahr 390 nachgewiesen ist.
174 Wie O'Daly 1989, 91 betont, ist das erlöste Subjekt Augustins kein »bloß passiver Empfänger der Gnade« (Übers. T.W.), sondern diese muss sich in der Durchsetzung des neuen Willens äußern.
175 Vgl. z.B. Pagels 1988, 110–112. Brown 1988, 416 erwähnt noch eine zweite mögliche Erklärung: In *De Nuptiis et Concupiscentia* (ca. 420) bewertet Augustin die Sexualität deshalb als exemplarisches Beispiel des verkehrten Willens, weil sie einen willentlich nicht vollständig kontrollierbaren Trieb darstellt. Vgl. dazu auch Zizek 1992, 199–200.
176 Eine Evaluation dieses Arguments müsste den dogmengeschichtlichen Hintergrund berücksichtigen. Wie Shell 1988, 206 betont, wird zur Zeit Augustins die Doktrin ausgebildet, wonach, »weil wir alle Brüder und Schwestern sind, jede Hochzeit inzestuös ist« (Übers. T.W.). Als Quelle dafür hebt Shell besonders das Konzil von Rom (402) hervor; später sind ein Brief von Papst Gelasius I (494) und das Konzil von Macon (585) bedeutsam.
177 In einer solchen Frage rückt das quellentechnische Problem in den Blick, dass Freuds Bibliothek aufgrund der Exilierung nicht vollständig erhalten geblieben ist. Vgl. zur Geschichte der Bibliothek und zur Quellenlage Timms 1988, Gilman 1994. Der Katalog des im Londoner Freud Archiv erhaltenen Bibliotheksbestandes (Davies & Fichtner 2006) verzeichnet keine Bücher von oder über Augustin.
178 Zur Augustin-Forschung im späten 19. Jahrhundert vgl. Drecoll 1999, 3–4, der besonders Hermann Reuter, *Augustinische Studien* (1887) und Adolf von Harnack, *Augustins Konfessionen* (1888), erwähnt.

[179] *GW* IX, 189.
[180] Vgl. z. B. Harnack 1910, 231: »Innerhalb der Kirche ist für alle Sünden nach der Taufe Vergebung vorhanden, wenn nur eine gehörige Genugtuung geleistet wird.«
[181] Rudnytsky 1994, 129 (Übers. T. W.).
[182] *GW* IX, 189.
[183] *GW* II/III, 271.
[184] Zum historischen Aufriss vgl. den Hinweis von Harnack 1910, 1, dass die »Geschichte der Frömmigkeit und der Dogmen im Abendland von Anfang des 5. Jahrhunderts bis zur Reformationszeit so durchgreifend von Augustin beherrscht« war, »dass man diese Zeit als eine Periode zusammenfassen muss«.
[185] *NB*, 660.
[186] *Ham*, 3.1.78–82 (»wenn nicht die Furcht vor etwas nach dem Tod [...] uns dazu bringt, lieber jene Übel zu ertragen, die wir haben, als zu anderen zu fliehen, von denen wir nichts wissen«).
[187] Ebd., 3.1.89–90 (»Nymphe, in deinen Gebeten sei all meiner Sünden gedacht«).
[188] Vgl. die Zusammenstellung verschiedener Positionen mittelalterlicher Denker bei Potts 1980.
[189] Luther 1520, 205 (Hervorh. T. W.).
[190] Ebd., 206.
[191] Die Problematisierung von Luthers Gewissens-Begriff ist im Kontext von weiteren Auseinandersetzungen zu sehen, die Shakespeare in *Hamlet* mit der neuen Lehre führt. Ob es um den Ehrenkodex der Rache (vgl. Mack 1952), den Geister-Glauben (vgl. Levin 1959) oder das Dogma vom Purgatorium (vgl. Greenblatt 2001) geht: Immer wieder erweist sich Hamlets lutherische Position als problematisch und gerät mit älteren christlichen Vorstellungen in Konflikt.
[192] *GW* II/III, 271.
[193] *Ham*, 3.3.52–54 (»›Vergib mir meinen ruchlosen Mord‹ – das kann nicht sein, denn ich besitze noch die Dinge, um derentwillen ich den Mord beging«).
[194] *BF*, 294.
[195] Zur Funktion der *imitatio Christi* in der theatralen Praxis des Barock vgl. Wild 2003, 124–141. In der Shakespeare-Forschung weist Haverkamp 2001, 81 darauf hin, dass die Aufbahrung Hamlets eine »Anspielung an den Erlöser am Kreuz« enthält. Vergleichbar könnte man die Aufforderung des sterbenden Prinzen an Horatio, seine Taten den »unsatisfied« (*Ham*, 5.2.328) zu überliefern, als Anspielung auf Petrus oder Paulus lesen.
[196] *GW* IX, 188.
[197] Nietzsche 1872, 72.
[198] Nietzsche 1888, 310.
[199] Ebd. 374. – Für eine Erörterung des Gegensatzes vgl. Deleuze 1962, 20–22.
[200] Freuds Entgegnungen in: *GW* X, 53; *GW* XIV, 86; *PWPV*, Bd. I, 338; *PWPV*, Bd. II, 28.
[201] Vgl. u. a. McGrath 1974, Venturelli 1984, Le Rider 1991. Die erste Erwähnung Nietzsches in Freuds Schriften findet sich in einem Brief an Silberstein vom 13. März 1875 (Freud 1989, 116).
[202] Vgl. Assoun 1980 sowie besonders detailliert und umfangreich Gasser 1997. Zur Rezeption und Popularisierung Nietzsches seit den 90er Jahren vgl. Aschheim 1992, Cancik 1995.
[203] Vgl. Lehrer 1995, 120, die Belege *PWPV*, Bd. II, 22–23, sowie Freud & Jung 1974, 324. Ein erstes Mal hatte Jung das Thema bereits im Brief vom 31. Dezember 1909 aufgebracht (ebd., 308).
[204] Für ein aktuelles Beispiel vgl. Zupancic 2003.
[205] Kittler 2000, 179.
[206] Le Rider 2002, 33.
[207] Ebd., 148.
[208] Nietzsche 1872, 25.
[209] Ebd.

210 Ebd., 61–62.
211 Ebd., 35.
212 Ebd., 38.
213 Ebd., 56.
214 Vgl. aber auch Sloterdijk 1986, 63, der die dorische Kunst als eine notwendige »Vorzensur« des Dionysischen bewertet, durch welche die anschließende Versöhnung der beiden Kunstprinzipien erst möglich werde.
215 Vgl. auch die Formulierung von Weber 1996: »irreduzierbare Teilbarkeit *[divisibility]* des ›Individuums‹« (Übers. T.W.).
216 Nietzsche 1872, 26.
217 Vgl. den Hinweis von Wellbery 2007, 206, der in diesem Zusammenhang von einer »Umbiegung« spricht: »Die tragische Form ist nichts anderes als das Umspringen innerhalb dieser Paradoxie.« Agamben 1994, 86 betont, dass der ›Willen zur Macht‹ des nietzscheanischen Künstlers auf einem »aktiven Nihilismus« (Übers. T.W.) basiert.
218 Obwohl Nietzsche kaum auf die einzelnen Helden eingeht, die »in Wahrheit« alle den zerstückelten Dionysos verkörpern, zeigt sich in einer Passage, dass auch er Sophokles' *Ödipus* eine besondere Stellung zuspricht. Wenn Ödipus als die »leidvollste Gestalt der griechischen Bühne« (Nietzsche 1872, 65) gelten kann, wird er nicht nur mittels des Superlativs über die anderen Helden erhoben, sondern seine herausragende Position ist genau durch das besonders große Ausmaß jenes ›Leidens‹ begründet, das »den leidenden Dionysos der Mysterien« (ebd., 72) kennzeichnet.
219 Nietzsche 1872, 141.
220 Ebd., 143. – Die ›moralische‹ Rezeption lässt sich auf den deutschen Idealismus beziehen, der in der Tragödie die Sittlichkeit artikuliert sah (vgl. etwa Schellings *Briefe über Dogmatismus und Kritizismus*, 1795, und Hegels *Ästhetik*, 1820), während mit der ›medizinischen‹ Rezeption Bernays 1857 gemeint ist.
221 Nietzsche 1872, 143.
222 Ebd., 146.
223 In Freuds klinischen Begriffen von 1897 entspricht die *anagnorisis* im tragischen Helden, wie Nietzsche sie vertritt, der Hysterie. Die Kategorisierung hat jedoch nichts mit Nietzsches späterer Krankheit zu tun, sondern gilt für den Nietzsche der *Geburt der Tragödie*.
224 Jaspers 1938.
225 In der Einleitung zu seiner Nietzsche-Ausgabe von 1942 (zit. Haas 2003, 51).
226 Nancy & Benvenuto 2002, 77.
227 Vattimo 2002, 5–6.
228 Vgl. in diesem Zusammenhang auch die Überlegungen von Dihle 1988, 123 zum Einfluss des augustinischen Willens-Begriffs in der Philosophie des 19. Jahrhunderts.
229 Vgl. Derrida 1976.
230 Im Vorwort wendet sich Freud direkt gegen Jung, indem er auf »einen methodischen Gegensatz« (*GW* IX, 3) zu dessen Buch hinweist. Zur Auseinandersetzung zwischen Freud und Jung sowie zu Jungs schließlicher Ablehnung des Ödipuskomplexes vgl. Gay 1988, 257–277.
231 Vgl. zum Folgenden Rose 1999, Blumenberg 2002.
232 Freud & Abraham 1965, 73.
233 Freud & Ferenczi 1993, Bd. I/2, 117.
234 Freud & Abraham 1965, 139.
235 Lacan 1986, 293.
236 Ebd., 373.
237 Zudem erklärt Lacan, Freud stütze sich auf den Breslauer Altphilologen Jacob Bernays (übrigens ein Onkel von Freuds Frau, Martha Bernays), der Mitte des 19. Jahrhunderts in einem berühmt gewordenen Aufsatz zur *Poetik* die *katharsis* in einem medizinischen Sinn deutete (Bernays 1857). Daraus entwickelte sich eine mehrere Jahrzehnte andauernde Kontroverse, in deren Folge das *katharsis*-Thema weit über die Fachkreise hinaus populär wurde. Vgl. dazu Gründer 1968, der, wohl ohne Lacans damals noch nicht publiziertes

Seminar zu kennen, ebenfalls eine Bezugnahme Freuds auf Bernays vermutet. In letzter Zeit wird Lacans Rückführung von einer Vielzahl von Autoren übernommen. Vgl. etwa Starobinski 1999, 172–173; Kittler 2000, 178; Traverso 2000, 57–61; Le Rider 2002, 171–172.

238 Lacan 1986, 385.

239 Ebd., 376.

240 Ebd., 357.

241 Ebd., 363.

242 Ebd., 386.

243 Ebd., 369.

244 In diesem Zusammenhang fällt auf, dass Lacan im *Seminar VII* den Begriff der Phantasie nur am Rand verwendet, obwohl er ihm in den Jahren zuvor im *Seminar V* und im *Seminar VI* ausführliche Diskussionen widmet (vgl. Lacan 1998, 477–497, 517–527; Lacan 1981 [*Hamlet*], Bd. 3, 7–17). Es scheint hier eine Unsicherheit zu geben: Während das *phantasma* gemäß Lacans Darlegungen in den Jahren 1957–1959 die Zone des unreinen Begehrens strukturiert, rückt er den Begriff 1960 im *Ödipus*-Kommentar in den Hintergrund, so als wäre er auf einen Konflikt mit Freuds Verwendung aufmerksam geworden. Später äußert sich die Unschärfe in Lacans Formel *traverser le phantasme* (»die Phantasie durchqueren«), die Zizek häufig verwendet. Geht es dabei darum, jenes »Minimum an phantasmatischer Identität« aufzugeben, das dem Subjekt in der Ökonomie des Begehrens »zur Verfügung steht« (Zizek 1997, 25 – vgl. für ähnliche Formulierungen Zizek 1989, 74; Zizek 1999, 266; Zizek 2002, lxix), lässt sich auch dies auf den tragischen Heros beziehen, der das vermeintlich Identität stiftende Phantasie-Objekt als für immer verloren erkennt. Auch demnach ist der Verlust nicht so sehr in der Abwesenheit des Objekts begründet, als vielmehr in der Erkenntnis, dass es die angestrebte »phantasmatische Identität« nicht garantieren konnte – doch auch diese »Durchquerung« der Phantasie entspricht bei Freud jener bewussten Annahme der Phantasie, die mit dem Verzicht auf das Objekt einhergeht.

245 *GW* X, 44–45.

246 Ebd., 45.

247 Ebd., 53.

248 Ebd., 55–56 (Hervorh. T.W.).

249 Ebd., 47.

250 Lessing 1779, II.7.1381–82.

251 Freud 1960, 27.

252 Freud & Freud & Grubrich-Simitis 1976, 96.

253 Vgl. Goetschel 2000, der zudem betont, dass Lessings Stück im 19. Jahrhundert von großen Teilen des deutschsprachigen Judentums geradezu euphorisch rezipiert wurde.

254 Freud 1960, 32. – Der Hamburger Oberrabbiner Isaak Bernays (1792–1849) wurde als Begründer einer »an der Tradition orientierte[n], aber gleichwohl den Anschluss an die deutsche Kultur suchende[n] Richtung des Judentums (Neuorthodoxie)« (Hirschmüller 2005, 14) berühmt.

255 Böschenstein 1989, 293–294.

256 Lessing 1779, II.7.1381–82.

257 Entsprechend wird Breuer, der Freuds Entdeckung ablehnt, durch den Vergleich in die Position des Tempelherrn gerückt, der vor den Nachforschungen warnt. – Wie schnell Nathan für Freud gerade in Konfliktsituationen als Bezugspunkt zur Hand war, geht auch aus einer Briefdiskussion mit dem Zürcher Pastor Oskar Pfister vom Februar 1929 hervor. Die Diskussion dreht sich um ablehnende Reaktionen auf *Die Zukunft einer Illusion* (1927), und Freud erklärt dazu, er habe mit dem Buch das Ziel verfolgt, »die Analyse [...] vor den Priestern [zu] schützen« (Freud & Pfister 1963, 136). Pfister erwidert, sein seelsorgerisches Interesse lasse sich durchaus mit der Psychoanalyse verbinden – »Im Grund dienen Sie genau demselben Lebenszweck wie ich, und handeln, ›als ob‹ es einen Lebens- und Weltsinn gäbe« (ebd., 138) –, und er lobt Freuds »milde Güte« (ebd.), worauf dieser antwortet: »Ich glaube nicht, dass ich mich so benehme,

als ob es ›einen Lebens- und Weltsinn‹ gebe, das ist zu freundschaftlich gedacht, mahnt mich immer an den Klosterbruder, der in Nathan durchaus einen Christen sehen will. Ich bin lange nicht Nathan, aber ich kann es natürlich auch nicht vermeiden, ihnen ›gut‹ zu bleiben.« (Ebd., 140) Dass Freud hier die Identifikation ablehnt, könnte auf eine unterdessen veränderte Einschätzung verweisen, aber auch in Pfisters spezifischem Nathan-Bild begründet sein, das Freud nicht bestätigen mochte. (Der Verweis gilt dem Ausruf des Klosterbruders gegenüber Nathan: »Ein bessrer Christ war nie!« – Lessing 1779, IV.7.3068.)

258 In der Forschung liegen zum Verhältnis Freud – Lessing erst vereinzelte Beobachtungen vor. Ausgehend von einem angeblich überlieferten Statement erklärt Schönau 1968, 42–44, Lessing habe Freud als schriftstellerisches »Stilvorbild« gedient. Vgl. dazu aber die Einwände von Worbs 1983, 100. Rickels 1995, 125 verweist auf ein *Emilia Galotti*-Zitat in Freuds Aufsatz *Psychopathische Personen auf der Bühne* (geschrieben 1905/6, veröffentlicht posthum), mittels dessen Freud dieselbe intertextuelle Verbindung zwischen *Emilia Galotti* (1772) und *Hamlet* herstelle wie Goethe im 5. Buch von *Wilhelm Meisters Lehrjahren* (1795). Briegleb 2005, 45 sieht einen Bezug von Freuds *Moses*-Buch (1938) zu Lessings religionskritischen Schriften in der Auseinandersetzung mit Goeze, da in beiden Fällen die »Justinianische Formel von der ›Verrücktheit‹ des judaischen Interpretierens« in einer »*verkehrten* Richtung« gegen die christliche Exegese gewendet werde.

259 Lessing 1779, II.7.1376–77.

260 Ebd., II.7.1377–79.

261 Ebd., II.7.1381–83.

262 Ebd., V.6.3514.

263 Wie gravierend die Entdeckung unter Umständen sein könnte, zeigt sich in der Episode, in welcher der Patriarch von Rechas christlicher Herkunft erfährt und Nathan sofort als »Juden, welcher einen Christen zur Apostasie verführt«, auf dem »Scheiterhaufen« hinrichten lassen will (ebd., IV. 2.2536–37).

264 *Poet*, 1452b, 3.

265 Ebd., 1452a, 33.

266 Ebd., 1452a, 22.

267 Vgl. zum Folgenden Brodsky 1983, Ter-Nedden 1986, 153.

268 Lessing 1772, 203 (V.7).

269 Für die Bezugnahme auf *Ödipus* spricht nicht zuletzt, dass die Ursache für den Sturz des Tyrannen – die *hamartia* – zur Zeit Lessings häufig in der *Neugier* gesucht wurde, da Ödipus selbst dann nicht von seinen Nachforschungen ablässt, als Iokaste ihn dazu auffordert (vgl. oben, Kap. 2.1). Dass Lessing diese Diskussionen kannte, geht aus dem *Briefwechsel über das Trauerspiel* (1756/57) hervor. In der zweiten Beilage zum Brief vom 14. Mai 1757 schreibt Nicolai an Lessing: »Ich habe mit Moses lange nachgedacht, was wohl der Fehler des Oedipus sein möchte, wenn es die Heftigkeit und Neugier nicht ist.« (Lessing & Moses Mendelssohn & Nicolai 1756/57, 227)

270 Vgl. Ter-Nedden 1986, 164–165. Für eine ähnliche, doch im Detail anders akzentuierte Lektüre von Emilias Zitier-Gestus vgl. Weigel 2007, 62, die nicht Virginia, sondern Lucretia (ebenfalls aus Livius' *Römischer Geschichte*) als Vorbild sieht und auf die doppelte Distanz der »säkularisierten christlichen Kultur« zur antiken Tragödie hinweist.

271 Dies ist die Einschätzung von Kommerell 1940, 32–33.

272 Eine im Ansatz vergleichbare *poetologische* Lesart des un-tragischen Endes schlägt Briegleb 1989, 221–225, vor, der allerdings nicht auf die Aristoteles-Diskussion eingeht, sondern – mit einem Konzept Benjamins – von einer »surrealistischen« Poetik des »Traumkitschs« spricht.

273 Erneut ist diesbezüglich an Breuer zu denken, der mit seinem Begriff der *katharsis* ähnlich wie der Tempelherr bei Lessing ein bestimmtes Verständnis der *Poetik* vertritt, das dann durch den neugierigen, furchtlosen Forscher widerlegt wird.

274 »Denn eine solche Peripetie und Wiedererkennung bewirkt Jammer oder Schaudern, und es wurde ja vorausgesetzt, dass die Tragödie Nachahmung von Handlungen mit diesen Wirkungen sei« (*Poet*, 1452a, 38–1452b, 1). – »Die Tragödie ist Nachahmung einer

guten und in sich geschlossenen Handlung [...], die Jammer und Schaudern hervorruft und hierdurch eine Reinigung *[katharsin]* von derartigen Erregungszuständen bewirkt« (ebd., 1449b, 27).

275 Lessing 1779, V.8.3803–14.

276 Die dritte Möglichkeit – eine Aufnahme in die Familie des Onkels Saladin und somit die Rückkehr der Geschwister zum Islam, den ihr Vater einst hinter sich ließ – lässt Lessing nur am Rande aufscheinen. Dass zwar der Tempelherr, nicht aber Recha gefragt wird, verweist nicht zwingend auf eine Hierarchie der Geschlechter, sondern Nathan könnte auch annehmen, Recha habe sich bereits für seine Seite entschieden.

277 Vgl. zur Forschungslage Brenner 2000, 255 bzw. 277, sowie zum Streit um die christliche »Wahrheit« bes. Michelsen 1992, Guthke 2004/05.

278 Vgl. zum Folgenden Simon 1999, 629–631.

279 Lessing 1779, IV.7.3120. – Und vgl. weiter Simon 1999, 631, der betont, dass »Schwiegersohn« im zeitgenössischen Kontext die plausible Lesart für »Eidam« ist.

280 Vgl. Gilman 1993, 198 und 205.

281 Vgl. dazu oben, Kap. 1.1.

282 Einen Bogen von *Nathan der Weise* zu *Totem und Tabu* schlägt Kittler 1977, 41–42, der allerdings Nathan als Urvater liest, welcher über das Inzest-Tabu wacht und somit nicht in Betracht zieht, dass er gerade auf die Tabu-Macht verzichten könnte. – Bemerkenswert ist in diesem Zusammenhang auch, dass Nathan kein leiblicher Vater ist. Dies ließe sich als Anspielung darauf lesen, dass die Vorstellung der durch Geburt und Blutszugehörigkeit definierten *familia* zwar für die römisch-christliche Tradition zentral ist, nicht aber für das Judentum.

283 *Poet*, 1453a, 8–11.

284 So z.B. Schadewaldt 1960, 281: »Dämonie des Wissenwollens um jeden Preis«; Dodds 1966, 46: »menschliche Intelligenz, die nicht ruhen kann, bis sie alle Rätsel gelöst hat« (Übers. T.W.); Burkert 1991, 28: »Existenz einer alles-verstehenden Intelligenz, die unsere Welt umfasst« (Übers. T.W.).

285 Vgl. oben, Fußnote 269.

286 Hölderlin 1803, 852.

287 *OT*, 95. – Dieser Argumentationsschritt Hölderlins wird in der Forschung häufig kritisiert. Der Einwand lautet, das *miasma*, mit dem der Orakelspruch die zu tilgende Befleckung bezeichnet, bedeute zu der Zeit von Sophokles durchaus etwas Partikuläres und häufig sogar einen Mord, weshalb Ödipus keine willkürliche Deutung vorzuhalten sei. Vgl. den Überblick bei Bernofsky 2005, 98–99 sowie für ein Beispiel Schmidt & Grätz 1994, 1381.

288 *Poet*, 238–239.

289 Ebd., 244–245.

290 Darin, dass Ödipus sich zum ›Kampfgenossen‹ Gottes macht, liegt gemäß Hölderlin »das Ungeheure, wie Gott und der Mensch sich paart«, in dem er den Ausgangspunkt für »die Darstellung des Tragischen« (Hölderlin 1803, 856) sieht. Vgl. dazu auch Bröcker 1959, 21, sowie besonders Szondi 1961, 165, der das »grenzenlose Einswerden« (Hölderlin 1803, 856) von Gott und Mensch direkt auf die »zu unendliche« Deutung des Orakels bezieht.

291 Vgl. Lloyd-Jones 1970, 42.

292 In der Forschung liegen zum Verhältnis Freud-Hölderlin bisher erst vereinzelte Vermutungen vor, die aber im hier besprochenen Kontext nicht unbedeutend sind. So bezieht Nägele Hölderlins »Dezentrierung des Menschen in sich selbst« auf Freuds Entdeckung des Unbewussten, weil sich in beiden Fällen aus der Anerkennung der Dezentrierung die »Chance einer – bei Hölderlin auch politischen – Praxis« ergebe, und dazu zitiert er Hölderlins Satz: »Es ist auch gut [...] dass keine Kraft monarchisch ist am Himmel und auf Erden« (Nägele 1998, 278). Dahlke 2008, 21 stellt eingangs ihrer Studie zu Hölderlins Tragödien-Begriff die Frage, »was die Poetik Hölderlins der Psychoanalyse zu denken aufgibt«, und unter den Ansätzen, die sie dazu später anhand von *Ödipus* präsentiert, ist besonders der Vergleich von Hölderlins Bemerkung zur ›zornigen Ahnung‹

des Helden mit Freuds Paranoia-Diagnose (erstmals im Brief an Fließ) bemerkenswert (vgl. ebd., 462–463).

293 Dadurch kommt der politische Effekt zustande, den Freud in *Totem und Tabu* beschreibt: Dank der Phantasie bleibt die Tabu-Macht des Tyrannen (die Definitionsmacht über die *kakia*) auch nach seinem Fall unangetastet, obwohl sie nun nicht mehr aktualisiert werden kann.

294 Eine vergleichbare These vertritt Agamben 1978, 11, dem zufolge die »christliche Theologie« jene »Kategorien begründet« hat, »in denen die moderne Kultur später tragische Konflikte interpretieren sollte« (Übers. T. W.).

295 Ich sage »teilweise«, weil ich keine Aussage zum Gesamtwerk der beiden Autoren mache. Das Fazit bezieht sich ausschließlich auf die beiden hier diskutierten Texte, *Nathan der Weise* einerseits, die *Anmerkungen zum Oedipus* andererseits.

296 *GW* X, 44. – Zu Freuds Kampf um Autorität mit Adler und Jung in den Jahren vor 1914 vgl. auch Santner 1996, 20–24.

297 Vgl. Mosès 2002, 122–124. – Ein Beispiel, das für Freud nahe gelegen haben dürfte, findet sich bei Heinrich Heine, der in den *Memoiren des Herrn von Schnabelewopski* (1833) schreibt: »Unsere Zeit – und sie beginnt am Kreuze Christi – wird als eine große Krankheitsperiode der Menschheit betrachtet werden.« (Heine 1833, 545)

298 *GW* IX, 181.

299 Ebd., 179.

300 *GW* XIII, 152.

301 Den ersten Teil dieses Arguments, dass literarische Heldengeschichten als Wunschphantasien des Dichters zu verstehen sind, führt Freud bereits 1908 in *Der Dichter und das Phantasieren* aus. Dabei betont er, dass im Unterschied zu »Romanen, Novellen und Geschichten« (*GW* VII, 219), welche individuelle Dichter-Phantasien zum Ausdruck bringen, die »Mythen« den »entstellten Überresten von Wunschphantasien ganzer Nationen [...] entsprechen« (ebd., 222). Für den zweiten Teil des Arguments ist der Hinweis von Bloom 1973, 53 aufschlussreich, dass sich eine Gestalt des Anführers, der mittels dichterischer Schöpfung eine »Priorität durch Autorität« erlangt, in jener Theorie über die »Anfänge der Dichtung« findet, die Vico in der *Scienza nuova* (1725–44) präsentiert.

302 *GW* XIII, 150.

303 Vgl. Gay 1988, 406.

304 Vgl. Laplanche & Pontalis 1967, 203.

305 *GW* XIII, 152.

306 Ebd., 128.

307 Ebd.

308 Zum Aktualitätsbezug von *Massenpsychologie und Ich-Analyse* vgl. Brumlik 2006, 195–204. Als weiteres Beispiel einer Theorie, die sich analytisch-kritisch mit den neuen Massen beschäftigt, verweist Brumlik auf Max Webers Ausführungen zur ›charismatischen Herrschaft‹, die zeitgleich mit Freuds Buch in Webers posthum publizierter Studie *Wirtschaft und Gesellschaft* (1921) erscheinen. – Übrigens diente Freud, wie Kaes 2000, 121–123 erwähnt, 1920 als Expertenbegutachter in der Gerichtsverhandlung einer Klage, die ein Wiener Kriegsneurotiker gegen seinen Arzt eingereicht hatte, weil dieser ihn – wie es bei der Simulation verdächtigten Soldaten häufig geschah – mit Elektroschocks behandelt bzw. gequält hatte. Einen versteckten Hinweis auf diesen Kontext gibt Freud in *Massenpsychologie und Ich-Analyse*, indem er die lieblose Behandlung der Soldaten als einen Grund für die Niederlage erwähnt (vgl. *GW* XIII, 103).

309 Davon ausgehend hat sich in der Freud-Rezeption die ideologiekritische Richtung entwickelt. Den Anfang markiert Lacans Kommentar zu *Massenpsychologie und Ich-Analyse* im *Seminar XI* (Lacan 1973, 281–288), den sich Zizek 1989 bzw. 1993 in seinen Untersuchungen zur Rolle des ›sublimen‹ Phantasie-Objekts im Totalitarismus bzw. Nationalismus zunutze macht. Direkt auf *Massenpsychologie und Ich-Analyse* bezieht sich Pfaller 2000, um die Erfolge des rechtsextremen österreichischen Politikers Jörg Haider zu erläutern.

310 *GW* XIII, 104.

[311] Ebd., 106.
[312] Ebd., 150–151 (Hervorh. T.W.).
[313] Zu den zahlreichen Erwähnungen Schillers in Freuds Schriften vgl. Weissberg 2006, die auch auf die besonders häufigen *Wallenstein*-Zitate hinweist, jedoch nicht auf *Massenpsychologie und Ich-Analyse* eingeht. Vgl. auch Frankland 2000, 39–42 zu Freuds mehrmaligem Bekunden, dass die Zeile »Durch Hunger und durch Liebe« aus Schillers *Die Weltweisen* (1795) ein wichtiger Ausgangspunkt für die Formulierung der psychoanalytischen Trieb-Theorie gewesen sei.
[314] *GW* IV, 107. – Vgl. zu diesem Zitat auch Simons 1983.
[315] *GW* VI, 30.
[316] Ebd., 46.
[317] Schiller 1800, I, 11.712.
[318] *GW* XIII, 122.
[319] Schiller 1800, I, 11.1034.
[320] Ebd. II, 1.2.193.
[321] *GW* XIII, 102.
[322] Schiller 1800, I, 6.309
[323] *GW* XIII, 134.
[324] Schiller 1800, II, 5.1.2523.
[325] Ebd., I, 8.599–600.
[326] Ebd., III, 2.2.778.
[327] Ebd., II, 5.2.2589–90.
[328] *GW* XIII, 101.
[329] Ebd., 104.
[330] Ebd., 150–51.
[331] Freuds struktureller Vergleich auf psychologischer Basis entspricht dabei seiner am Anfang des Kapitels erläuterten phylogenetischen Herleitung, in der die christliche Gemeinschaft durch das doppelte Opfer von Vater und Sohn aus der vom Urvater regierten Horde hervorgeht.
[332] Schiller 1800, II, 1.3.294.
[333] *GW* XIII, 151.
[334] In der Schiller-Forschung wird die Referenz auf die Zeitgeschichte bisher anders gedeutet. Gemäß Koopmann 1989, 52–56 steht Wallenstein für die Französische Revolution, die an den restaurativen Kräften – besonders dem Klerus – scheitert. Alt 2008 (*Klassische Endspiele*), 179–180 sieht im Sturz Wallensteins den Untergang jener staatlichen Ordnung dargestellt, die durch die Französische Revolution überwunden wurde.
[335] Vgl. zur Forschungsdebatte den Überblick bei Henke 1995, 331. Als einer der wenigen sieht Wittkowski 1990 bei Schiller eine durchweg positive Darstellung Piccolominis.
[336] Schiller 1800, II, 1.4.534–535.
[337] Ebd., II, 1.4.399–400.
[338] Ebd., II, 4.7.2215 bzw. 4.7.2212.
[339] Ebd., III, 3.20.2243–48.
[340] Ebd., III, 3.23.2413–14.
[341] Vgl. den Überblick bei Hinderer 1998, 316–318.
[342] Zu Goethes Bemerkung vgl. Saranpa 2002, 17. Für eine herausragende Rolle von Max plädiert u.a. Schings 1990, dem zufolge Max für eine kantische ›Moral‹ steht, welche Schiller gegen die machiavellistische ›Staatskunst‹ von Heer und Kirche positioniert habe. Vergleichbar argumentiert Guthke 1994, 202, der Schiller selbst jedoch weniger nahe an Max sieht. Gerade eine »innere Krise des Idealismus« habe Schiller zeigen wollen, und dies entspreche seinem überlieferten Fazit, dass »das eigentlich moralische« »leer« sei (ebd., 195). Wiederum positiver ist die Einschätzung bei Alt 2004, 454, dem zufolge Max und Thekla ein »Reich der Gefühle« vertreten, von dem Schiller ein »Hoffnungsbild der realistischen Tragfähigkeit« gezeichnet habe.
[343] Schiller 1793 (*Vom Erhabenen*), 449.
[344] Schiller 1793 (*Über das Pathetische*), 409.

345 Ebd., 409–410.
346 Schiller 1800, III , 4.11.3114 bzw. 3115.
347 Zur Frage der intendierten Wirkung vgl. Alt 2004, 463–464, der ausgehend von Max und Thekla auf Schillers »wirkungspoetischen Optimismus« hinweist: Im Moment des Zerfalls der alten Ordnung solle das »Auge« des Publikums »in der Zukunft hoffnungsreicher Ferne« gerichtet werden. – Wie umstritten Schillers Wirkungsästhetik trotz mancher Erklärungen in seinen dramentheoretischen Schriften geblieben ist, zeigte kürzlich eine Auseinandersetzung über die Funktion, die dem Chor in der *Braut von Messina* für die Involvierung bzw. Positionierung des Publikums zukommt. Menke 2007 wendet sich diesbezüglich gegen Wild 2003, 407–419.
348 *GW* IV, 201.
349 Der Vergleich lässt sich auch in politischen und in theologischen Begriffen formulieren. Politisch korreliert die »Tyrannenweise« Wallensteins mit dem usurpatorischen Akt Claudius'. In theologischer Hinsicht lässt sich Wallensteins »Verrat«, der Max zufolge »schwarz wie die Hölle« ist, mit Claudius' Problem vergleichen. Er kann wie gesehen sein Vergehen nicht als Sünde beichten, so dass es auch nicht gesühnt werden kann und ihn ebenfalls in die Hölle bringen muss.
350 Analogien zu Shakespeare wurde bereits zu Lebzeiten Schillers verschiedentlich gesucht, doch stand dabei im Fall von *Wallenstein* nicht *Hamlet* im Vordergrund. Vgl. Henke 1995, 314–15, der auf verschiedene Besprechungen um 1800 hinweist und dann vor allem auf Ludwig Tiecks Vergleich mit *Macbeth* 1824. – Einen Szene-für-Szene-Vergleich, wie ich ihn im Folgenden zwischen *Wallenstein* und *Hamlet* vorschlage, präsentiert von Stransky 2005 für *Die Räuber* und *Richard II.*
351 Schiller 1800, III, 3.18.2132–36.
352 *Ham*, 1.5.188–89 (»Verflucht, dass ich zur Welt sie einzurichten kam«).
353 Schiller 1800, III, 3.21.2274.
354 Vgl. zur kirchlichen Position gegen den Usurpator und zur diesbezüglichen konfessionellen Spaltung in der frühen Neuzeit Benjamin 1928, 245–246.
355 *GW* XIII, 104.
356 Ebd., 106.
357 Ebd.
358 Das Vorgehen ist für Nestroy typisch, der seine Parodien dadurch in sehr kurzer Zeit verfassen konnte und ein entsprechend umfangreiches Werk schuf. Vgl. zu Nestroy als Bearbeiter und seiner Technik der Parodie, Hein 1990, 101–107; zur Rolle der Sprachkomik in der Parodie, Brill 1968, 39–44; speziell zu *Judith und Holofernes*, McKenzie 1973.
359 Hebbel 1840, 74.
360 *GW* XII, 177.
361 Ebd., 178.
362 Ebd., 163.
363 Vgl. allgemein Pfaller 2002, 286. Zu Freuds *Judith*-Lektüre vgl. den Hinweis von Kofman, dass Freud eine »genetische Abfolge zwischen verschiedenen Produkten« (Kofman 1971, 102 – Übers. T.W.) wie Träumen, Mythen oder literarischen Werken herstellt. Wenn sich Spuren alter Magie in den kulturellen Erzeugnissen der modernen Zivilisation finden, so lassen sich diese gemäß Freud in genealogischer Weise auf die älteren Formen zurückführen.
364 *GW* XII, 178–179. – Das griechische Judith-Buch wird heute ungefähr auf das Jahr 100 v. Chr. datiert, während die lange Zeit verbreitete Annahme eines verschollenen hebräischen Urtextes als widerlegt gelten kann. Vgl. Schmitz 2006.
365 Jacobus 1986 weist darauf hin, dass Horace Vernet als Erster einen sexuellen Verkehr zwischen Judith und Holofernes angedeutet habe, nämlich in seinem Gemälde von 1831, auf das sich Hebbel in einem Tagebuch-Eintrag zustimmend bezieht.
366 *GW* XII, 178.
367 Vgl. Kittler 1999, 23–29, der Tagebuch-Eintrag zit. ebd, 23.
368 Hebbel 1840, 68.

[369] Ebd., 69.
[370] Ebd., 67.
[371] Ebd., 65.
[372] Ebd., 67.
[373] Reinhardt 1989, 89–90 verwendet die aristotelischen Begriffe *anagnorisis, perpeteia* und *hamartia*. Vgl. zudem die frühere Forschungs-Diskussion um Judiths tragischen Fall, etwa bei von Wiese 1948, 590–591, und Wittkowski 1963.
[374] Zu Hebbels Auseinandersetzung mit der Tragödie und den dabei fraglichen Punkten vgl. u. a. Lukacs 1911, Benjamin 1923, Liepe 1958, Szondi 1961.
[375] Hebbel 1840, 74.
[376] Ebd., 38.
[377] Ebd., 81.
[378] Ebd., 74.
[379] Vgl. in diesem Kontext die Erörterungen von Stumpf 1997, 86, die Hebbels poetisches Verfahren allgemein dadurch charakterisiert sieht, dass er historische »Gründungsfiguren« in ihrem »genealogischen Zusammenhang« vorführt.
[380] Hebbel 1840, 75.
[381] Die Nähe seiner Judith zu Christus hebt Hebbel in einer berühmten Briefstelle von 1854 hervor. Als er von seinem jahrzehntelang verfolgten, aber nie realisierten Christus-Projekt berichtet, sagt er, Christus müsste in seinem Drama »einen ähnlichen Process, natürlich ganz anderen Mächten gegenüber, durch mach[en], wie die Judith« (zit. Reinhardt 1989, 145).
[382] Vgl. dazu auch Kreuzer 1973, 281: »Hebbel glaubte an eine historische Mission der Hebräer, das Heidentum zu überwinden und die Erscheinung Christi hervorzubringen.«
[383] Vgl. Freud 1989, 122.
[384] Hebbel 1843, 568.
[385] *GW* XIII, 106.
[386] *BF*, 413 (Brief vom 4.10.1899).
[387] Ebd., 495 (Brief vom 19.9.1901).
[388] Freud & Abraham 1965, 328–329 (Brief vom 4.3.1924).
[389] *GW* XI, 365.
[390] Ebd., 365–366.
[391] *GW* XIV, 220.
[392] *GW* XVI, 73.
[393] In der Forschung liegen zur Funktion von Freuds Nestroy-Zitaten erst wenige Überlegungen vor. Gemäß Rattner & Danzer macht sich darin bemerkbar, dass Freud und Nestroy einander weltanschaulich nahe standen. Ihr »Menschenbild« sei »ähnlich düster und tragisch« (Rattner & Danzer 2004, 49), und daraus hätten beide einen »Humor« entwickelt, der »über [die] Schwächen emporhebt« (ebd., 51). Detaillierter ist Kofmans Analyse zur Rolle Nestroys in Freuds Aufsatz *Konstruktionen in der Analyse* (1937). Freud zitiert dort von Nestroy den Satz »Im Laufe der Begebenheiten wird alles klar werden« (*GW* XVI, 52), und Kofman liest dies so, dass Freud »die analytische Antwort an eine Antwort der Komödie angepasst« habe; er transformiere »die tragische, paranoide Szene« eines psychoanalytischen Tribunals in eine »komische, farcehafte Szene voller Humor« (Kofman 1983, 114 – Übers. T. 143W.).
[394] Nestroy 1848, 113.
[395] *GW* XIII, 106.
[396] Nestroy 1848, 112–113.
[397] Ebd., 113.
[398] Nestroy scheint dabei zwei bei Hebbel getrennt behandelte Aspekte vereint zu haben: zum einen den Fall des Anführers als Auslöser für die Panik, zum anderen die Wahrnehmung des Feldherrn als Held.
[399] Nestroy 1848, 113.
[400] Deshalb bleibt *Judith und Holofernes* letztlich nicht auf die Vorlage von Hebbel angewiesen, wie Kraus 1917, 53, betont: Die Parodie würde »in ihrem eigenen Element

weiter[leben]«, denn sie »hätte aus sich selbst Pathos genug, um zu atmen und da zu sein«.

401 Vgl. Kindermann 1952, 101; zudem Simon 2001, 55, der die Komödie – allerdings ganz allgemein – als »Beobachtung der Tragödie« definiert.

402 Ähnlich argumentiert Pape 2003, 7, wenn er in Nestroys Stück die »Maskierung, Verbergung, Verhüllung« der Hebbel'schen Tragödie beobachtet.

403 Vgl. auch Kofman 1971, 113: »Die Hebräer sind verachtenswert, verweiblicht [...]«, sowie für eine kulturgeschichtliche Studie zum Stereotyp des ›verweiblichten Mannes‹ Boyarin 1997.

404 Hebbel 1840, 58.

405 Ebd.

406 Ebd., 27.

407 Dabei verhindert Nestroy es auch, dass die Travestie in sekundärer Weise als eine heldenhafte militärische Taktik – etwa als Partisanenkampf – interpretiert werden könnte. Selbst wenn man bereit wäre, in der Verkleidung und dem Besuch bei Holofernes einen besonders gewagten Angriff zu sehen, scheitert Joab an diesem Maßstab gemessen kläglich, als er auf Holofernes' Trick hereinfällt. Er agiert daher nicht ›hinter‹ einer bloß strategischen Verkleidung als heldenhafter Partisanenkrieger, sondern er geht vollkommen in der Rolle des ›verweiblichten‹ Mannes auf.

408 Nestroy 1848, 93.

409 Ebd.

410 Vgl. Hein 1970, 78–79, seither vor allem Walker 1981.

411 Vgl. aber auch weiterhin Walker 1981, 106, der bei der Lektüre der Tagespresse zum Schluss kommt, dass Nestroys Theater damals mehrheitlich als kaisertreu wahrgenommen wurde.

412 *GW* XI, 59. – Walker 1981, 98 verbindet *Judith und Holofernes* in diesem Punkt mit Freuds *Witz*-Buch, und teilt zudem einen Witz aus der jüdischen Satirezeitschrift *Wiener Katzenmusik* vom August 1848 mit: »*Ein unfreiwillig Freiwilliger*/ *Itzig* soll zum Militär,/ Und das kränkte ihn so sehr;/ Zwar, er fürchtet nicht den Knall,/ Doch der *Schuss* ist sehr fatal!«

413 *GW* XI, 110.

414 Ebd., 121.

415 Ebd., 123.

416 Ebd.

417 Ebd., 124.

418 Ebd., 125.

419 Vgl. zur Forschungs-Diskussion darüber, ob Nestroys Stück selbst antisemitisch sei, den Überblicke bei Scheit 1998.

420 Bloom 1975, 110.

421 Jameson 1981, 56–57.

422 Auerbach 1939, 82.

423 Vgl. Auerbach 1946, 74–77; Auerbach 1958, 234–236.

424 Vgl. Lacan 1958, 132.

Siglenverzeichnis

BF – Freud, *Briefe an Wilhelm Fließ 1887–1904.*

Conf – Augustinus, *Confessiones/Bekenntnisse.*

GW – Freud, *Gesammelte Werke.*

Ham – Shakespeare, *Hamlet.*

NB – Freud, *Gesammelte Werke. Nachtragsband.*

OT – Sophokles, *König Ödipus.*

Poet – Aristoteles, *Poetik.*

Pol – Platon, *Der Staat.*

Psy – Aristoteles, *On the Soul.*

PWPV – Nunberg & Federn (Hgg.), *Protokolle der Wiener Psychoanalytischen Vereinigung.*

Bibliographie

1. Freud

Davies, J. Keith & Fichtner, Gerhard (Hgg.), *Freud's Library. A Comprehensive Catalogue*, London & Tübingen 2006.

Freud, Sigmund, *Briefe 1873–1939*, hg. v. Ernst & Lucie Freud, Frankfurt/M. ^{3}1980 [1960].

Freud, Sigmund, *Briefe an Wilhelm Fließ 1887–1904*, hg. v. Jeffrey Moussaieff Masson, dt. v. Michael Schröter, Frankfurt/M. 1986.

Freud, Sigmund, *Gesammelte Werke*, u. Mitw. v. Marie Bonaparte, hg. v. Anna Freud, Frankfurt/M. 1999 [1940].

Freud, Sigmund, *Gesammelte Werke. Nachtragsband. Texte aus den Jahren 1885 bis 1938*, hg. v. Angela Richards u. Mitw. v. Ilse Grubrich-Simitis, Frankfurt/M. 1999 [1987].

Freud, Sigmund, *Jugendbriefe an Eduard Silberstein 1871–1881*, hg. v. Walter Boehlich, Frankfurt/M. 1989.

Freud, Sigmund, *Studienausgabe*, hg. v. Alexander Mitscherlich, Frankfurt/M. 1969–.

Freud, Sigmund, »[Ohne Titel]. Ein bisher unbekannter Text«, in: *Neue Rundschau* 117:1 (2006), 9–26.

Freud, Sigmund & Abraham, Karl, *Briefe 1907–1926*, hg. v. Hilda C. Abraham & Ernst L. Freud, Frankfurt/M. 1965.

Freud, Sigmund & Bernays, Minna, *Briefwechsel 1882–1938*, hg. v. Albrecht Hirschmüller, Tübingen 2005.

Freud, Sigmund & Ferenczi, Sandor, *Briefwechsel*, hg. v. Eva Brabant, wiss. Ltg. André Haynal, Böhlau 1993.

Freud, Sigmund & Jones, Ernest, *The Complete Correspondence of Sigmund Freud and Ernest Jones 1908–1939*, hg. v. R. Andrew Paskauskas, Cambridge, MA 1993.

Freud, Sigmund & Jones, Ernest, *Briefwechsel. Originalwortlaut der in Deutsch verfassten Briefe Freuds*, hg. v. Ingeborg Meyer-Palmedo, Frankfurt/M. 1993.

Freud, Sigmund & Jung, Carl Gustav, *Briefwechsel*, hg. v. William MacGuire & Wolfgang Sauerländer, Frankfurt/M. 1974.

Freud, Sigmund & Pfister, Oskar, *Briefe 1909–1939*, hg. v. Ernst L. Freud & Heinrich Meng, Frankfurt/M. 1963.

Freud, Sigmund & Zweig, Arnold, *Briefwechsel*, hg. v. Ernst L. Freud, Frankfurt/M. 1968.

Nunberg, Herman & Federn, Ernst (Hgg.), *Protokolle der Wiener Psychoanalytischen Vereinigung* Frankfurt/M. 1979–.

2. Weitere Quellen

Aristoteles, *Poetik*, Griechisch/Deutsch, übers. u. hg. v. Manfred Fuhrmann, Stuttgart 1999.

Aristoteles, *On the Soul*, w. Engl. transl. by W. S. Hett, Cambridge, MA 1936.

Augustinus, *Confessiones/Bekenntnisse*, Lateinisch/Deutsch, eingel. u. übers. v. Joseph Bernhart, München 1966.

Bernays, Jacob, »Grundzüge der verlorenen Abhandlung des Aristoteles über Wirkung der Tragödie«, in: *Zwei Abhandlungen über die aristotelische Theorie des Dramas*, Berlin 1880, 1-118 [1857].

Hebbel, Friedrich, *Judith*, in: *Werke*, hg. v. Gerhard Fricke, München 1963, Bd. 1, 7-75 [1840].

Hebbel, Friedrich, »Mein Wort über das Drama«, in: *Werke*, hg. v. Gerhard Fricke, München 1963, Bd. 3, 545-576 [1843].

Hegel, G.W.F., »Glauben und Wissen«, in: *Werke*, hg. v. Eva Moldenhauer, Frankfurt/M. 1986, Bd. 2, 287-433 [1802].

Hegel, G.W.F., *Vorlesungen über die Ästhetik*, in: *Werke*, hg. v. Eva Moldenhauer, Frankfurt/M. 1986, Bde. 13-15 [1820].

Hölderlin, Friedrich, »Anmerkungen zum Ödipus«, in: *Sämtliche Werke und Briefe*, hg. v. Jochen Schmidt, Frankfurt/M. 1994, Bd. 2, 849-857 [1803].

Heine, Heinrich, *Aus den Memoiren des Herrn von Schnabelewopski*, in: *Sämtliche Schriften*, hg. v. Klaus Briegleb, München 1997, Bd. 1, 503-556 [1833].

Heine, Heinrich, *Geschichte der Religion und Philosophie in Deutschland*, in: *Sämtliche Schriften*, hg. v. Klaus Briegleb, München 1997, Bd. 3, 505-641 [1834].

Heine, Heinrich, *Geständnisse*, in: *Sämtliche Schriften*, hg. v. Klaus Briegleb, München 1997, Bd. 6, 443-513 [1854].

Lessing, Gotthold Ephraim & Mendelssohn, Moses & Nicolai, Friedrich, »Briefwechsel über das Trauerspiel«, in: *Werke*, hg. v. Herbert G. Göpfert, Bd. 4, Darmstadt 1973, 153-227 [1756/57].

Lessing, Gotthold Ephraim, *Emilia Galotti*, in: *Werke*, hg. v. Herbert G. Göpfert, Bd. 2, Darmstadt 1971, 127-204 [1772].

Lessing, Gotthold Ephraim, *Nathan der Weise*, in: *Werke*, hg. v. Herbert G. Göpfert, Bd. 2, Darmstadt 1971, 205-348 [1779].

Luther, Martin, »Von den guten Werken«, in: *Gesammelte Werke. Kritische Gesamtausgabe*, Weimar & Graz 1966, Bd. 6, 202-276 [1520].

Nestroy, Johann, *Judith und Holofernes*, in: *Stücke*, hg. v. Jürgen Hein, Bd. 26/II, Wien 1998, 85-114 [1849].

Nietzsche, Friedrich, *Die Geburt der Tragödie*, in: *Kritische Studienausgabe*, hg. v. Giorgio Colli & Mazzino Montanari, Berlin & New York 1988, Bd. 1, 9-156 [1872].

Nietzsche, Friedrich, *Zur Genealogie der Moral*, in: *Kritische Studienausgabe*, hg. v. Giorgio Colli & Mazzino Montanari, Berlin & New York 1988, Bd. 5, 245-412 [1878].

Nietzsche, Friedrich, *Ecce Homo*, in: *Kritische Studienausgabe*, hg. v. Giorgio Colli & Mazzino Montanari, Berlin & New York 1988, Bd. 6, 255-374 [1889].

Platon, *Der Staat*, Deutsch v. Rudolf Rufener, Einl. v. Thomas Alexander Szelzák, Erl. v. Olof Gigon, München 1991. Der griechische Text nach *www.perseus.tufts.edu* (Zugriff am 22.3.2009).

Schelling, Friedrich Wilhelm Joseph von, »Philosophische Briefe über Dogmatismus und Kritizismus«, in: *Werke*, hg. v. Manfred Schröter, München 1927, Bd. 1, 205-265 [1795].

Schiller, Friedrich, »Vom Erhabenen«, in: *Werke und Briefe*, hg. v. Otto Dann, Frankfurt/M. 2000, Bd. 8, 395-422 [1793].

Schiller, Friedrich, »Über das Pathetische«, in: *Werke und Briefe*, hg. v. Otto Dann, Frankfurt/M. 2000, Bd. 8, 423-451 [1793].

Schiller, Friedrich, *Wallensteins Lager, Die Piccolomini, Wallensteins Tod,* in: *Werke und Briefe*, hg. v. Otto Dann, Frankfurt/M. 2000, Bd. 4, 11-293 [1800].

Shakespeare, William, *Hamlet*, Englisch/Deutsch, hg. v. Holger M. Klein, Stuttgart 1993 [1604/05].

Sophokles, *König Ödipus*, übers. v. Wolfgang Schadewaldt, Frankfurt/M. 1973. Der griechische Text nach *www.perseus.tufts.edu* (Zugriff am 22.3.2009).
Sophokles, *Ödipus auf Kolonos*, Übers. und Anm. v. Kurt Steinmann, Stuttgart 1996.

Wilamowitz-Möllendorf, Ulrich von, »Excurse zum Oedipus des Sophokles«, in: *Hermes* 34 (1899), 55–80.

3. Forschungsliteratur

Adkins, Arthur W. H., *Merit and Responsibility*, Oxford 1960.
Adorno, Theodor W., *Ästhetische Theorie*, Frankfurt/M. 1986 [1960].
Agamben, Giorgio, »Comedy«, in: *The End of the Poem. Studies in Poetics*, Stanford 1999, 1–22 [ital. 1978].
Agamben, Giorgio, *The Man Without Content*, Stanford 1998 [ital. 1994].
Alt, Peter-André, *Friedrich Schiller*, München 2004.
Alt, Peter-André, *Klassische Endspiele. Das Theater Goethes und Schillers*, München 2008.
Alt, Peter-André, »Einführung«, in: Alt, Peter-André & Anz, Philipp (Hgg.), *Sigmund Freud und das Wissen der Literatur*, Berlin & New York 2008, 1–13.
Anzieu, Didier, *Freuds Selbstanalyse und die Erfindung der Psychoanalyse*, München 1990 [1959].
Anzieu, Didier, »Œdipe avant le complexe ou de l'interprétation psychanalytique des mythes«, in: *Temps Modernes* 245 (1966), 675–715.
Armstrong, Philip, *Shakespeare in Psychoanalysis*, London & New York 2001.
Armstrong, Richard H., »Oedipus as Evidence. The Theatrical Background to Freud's Oedipus Complex«, in: *Psyart* 3 (1999), http://www.clas.ufl.edu/ipsa/journal/1999 (Zugriff am 22.3.2009).
Armstrong, Richard H., *A Compulsion for Antiquity. Freud and the Ancient World*, Ithaca 2005.
Aschheim, Steven E., *The Nietzsche-Legacy in Germany 1890–1990*, Berkeley 1992.
Assmann, Jan, *Moses der Ägypter. Entzifferung einer Gedächtnisspur*, München 1997.
Assoun, Pierre-Laurent, *Freud et Nietzsche*. Paris ^{2}1998 [1980].
Assoun, Pierre-Laurent, *Littérature et psychanalyse. Freud et la création littéraire*, Paris 1996.
Auerbach, Erich, »Figura«, in: *Gesammelte Aufsätze zur romanischen Philologie*, Bern 1967, 55–92 [1939].
Auerbach, Erich, *Mimesis. Dargestellte Wirklichkeit in der abendländischen Literatur*, Bern 1946.
Auerbach, Erich, *Literatursprache und Publikum in der lateinischen Spätantike und im Mittelalter*, Bern 1958.

Badiou, Alain, »Kunst und Philosophie«, in: *Kleines Handbuch zur In-Ästhetik*, Wien 2001, 7–25 [frz. 1994].
Benjamin, Walter, *Ursprung des Deutschen Trauerspiels*, in: *Abhandlungen. Gesammelte Schriften I*, hg. v. Rolf Tiedemann, Frankfurt/M. 1974, 203–430 [1928].
Benjamin, Walter, »›El mayor monstruo, los celos‹ von Calderon und ›Herodes und Mariamne‹ von Hebbel«, in: *Aufsätze, Essays, Vorträge. Gesammelte Schriften II*, hg. v. Rolf Tiedemann, Frankfurt/M. 1977, 241–276 [1923].
Benveniste, Emile, »Bemerkungen zur Funktion der Sprache in der Freudschen Entdeckung«, in: *Probleme der allgemeinen Sprachwissenschaft*, München 1974, 90–105 [1956].
de Berg, Henk, *Freuds Psychoanalyse in der Literatur- und Kulturwissenschaft. eine Einführung*, Tübingen 2005 [engl. 2003].
Bernofsky, Susan, »Hölderlin as Translator. The Perils of Interpretation«, in: *Foreign Words. Translator-Authors in the Age of Goethe*, Detroit 2005, 91–137.

Bersani, Leo, *The Culture of Redemption*, Cambridge MA 1990.
Bersani, Leo, »Psychoanalysis and the Aesthetic Subject«, in: *Critical Inquiry* 32:2 (2006), 161–174.
Bloom, Harold, *Einflussangst. Eine Theorie der Dichtung*, Basel & Frankfurt/M. 1995 [engl. 1973].
Bloom, Harold, *Eine Topographie des Fehllesens*, Basel & Frankfurt/M. 1997 [engl. 1975].
Bloom, Harold, *The Western Canon. The Books and School of the Ages*, New York 1994.
Bloom, Harold, »Introduction«, in: *Sophokles' Oedipus Plays*, hg. v. Harold Bloom, Broomall, PA 1996, 5–7.
Bloom, Harold, *Where Shall Wisdom Be Found?*, New York 2004.
Blumenberg, Yigal, »›Vatersehnsucht‹ und ›Sohnestrotz‹ – ein Kommentar zu Sigmund Freuds *Totem und Tabu*«, in: *Psyche* 56 (2002), 97–136.
Böschenstein, Renate, »Mythos als Wasserscheide. Die jüdische Komponente der Psychoanalyse«, in: Horch, Hans Otto (Hg.), *Conditio Judaica. Judentum, Antisemitismus und deutschsprachige Literatur vom 18. Jahrhundert bis zum Ersten Weltkrieg*, Tübingen 1989, 287–310.
Bollack, Jean, »Ödipus. Von der Tragödie zum Komplex und vice-versa«, in: *Maske und Kothurn* 52:1 (2006), 9–15.
Borch-Jacobsen, Mikkel & Shamdasani, Sonu, *Le Dossier Freud. Enquête sur l'histoire de la psychanalyse*, Paris 2006.
Bowlby, Rachel, *Freudian Mythologies. Greek Tragedy and Modern Identities*, Oxford 2007.
Boyarin, Daniel, *Unheroic Conduct. The Rise of Heterosexuality and the Invention of the Jewish Man*, Berkeley 1997.
Braun, Harald E. & Vallance, Edward (Hgg.), *Contexts of Conscience in Early Modern Europe*, Hampshire 2004.
Brenner, Peter J., *Gotthold Ephraim Lessing*, Stuttgart 2000.
Briegleb, Klaus, »›Sterbender Fechter‹ Lessing? Neun Nathan-Variationen im Gedenkjahr 1988«, in: *Unmittelbar zur Epoche des NS-Faschismus. Arbeiten zur politischen Philologie 1978–1988*, Frankfurt/M. 1989, 191–315.
Briegleb, Klaus, »›Eine Rose gebrochen, eh der Sturm sie entblättert.‹ Über das Begehren der Ungewissheit bei Lessing und Heine«, in: Wergin, Ulrich & Sauerland, Karol, *Literatur und Theologie. Schreibprozesse zwischen biblischer Überlieferung und geschichtlicher Erfahrung*, Würzburg 2005, 41–62.
Brill, Siegfried, *Die Komödie der Sprache. Untersuchungen zum Werke Johann Nestroys*, Nürnberg 1968.
Brodsky, Claudia, »Lessing and the Drama of the Theory of Tragedy«, in: *MLN* 98:3 (1983), 426–453.
Bronfen, Elisabeth, *Das verknotete Subjekt. Hysterie in der Moderne*, Berlin 1998.
Brooks, Peter, »Freud's Masterplot«, in: Felman, Soshana (Hg.), *Literature and Psychoanalysis*, Baltimore 1982, 280–300 [1977].
Brown, Peter, *The Body and Society. Men, Women and Sexual Renunciation in Early Christianity*, New York 1988.
Bröcker, Walter, »Zu Hölderlins Ödipus-Deutung«, in: Neske, Günther (Hg.), *Martin Heidegger zum Siebzigsten Geburtstag. Festschrift*, Pfullingen 1959, 19–23.
Brückner, Peter, *Sigmund Freuds Privatlektüre*, Köln 1975.
Brumlik, Micha, *Sigmund Freud. Der Denker des 20. Jahrhunderts*, Berlin 2006.
Budelmann, Felix, *The Language of Sophokles. Communality, Communication and Involvement*, Cambridge 2000.
Burkert, Walter, *Oedipus, Oracles and Meaning. From Sophokles to Umberto Eco*, Toronto 1991.

Cancik, Hubert, »Formen der Nietzscherezeption in Deutschland. Archiv, Bewegung, Gesellschaft, Kult, Museum und Bestand«, in: Ders. & Cancik-Lindemaier, Hildegard, *Philolog und Kultfigur. Friedrich Nietzsche und seine Antike in Deutschland*, Stuttgart 1999, 153–178 [1995].

Cavell, Stanley, »Freud«, in: *Cities of Words. Pedagogical Letters on a Register of the Moral Life*, Cambridge, MA 2004, 282–312.

Cary, Phillip, »Book Seven. Inner Vision as the Goal of Augustine's Life«, in: Paffenroth, Kim (Hg.), *A Reader's Companion to Augustine's Confessions*, Louisville 2003, 107–126.

Chase, Cynthia, »Oedipal Textuality. Reading Freud's Reading of *Oedipus*«, in: Ellmann, Maud (Hg.), *Psychoanalytic Literary Criticism*, London 1994, 56–75 [1986].

Cixous, Helène, »Fiction and its Phantoms. A Reading of Freud's *Das Unheimliche*«, in: *New Literary History* 7:3 (1976), 525–548.

Cochini, Christian, *Apostolic Origins of Priestly Celibacy*, San Francisco 1990 [frz. 1981].

Conze, Werner & Kocka, Jürgen, »Einleitung«, in: Dies. (Hgg.), *Bildungsbürgertum im 19. Jahrhundert. Teil 1: Bildungssystem und Professionalisierung in internationalen Vergleichen*, Stuttgart 1985, 9–26.

Dahlke, Karin, *Äußerste Freiheit. Wahnsinn/Sublimierung/Poetik des Tragischen der Moderne. Lektüren zu Hölderlins ›Grund des Empedokles‹ und zu den ›Anmerkungen zum Oedipus‹ und ›zur Antigonä‹*, Würzburg 2008.

Deleuze, Gilles, *Nietzsche und die Philosophie*, Hamburg 1991 [frz. 1962].

Deleuze, Gilles, »Sacher-Masoch und der Masochismus«, in: Leopold von Sacher-Masoch, *Venus im Pelz*, Frankfurt/M. 1980, 163–281 [frz. 1967].

Deleuze, Gilles & Guattari, Felix, *Anti-Ödipus. Kapitalismus und Schizophrenie I*, Frankfurt/M. 1977 [frz. 1972].

Derrida, Jacques, »Freud und der Schauplatz der Schrift«, in: *Die Schrift und die Differenz*, Frankfurt/M. 1976, 302–350 [frz. 1967].

Derrida, Jacques, »Platons Pharmazie«, in: *Dissemination*, Wien 1995, 69–192 [frz. 1968].

Derrida, Jacques, »Der Facteur der Wahrheit«, in: *Die Postkarte. Von Sokrates bis an Freud und jenseits. 2. Lieferung*, Berlin 1987, 183–281 [frz. 1975].

Derrida, Jacques, *Éperons. Les styles de Nietzsche / Sporen. Die Stile Nietzsches*, Venedig 1976.

Derrida, Jacques, *Dem Archiv verschrieben. Eine Freudsche Impression*, Berlin 1997 [frz. 1995].

Derrida, Jacques, *Vergessen wir nicht – die Psychoanalyse!*, Frankfurt/M. 1998 [frz. 1996].

Derrida, Jacques, *Seelenstände der Psychoanalyse. Das Unmögliche jenseits einer souveränen Grausamkeit*, Frankfurt/M. 2002 [frz. 2000].

Derrida, Jacques, *Schurken. Zwei Essays über die Vernunft*, Frankfurt/M. 2003.

Dihle, Albrecht, *The Theory of Will in Classical Antiquity*, Berkeley 1982.

Dodds, E. R., »On Misunderstanding the ›Oedipus Rex‹«, in: *Greece and Rome. Second Series* XIII (1966), 37–49.

Drecoll, Volker Henning, *Die Entstehung der Gnadenlehre Augustins*, Tübingen 1999.

Ehrenberg, Victor, *Sophocles and Pericles*, Oxford 1954.

Felman, Shoshana, »Turning the Screw of Interpretation«, in: Dies. (Hg.), *Literature and Psychoanalysis*, Baltimore 1982 [1977], 94–207.

Felman, Shoshana, »Beyond Oedipus. The Specimen Story of Psychoanalysis«, in: *MLN* 98:5 (1983), 1021–1053.

Fenner, Birgit, *Friedrich Hebbel zwischen Hegel und Freud*, Stuttgart 1979.

Flashar, Hellmut, *Inszenierung der Antike. Das griechische Drama auf der Bühne der Neuzeit 1585–1990*, München 1991.

Foakes, R. A., »Hamlet and Hamletism«, in: *Hamlet versus Lear*, Cambridge 1993, 12–44.
Fuhrmann, Manfred, »Die Rezeption der aristotelischen Tragödienpoetik in Deutschland«, in: Hinck, Walter (Hg.), *Handbuch des deutschen Dramas*, Düsseldorf 1980, 93–105.
Fuhrmann, Manfred, *Der europäische Bildungskanon*, Frankfurt/M. ²2004 [1999].
Frankland, Graham, *Freud's Literary Culture*, Cambridge 2000.
Frühwald, Wolfgang, »Büchmann und die Folgen. Zur sozialen Funktion des Bildungszitates in der deutschen Literatur des 19. Jahrhunderts«, in: Koselleck, Reinhart (Hg.), *Bildungsbürgertum im 19. Jahrhundert. Teil 2: Bildungsgüter und Bildungswissen*, Stuttgart 1990, 197–219.
Freud, Ernst & Freud, Lucie & Grubrich-Simitis, Ilse (Hgg.), *Freud. Sein Leben in Bildern und Texten*, Frankfurt/M. 1989 [1976].

Gallagher, Lowell, *Medusa's Gaze. Casuistry and Conscience in the Renaissance*, Stanford 1991.
Garloff, Katja, »Sublimation and Its Discontents. Christian-Jewish Love in Lessing's Nathan der Weise«, in: *Lessing Yearbook* 36 (2004–2005), 51–68.
Gasser, Reinhard, *Nietzsche und Freud*, Berlin 1997.
Gay, Peter, *Freud. A Life for Our Time*, New York 1988.
Gay, Peter, *Reading Freud. Explorations and Entertainments*, New Haven, CT 1990.
Gigon, Olof, »Erläuterungen«, in: Platon, *Der Staat*, übers. v. Rudolf Rufener, München 1991, 469–513.
Gilman, Sander L., »Freud liest Heine liest Freud«, in: Thomas Koebner (Hg.), *Nachmärz. Der Ursprung der ästhetischen Moderne in einer nachrevolutionären Konstellation*, Opladen 1996, 273–289 [1991].
Gilman, Sander L., »The Image of the Hysteric«, in: Ders. & King, Helen & Porter, Roy & Rousseau, G.S. & Showalter, Elaine, *Hysteria beyond Freud*, Berkeley 1993, 345–452.
Gilman, Sander L. *The Case of Sigmund Freud. Medicine and Identity at the Fin de Siecle*, Baltimore 1993.
Gilman, Sander L., *Freud, Race, and Gender*, Princeton 1993.
Gilman, Sander L., »Preface«, in: Ders. (Hg.), *Reading Freud's Reading*, New York 1994, xiii-xvi.
Giovannangeli, Dominique, *Métamorphoses d'Œdipe. Un conflit d'interprétations*, Paris 2002.
Girard, René, *Die Gewalt und das Heilige*, Zürich 1987 [frz. 1972].
Girard, René & Palaver, Wolfgang, »Gespräch mit René Girard«, in: *Sinn und Form* 53:6 (2001), 760–774.
Goetschel, Willy, »Lessing, Mendelssohn, Nathan. German-Jewish Myth-Building as an Act of Emancipation«, in: *Lessing Yearbook* 32 (2000), 341–360.
Green, André, »The Psycho-Analytic Reading of Tragedy«, in: Ellmann, Maud (Hg), *Psychoanalytic Literary Criticism*, London 1994, 39–55 [1969].
Greenblatt, Stephen, *Hamlet im Fegefeuer*, Frankfurt/M. 2008 [engl. 2001].
Griffith, R. Drew, *The Theatre of Apollo. Divine Justice and Oedipus the King*, Montreal 1996.
Grubrich-Simitis, Ilse, »Metapsychologie und Metabiologie«, in: Sigmund Freud, *Übersicht der Übertragungsneurosen*, hg. v. Ilse Grubrich-Simitis, Frankfurt/M. 1985, 83–119.
Grubrich-Simitis, Ilse, »Metamorphosen der ›Traumdeutung‹. Über Freuds Umgang mit seinem Jahrhundertbuch«, in: Grubrich-Simitis, Ilse & Starobinski, Jean & Solms, Mark, *Hundert Jahre ›Traumdeutung‹ von Sigmund Freud. Drei Essays*, Frankfurt/M. 2000, 49–100.
Grubrich-Simitis, Ilse, »Zum Kontext eines bislang unbekannten Freud-Textes«, in: *Neue Rundschau* 117:1 (2006), 27–35.
Gründer, Karlfried, »Jacob Bernays und der Streit um die Katharsis«, in: Barion, Hans (Hg.), *Epirrhosis. Festgabe für Carl Schmitt*, Berlin 1968, 495–528.

Guthke, Karl S., *Schillers Dramen. Idealismus und Skepsis*, Tübingen & Basel 1994.
Guthke, Karl S., »Die Geburt des Nathan aus dem Geist der Reimarus-Fragmente«, in: *Lessing Yearbook* 36 (2004-2005), 13-49.

Haas, Alois M., *Nietzsche. Zwischen Dionysos und Christus. Einblicke in einen Lebenskampf*, Wald 2003.
Harnack, Adolf, *Lehrbuch der Dogmengeschichte. Dritter Band*, Tübingen [4]1920 [1910].
Harshberger, Klaus, »Who Killed Laios?«, in: *Tulane Drama Review* 9:4 (1965), 120-131.
Haverkamp, Anselm, *Hamlet. Hypothek der Macht*, Berlin 2001.
Hein, Jürgen, »Nachwort«, in: Johann Nestroy, *Judith und Holofernes, Häuptling Abendwind*, Stuttgart 1996, 77-84 [1970].
Hein, Jürgen, *Johann Nestroy*, Stuttgart 1990.
Heinrich, Klaus, *Arbeiten mit Ödipus. Zum Begriff der Verdrängung in der Religionswissenschaft*, Basel & Frankfurt/M. 1993.
Heinrich, Klaus, *Psychoanalyse Sigmund Freuds und das Problem des konkreten gesellschaftlichen Allgemeinen*, Basel & Frankfurt/M. 2001.
Henke, Burkhardt, »Wallenstein und Macbeth. Schillers Neugestaltung des Usurpatorenmotivs«, in: *Journal of English and German Philology* 94:3 (1995), 313-331.
Hertz, Neil, »Freud and the Sandman«, in: *The End of the Line. Essays on Psychoanalysis and the Sublime*, New York 1985, 97-121.
Hinderer, Walter, *Von der Idee des Menschen. Über Friedrich Schiller*, Würzburg 1998.
Hirschmüller, Albrecht, »Einleitung«, in: Sigmund Freud & Minna Bernays, *Briefwechsel 1882–1938*, hg. v. Albrecht Hirschmüller, Tübingen 2005, 7-31.
Hörisch, Jochen, »Wissen die Literatur und die Psychoanalyse dasselbe, wenn sie sich aufeinander berufen?«, in: Alt, Peter-André & Anz, Philipp (Hgg.), *Sigmund Freud und das Wissen der Literatur*, Berlin & New York 2008, 17-29.

Jaeger, Werner, *Paideia. Die Formung der griechischen Menschen*, Berlin [5]1989 [1936].
Jacobus, Mary, »Judith, Holofernes und die phallische Frau«, in: Vinken, Barbara (Hg.), *Dekonstruktiver Feminismus*, Frankfurt/M. 1992, 62-96 [engl. 1986].
Jameson, Fredric, *Das politische Unbewusste*, Reinbeck b. Hamburg 1988 [engl. 1981].
Jameson, Fredric, »Postmoderne – zur Logik der Kultur im Spätkapitalismus«, in: Huyssen, Andreas (Hg.), *Postmoderne*, Reinbek b. Hamburg 1986, 45-102 [engl. 1984].
Jaspers, Karl, *Nietzsche und das Christentum*, Hameln o. J. [1938].
Jones, Ernest, *Hamlet and Oedipus*, London 1949.
Jones, Ernest, *Sigmund Freud. Life and Work, vol. 1-3*, London 1953.

Kaes, Anton, »War – Trauma – Film«, in: Mülder-Bach, Inka (Hg.), *Modernität und Trauma. Beiträge zum Zeitenbruch des Ersten Weltkriegs*, Wien 2000, 121-130.
Kindermann, Heinz, »Grundformen des komischen Theaters«, in: Grimm, Reinhold & Berghahn, Klaus R. (Hgg.), *Wesen und Formen des Komischen im Drama*, Darmstadt 1975, 93-125 [1952].
Kittler, Friedrich, »Lessing. ›Erziehung ist Offenbarung‹«, in: *Dichter – Mutter – Kind*, München 1991, 19–45 [1977].
Kittler, Friedrich, *Hebbels Einbildungskraft. Die dunkle Natur*, Frankfurt/M. 1999.
Kittler, Friedrich, *Eine Kulturgeschichte der Kulturwissenschaft*, München 2000.
Kofman, Sarah, *Die Kindheit der Kunst*, München 1993 [frz. 1970].
Kofman, Sarah, »Judith ou la mise en scène du tabou de la virginité«, in: *Littérature* 3 (1971), 100-116.
Kofman, Sarah, *Un métier impossible. Lecture de »constructions en analyse«*, Paris 1983.
Kommerell, Max, *Lessing und Aristoteles. Untersuchungen über die Theorie der Tragödie*, Frankfurt/M. 1984 [1940].
Koopmann, Helmut, *Freiheitssonne und Revolutionsgewitter. Reflexe der Französischen Revolution im literarischen Deutschland zwischen 1789 und 1840*, Tübingen 1989.

Koselleck, Reinhart, »Einleitung – Zur anthropologischen und semantischen Struktur der Bildung«, in: Ders. (Hg.), *Bildungsbürgertum im 19. Jahrhundert. Teil 2: Bildungsgüter und Bildungswissen*, Stuttgart 1990, 11–46.

Kraus, Karl, »Die Literaturlüge auf dem Theater«, in: *Die Fackel* 457–461 (1917), 53–57.

Kremer, Detlef, »Freuds Aufsatz *Das Unheimliche* und die Widerstände des unverständlichen Textes«, in: Alt, Peter-André & Anz, Philipp (Hgg.), *Sigmund Freud und das Wissen der Literatur*, Berlin & New York 2008, 59–72.

Kreuzer, Helmut, »Die Jungfrau in Waffen. Hebbels ›Judith‹ und ihre Geschwister«, in: Ders. (Hg.), *Wege der Forschung. Friedrich Hebbel*, Darmstadt 1989, 276–304 [1973].

Kristeva, Julia, *Die Revolution der poetischen Sprache*, Frankfurt/M. 1978 [frz. 1974].

Krüll, Marianne, *Freud und sein Vater. Die Entstehung der Psychoanalyse und Freuds ungelöste Vaterbindung*, München 1979.

Kurz, Gerhard, »Wie Freud interpretiert. Hermeneutische Prinzipien in *Der Wahn und die Träume in W. Jensens ›Gradiva‹*«, in: Alt, Peter-André & Anz, Philipp (Hgg.), *Sigmund Freud und das Wissen der Literatur*, Berlin & New York 2008, 31–44.

Lacan, Jacques, »Das Seminar über Edgar Allan Poes *Der entwendete Brief*«, in: *Schriften I*, Berlin 1986, 7–60 [frz. 1955].

Lacan, Jacques, »Die Bedeutung des Phallus«, in: *Schriften II*, Berlin 1986, 121–132 [frz. 1958].

Lacan, Jacques, *Die vier Grundbegriffe der Psychoanalyse. Das Seminar Buch XI*, Berlin 1987 [frz. 1973].

Lacan, Jacques, *Das Ich in der Theorie Freuds und in der Technik der Psychoanalyse: Das Seminar Buch II (1954/55)*, Berlin 1991 [frz. 1978].

Lacan, Jacques, *Die Psychosen. Das Seminar Buch III*, Berlin 1997 [frz. 1981].

Lacan, Jacques, »Hamlet. Sieben Vorlesungen aus dem Seminar ›Der Wunsch und seine Interpretation‹ (1958/59)«, in: *Wo Es War* 2 (1986), 3–60; *Wo Es War* 3 (1986), 5–45 [frz. 1981].

Lacan, Jacques, *Die Ethik der Psychoanalyse. Das Seminar Buch VII*, Berlin 1995 [frz. 1986].

Lacan, Jacques, *Die Bildungen des Unbewussten. Das Seminar Buch V*, Wien 2006 [frz. 1998].

Lacoue-Labarthe, Philippe, »Theatrum Analyticum«, in: *Glyph* 2 (1978) [frz. 1973].

Laplanche, Jean, »Castration et Œdipe comme codes et schémas narratifs«, in: *Sexual. La sexualité élargie aus sens freudien*, Paris 2007, 293–300.

Laplanche, Jean & Pontalis, J.B., *Urphantasie. Phantasien über den Ursprung. Ursprünge der Phantasie*, Frankfurt/M. 1992 [frz. 1964].

Laplanche, Jean & Pontalis, J.B., *Das Vokabular der Psychoanalyse*, Frankfurt/M. 1973 [frz. 1967].

Lehrer, Ronald, *Nietzsche's Presence in Freud's Life and Thought*, New York 1995.

Leites, Edmund (Hg.), *Conscience and Casuistry in Early Modern Europe*, Cambridge 1988.

Le Rider, Jacques, »Les intellectuels Juifs Viennois et Nietzsche. Autour de Sigmund Freud«, in: Ders. & Bourel, Dominique (Hgg.), *De Sils-Maria à Jerusalem. Nietzsche et le Judaisme. Les intellectuels Juifs et Nietzsche*, Paris 1991, 181–200.

Le Rider, Jacques, *Freud, von der Akropolis zum Sinai. Die Rückkehr zur Antike in der Wiener Moderne*, Wien 2004 [frz. 2002].

Levin, Harry, *The Question of Hamlet*, New York ²1961 [1959].

Levine, Michael G., *Writing Through Repression. Literature, Censorship, Psychoanalysis*, Baltimore 1994.

Liepe, Wolfgang, »Zum Problem der Schuld bei Hebbel«, in: Kreuzer, Helmut (Hg.), *Hebbel in neuer Sicht*, Stuttgart 1963, 42–58 [1958].

Lloyd-Jones, Hugh, *The Justice of Zeus*, Berkeley 1971.

Lukacher, Ned, *Daemonic Figures. Shakespeare and the Question of Conscience*, Ithaca 1994.

Lukács, Georg, *Entwicklungsgeschichte des modernen Dramas*, hg. v. Frank Benseler, Berlin 1981 [1911].

Lüdemann, Susanne, *Mythos und Selbstdarstellung. Zur Poetik der Psychoanalyse*, Freiburg i. Br. 1994.

Lurje, Michael, *Die Suche nach der Schuld. Sophokles' Oedipus Rex, Aristoteles' Poetik und das Tragödienverständnis der Neuzeit*, München & Leipzig 2004.

Mack, Maynard, »The World of Hamlet«, in: *Yale Review* 41:4 (1952), 502–523.

Masschelein, Anneleen, »A Homeless Concept. Shapes of the Uncanny in Twentieth-Century Theory and Culture«, in: *Image & Narrative* 5 (2003), *www.imageandnarrative.be* (Zugriff am 22.3.2009).

Mathewes, Charles T., *Evil and the Augustinian Tradition*, Cambridge 2001.

McGlew, James F., *Tyranny and Political Culture in Ancient Greece*, Ithaca 1993.

McGrath, William J., *Dionysian Arts and Populist Politics in Vienna*, New Haven, CT 1974.

McGrath, William J., *Freud's Discovery of Psychoanalysis. The Politics of Hysteria*, Ithaca 1986.

McKenzie, John, »The Technique of Verwienerung in Nestroy's Judith und Holofernes«, in: *New German Studies* 1:3 (1973), 119–132.

Meisel, Perry, *The Literary Freud*, London & New York 2007.

Menke, Bettine, »Wozu Schiller den Chor gebraucht ...«, in: Menke, Bettine & Menke, Christoph (Hgg.), *Tragödie – Trauerspiel – Spektakel*, Berlin 2007, 72–100.

Michelsen, Peter, »Der Streit um die christliche Wahrheit. Lessing mit den Augen Goezes gesehen«, in: *Lessing Yearbook* 24 (1992), 1–21.

Mikic, David, »Sophocles' *Oedipus Tyrannus* in Freud and Lacan«, in: *Classical and Modern Literature* 25:2 (2005), 55–75.

Milner, Max, *Freud et l'interprétation de la littérature*, Paris ²1997 [1980].

Mitchell-Boyask, Robin N., »Freud's Reading of Classical Literature and Classical Philology«, in: Gilman, Sander L. (Hg.), *Reading Freud's Reading*, New York 1994, 23–47.

Mosès, Stéphane, *Eros und Gesetz. Zehn Lektüren der Bibel*, München 2004 [frz. 1999].

Mosse, George L., »Das deutsch-jüdische Bildungsbürgertum«, in: Koselleck, Reinhart (Hg.), *Bildungsbürgertum im 19. Jahrhundert. Teil 2: Bildungsgüter und Bildungswissen*, Stuttgart 1990, 168–180.

Muschg, Walter, »Deutschland ist Hamlet«, in: *Studien zur tragischen Literaturgeschichte*, Bern 1965, 205–227.

Nägele, Rainer, »Andenken an Hyperion«, in: Roberg, Thomas (Hg.), *Friedrich Hölderlin. Neue Wege der Forschung*, Darmstadt 2003, 274–301 [1998].

Nancy, Jean-Luc, *Hegel. The Restlessness of the Negative*, Minneapolis 2002 [frz. 1997].

Nancy, Jean-Luc & Benvenuto, Sergio, »Entzug der Göttlichkeit. Zur Dekonstruktion und Selbstüberschreitung des Christentums«, in: *Lettre International* 59 (2002), 76–80.

Nobus, Dany, »Polymetis Freud. Some Reflections on the Psychoanalytic Significance of Homer's Odyssey«, in: *Comparative Literature Studies* 43:3 (2006), 252–286.

Nussbaum, Martha C., »The Oedipus Rex and the Ancient Unconscious«, in: Rudnytsky, Peter L. (Hg.), *Freud and Forbidden Knowledge*, New York 1994, 42–71.

O'Daly, Gerard, »Predestination and Freedom in Augustine's Ethics«, in: Vesey, G. (Hg.), *The Philosophy in Christianity*, Cambridge 1989, 85–97.

Pagels, Elaine, *Adam, Eve and the Serpent*, New York ²1989 [1988].

Pape, Walter, »›Überall mehr Zufall als Schicksal zu finden‹. Tragödie und Possenstruktur am Beispiel von Schiller und Nestroy«, in: *Nestroyana* 23:1 (2003), 5–18.

Parker, Victor, »*tyrannos*. The Semantics of a Political Concept from Archilochus to Aristotle«, in: *Hermes* 126 (1998), 145–172.
Pfaller, Robert (1998), *Althusser. Das Schweigen im Text*, München 1998.
Pfaller, Robert, »Das Kunstwerk, das sich selbst betrachtet, der Genuss und die Abwesenheit. Elemente einer Ästhetik der Interpassivität«, in: Ders. (Hg.), *Interpassivität. Studien über delegiertes Genießen*, Wien 2000, 49–84.
Pfaller, Robert, »›Hurrah, die Butter ist alle! – Das Paradoxon der opferbereiten Massen«, in: Stoller, Silvia & Nemeth, Elisabeth & Unterthurner, Gerhard (Hgg.), *Philosophie in Aktion. Demokratie, Rassismus, Österreich*, Wien 2000, 41–52.
Pfaller, Robert, *Die Illusionen der anderen. Über das Lustprinzip in der Kultur*, Frankfurt/M. 2002.
Pfaller, Robert, »Die Komödie der Psychoanalyse«, in: *Maske und Kothurn* 52:1 (2006).
Pfister, Manfred, »Hamlet und der deutsche Geist: Die Geschichte einer politischen Interpretation«, in: *Jahrbuch der deutschen Shakespeare-Gesellschaft* 127 (1991), 13–38.
Potts, Timothy C., *Conscience in Medieval Philosophy*, Cambridge 1980.
Prawer, Siegbert Salomon, »A Change of Direction? Sigmund Freud between Goethe and Darwin«, in: *Publications of the English Goethe Society* 76:2 (2007), 103–117.

Ratmoko, David, *On Spectrality. Phantasies of Redemption in the Western Canon*, New York 2006.
Rattner, Josef & Danzer, Georg, *Psychoanalyse heute. Zum 150. Geburtstag von Sigmund Freud (6. Mai 1856)*, Würzburg 2006.
Rattner, Josef & Danzer, Georg, »Johann Nepomuk Nestroy. Ein österreichischer Molière oder Aristophanes«, in: *Europäisches Österreich. Literatur- und geistesgeschichtliche Essays über den Zeitraum 1800–1980*, Würzburg 2004, 31–52.
Reinhard Lupton, Julia & Reinhard, Kenneth, *After Oedipus. Shakespeare in Psycho-Analysis*, Ithaca NY 1993.
Reinhard Lupton, Julia, »Tragedy and Psychoanalysis. Freud and Lacan«, in: Bushnell, Rebecca (Hg.), *A Companion to Tragedy*, Oxford 2005, 88–105.
Reinhardt, Hartmut, *Apologie der Tragödie. Studien zur Dramatik Friedrich Hebbels*, Tübingen 1989.
Reinhardt, Karl, *Sophokles*, Frankfurt/M. 2006 [1933].
Rice, James L., *Freud's Russia. National Identity in the Evolution of Psychoanalysis*, New Brunswick & London 1993.
Rickels, Laurence A., »Goethe überholt Lessing auf der Autobahn«, in: Kniesche, Thomas W. (Hg.), *Körper, Kultur. Kalifornische Studien zur deutschen Moderne*, Würzburg 1995, 125–145.
Ricœur, Paul, »Die ›Erbsünde‹ – Eine Bedeutungsstudie«, in: *Hermeneutik und Psychoanalyse. Der Konflikt der Interpretationen II*, München 1974, 140–161 [frz. 1960].
Ricœur, Paul, *Die Interpretation. Ein Versuch über Freud*, Frankfurt/M. 1969 [frz. 1965].
Ricœur, Paul, »Die Vatergestalt – vom Phantasiebild zum Symbol«, in: *Hermeneutik und Psychoanalyse. Der Konflikt der Interpretationen II*, München 1974, 315–353 [frz. 1969].
Rist, John M., *Augustine. Ancient Thought Baptized*, Cambridge 1994.
Rohrwasser, Michael, *Freuds Lektüren. Von Arthur Conan Doyle bis Arthur Schnitzler*, Gießen 2005.
Ronell, Avital, *Der Goethe-Effekt*, München 1994 [engl. 1986].
Ronell, Avital, »Literature and Pathology. Masochism Takes the Upper Hand«, in: Liu, Catherine (Hg.), *The Dreams of Interpretation. A Century down the Royal Road*, Minneapolis 2007, 55–73.
Rose, Jacqueline, »Freud in the Tropics«, in: *On Not Being Able to Sleep*, London 2003, 125–148 [1999].
Rudnytsky, Peter L., *Freud and Oedipus*, New York 1987.
Rudnytsky, Peter L., »Freud and Augustine«, in: Ders. (Hg.), *Freud and Forbidden Knowledge*, New York 1994, 128–152.

Santner, Eric L., *My Own Private Germany. Daniel Paul Schrebers Secret History of Modernity*, Princeton 1996.
Santner, Eric L., »Freud, Moses and Monotheism«, in: *October* 88 (1999), 3–41.
Saranpa, Kathy, *Schiller's Wallenstein, Maria Stuart, and Die Jungfrau von Orleans: The Critical Legacy*, Rochester, NY 2002.
Schadewaldt, Wolfgang, *Hellas und Hesperien*, Zürich 1960.
Schadewaldt-Meyer, Maria, »Der König Ödipus des Sophokles. Vorstufen und Nachwirkung. Ein Katalog«, in: Sophokles, *König Ödipus*, hg. v. Wolfgang Schadewaldt, Frankfurt/M. 1973, 123–139.
Scheit, Gerhard, »Tragödie des Judentums – Komödie des Antisemitismus? Das Verhältnis zum Judentum in Hebbels ›Judith‹ und Nestroys Parodie ›Judith und Holofernes‹«, in: Koller-Andorf, Ida (Hg.), *Hebbel. Mensch und Dichter im Werk*, Folge 6, 47–59.
Schings, Hans-Jürgen, »Das Haupt der Gorgone. Tragische Analysis und Politik in Schillers Wallenstein«, in: Buhr, Gerhard, Kittler, Friedrich & Turk, Horst (Hgg.), *Das Subjekt der Dichtung. Festschrift für Gerhard Kaiser*, Würzburg 1990, 283–307.
Schmidt, Gunnar, »Standbilder. Zur medialen Erzeugung der Grimasse«, in: Wulf, Christoph & Zirfas, Jörg, *Ikonologie des Performativen*, München 2005, 84–103.
Schmidt, Jochen & Grätz, Katharina, »Anmerkungen zum Ödipus. Überblickskommentar«, in: Friedrich Hölderlin, *Sämtliche Werke und Briefe*, hg. v. Jochen Schmidt, Frankfurt/M. 1994, Bd. 2, 1376–1388.
Schmitz, Barbara, »Judit/Juditbuch«, in: *Wibilex. Das wissenschaftliche Bibellexikon im Internet* (2006), www.bibelwissenschaft.de/wibilex (Zugriff am 22.3.2009).
Schönau, Walter, *Sigmund Freuds Prosa. Literarische Elemente seines Stils*, Stuttgart 1968.
Schönau, Walter, *Einführung in die psychoanalytische Literaturwissenschaft*, Stuttgart 1991.
Schorske, Carl E., *Wien. Geist und Gesellschaft im Fin de Siècle*, Frankfurt/M. 1982 [engl. 1980].
Shell, Marc, *The End of Kinship. Measure for Measure, Incest and the Ideal of Universal Siblinghood*, Baltimore ²1995 [1988].
Simon, Ralf, »Nathans Argumentationsverfahren. Konsequenzen der Fiktionalisierung von Theorie in Lessings Drama Nathan der Weise«, in: *DVjS* 65:4 (1991), 609–635.
Simon, Ralf, »Theorie der Komödie«, in: Ders. (Hg.), *Theorie der Komödie – Poetik der Komödie*, Bielefeld 2001, 47–66.
Simons, John D., »Schiller and Freud on Slips«, in: *German Quarterly* 56:1 (1983), 14–27.
Sloterdijk, Peter, *Der Denker auf der Bühne. Nietzsches Materialismus*, Frankfurt/M. 1986.
Spence, Donald P., »The Second Oedipal Tragedy«, in: *The Rhetorical Voice of Psychoanalysis*, Cambridge 1994, 9–26.
Sprengnether, Madelon, »Mourning Freud«, in: Rudnytsky, Peter L. (Hg), *Psychoanalysis/Feminism*, New York 2000, 11–37.
Starobinski, Jean, »Hamlet und Ödipus«, in: *Psychoanalyse und Literatur*, Frankfurt/M. 1973, 110–142 [frz. 1967].
Starobinski, Jean, »Acheronta Movebo. Nachdenken über das Motto der ›Traumdeutung‹«, in: Ders. & Grubrich-Simitis, Ilse & Solms, Mark, *Hundert Jahre ›Traumdeutung‹ von Sigmund Freud. Drei Essays*, Frankfurt/M. 2000, 11–48 [frz. 1987].
Starobinski, Jean, *Aktion und Re-aktion. Leben und Abenteuer eines Begriffspaars*, München 2001 [frz. 1999].
Steiner, George, *The Death of Tragedy*, London 1961.
Stransky-Stranka-Greifenfels, Werner von, »Die Räuber«, in: Martinson, Steven D. (Hg.), *A Companion to the Works of Friedrich Schiller*, Rocherster, NY 2005, 89–114.
Stumpf, Andrea, *Literarische Genealogien. Untersuchungen zum Werk Friedrich Hebbels*, Würzburg 1997.
Szondi, Peter, *Versuch über das Tragische*, in: *Schriften I*, Frankfurt/M. 1978, 155–260 [1961].

Taubes, Jacob, »Psychoanalyse und Philosophie«, in: *Vom Kult zur Kultur*, München 1996, 352–370 [1963].

Taubes, Jacob »Religion und die Zukunft der Psychoanlayse«, in: *Vom Kult zur Kultur*, München 1996, 371–378 [1973].

Ter-Nedden, Gisbert, *Lessings Trauerspiele. Der Ursprung des modernen Dramas aus dem Geist der Kritik*, Stuttgart 1986.

Timms, Edward, »Freud's Library and His Private Reading«, in: Ders. (Hg.), *Freud in Exile. Psychoanalysis and Its Vicissitudes*, New Haven, CT 1988, 65–79.

Traverso, Paola, *»Psyche ist ein griechisches Wort ...«. Rezeption und Wirkung der Antike im Werk von Sigmund Freud*, Frankfurt/M. 2003 [ital. 2000]).

Trevor, Douglas, *The Politics of Melancholy in Early Modern England*, Cambridge 2004.

Trilling, Lionel, »Freud and Literature«, in: Zabel, Morten Dauwen (Hg.), *Literary Opinion in America*, Gloucester MA 1947, 677–692 [1940].

Vattimo, Gianni, *After Christianity*, New York 2002.

Venturelli, Aldo, »Nietzsche in der Berggasse 19. Über die erste Nietzsche-Rezeption in Wien«, in: *Nietzsche-Studien* 13 (1984), 448–480.

Vernant, Jean-Pierre, »*Œdipe* sans complexe«, in: Ders. & Vidal-Naquet, Pierre, *Mythe et tragédie en grèce ancienne. Tome 1*, Paris 1972, 75–98 [1967].

Vernant, Jean-Pierre, »Ambiguité et renversement. Sur la structure énigmatique d'*Œdipe-Roi*«, in: Ders. & Vidal-Naquet, Pierre, *Mythe et tragédie en grèce ancienne. Tome 1*, Paris 1972, 99–131 [1970].

Vine, Steven, »Introductory Note. *Hamlet* in Psychoanalysis«, in: Ders. (Hg.), *Literature in Psychoanalysis. A Reader*, Hampshire & New York 2005, 18–24.

Volkov, Shulamit, »Die Ambivalenz der Bildung. Juden im deutschen Kulturbereich«, in: *Das jüdische Projekt der Moderne*, München 2001, 165–183.

Wagner, Karl, »Von den Erfindungen der biographischen Wahrheit. Freud/Zweig/Dostojewski«, in: Sellmer, Izabela (Hg.), *Die biographische Illusion im 20. Jahrhundert. (Auto-) Biographien unter Legitimierungszwang*, Bern u.a. 2003, 209–224.

Walker, Colin, »Nestroy's *Judith und Holofernes* and Antisemitism in Vienna«, in: *Oxford German Studies* 12 (1981), 85–110.

Weber, Samuel, »Displacing the Body. The Question of Digital Democracy«, Los Angeles 1996, *http://hydra.humanities.uci.edu/weber/displace.html* (Zugriff am 22.3.2009).

Weber, Samuel, »Psychoanalyse und Theatralität. Das Unersetzliche«, in: *Riss* 46 (1999), 135–161.

Weber, Samuel, »Psychoanalysis and Theatricality«, in: *Theatricality as Medium*, New York 2004, 251–276.

Weigel, Sigrid, »Freuds Schriften zu Kunst und Literatur zwischen Rätsellösung, Deutung und Lektüre: die Studien zu Gradiva und zur Mosesstatue«, in: Erdle, Birgit R. & Weigel, Sigrid (Hgg.), *Mimesis, Bild und Schrift. Ähnlichkeit und Entstellung im Verhältnis der Künste*, Köln u.a. 1996, 41–61.

Weigel, Sigrid, »Die Entstehung der Kulturwissenschaft aus der Lektüre von Details. Übergänge von der Kunstgeschichte, Medizin und Philologie zur Kulturtheorie: Warburg, Freud, Benjamin«, in: *Literatur als Voraussetzung der Kulturgeschichte*, München 2004, 15–38.

Weigel, Sigrid, »Emilia Galotti. Opfer, Säkularisierung und tragisches Subjekt«, in: Weigel (Hg.), *Märtyrer-Porträts. Von Opfertod, Blutzeugen und Heiligen Kriegern*, München 2007, 59–62.

Weissberg, Liliane, »Freuds Schiller«, in: Hinderer, Walter (Hg.), *Friedrich Schiller und der Weg in die Moderne*, Würzburg 2006, 421–434.

Weissberg, Liliane, »Introduction: Freudian Genealogies«, in: *The Germanic Review* 83:1 (2008), 5–10.

Wellbery, David, »Form und Funktion der Tragödie nach Nietzsche«, in: Menke, Bettine & Menke, Christoph (Hgg.), *Tragödie – Trauerspiel – Spektakel*, Berlin 2007, 199–212.

Welsh, Alexander, *Hamlet in His Modern Guises*, Princeton 2001.
Wiese, Benno von, *Die Deutsche Tragödie von Lessing bis Hebbel*, Hamburg 1948.
Wild, Christopher, *Theater der Keuschheit. Keuschheit des Theaters. Zu einer Geschichte der Anti-Theatralität von Diderot bis Kleist*, Freiburg 2003.
Wilks, John S., *The Idea of Conscience in Renaissance Tragedy*, London & New York 1990.
Wiley, Tatha, *Original Sin. Origins, Developments, Contemporary Meanings*, New York 2002.
Winter, Sarah, *Freud and the Institution of Psychoanalytic Knowledge*, Stanford 1999.
Wittkowski, Wolfgang, »Hebbels ›Judith‹«, in: Kreuzer, Helmut (Hg.), *Hebbel in neuer Sicht* Stuttgart 1963, 164–184.
Wittkowski, Wolfgang, »Katharsis. Goethe, Aristoteles und der Streit der Philologen«, in: *Goethe-Jahrbuch* 104 (1987), 113–127.
Wittkowski, Wolfgang, »Höfische Intrige für die gute Sache. Marquis Posa und Octavio Piccolomini«, in: Aurnhammer, Achim & Manger, Klaus & Strack, Friedrich (Hgg.), *Schiller und die höfische Welt*, Tübingen 1990, 378–397.
Wohl, Victoria, »Review Essay. The Romance of Tragedy and Psychoanalysis«, in: *Helios* 35:1 (2008), 89–110.
Worbs, Michael, *Nervenkunst. Literatur und Psychoanalyse im Wien der Jahrhundertwende*, Frankfurt/M. 1983.
Wright, Elizabeth, *Psychoanalytic Criticism. Theory in Practice*, London 1984.
Wright, Elizabeth, *Speaking Desires can be Dangerous. The Poetics of the Unconscious*, Cambridge 1999.
Wübben, Yvonne, »Lektüre im Labor. Zur literarischen Genese von Freuds Paranoia-Konzept (1896–1906)«, in: Alt, Peter-André & Anz, Philipp (Hgg.), *Sigmund Freud und das Wissen der Literatur*, Berlin & New York 2008, 45–58.

Zeitlin, Froma, »Thebes. Theater of Self and Society in Athenian Drama«, in: Euben, J. Peter (Hg.), *Greek Tragedy and Political Theory*, Berkeley 1986, 101–141.
Zimmermann, Bernhard, *Europa und die griechische Tragödie*, Frankfurt/M. 2000.
Zizek, Slavoj, *The Sublime Object of Ideology*, London & New York ^{7}1998 [1989].
Zizek, Slavoj, *Liebe Dein Symptom wie Dich selbst!*, Berlin 1991.
Zizek Slavoj, *For They Know Not What They Do. Second Edition*, London & New York 2002 [1991].
Zizek, Slavoj, *Der erhabenste aller Hysteriker. Psychoanalyse und die Philosophie des deutschen Idealismus*, Wien 1992.
Zizek Slavoj, *Tarrying With the Negative. Kant, Hegel and the Critique of Ideology*, Durham, NC 1993.
Zizek, Slavoj, *Die Pest der Phantasmen*, Wien 1997.
Zizek, Slavoj, *The Ticklish Subject. The Empty Centre of Political Ontology*, London & New York 1999.
Zizek, Slavoj, *Die gnadenlose Liebe*, Frankfurt/M. 2001.
Zizek, Slavoj, «Enjoyment Within the Limits of Reason Alone. Foreword to the Second Edition«, in: *For They Know Not What They Do. Second Edition,* London & New York 2002, xi-cvii.
Zupancic, Alenka, *The Shortest Shadow. Nietzsche's Philosophy of the Two*, Cambridge, MA 2003.